DELIUS KLASING

ARMIN HERB | DANIEL SIMON

DIE SCHÖNSTEN HÜTTENTOUREN FÜR MOUNTAINBIKER

DELIUS KLASING VERLAG

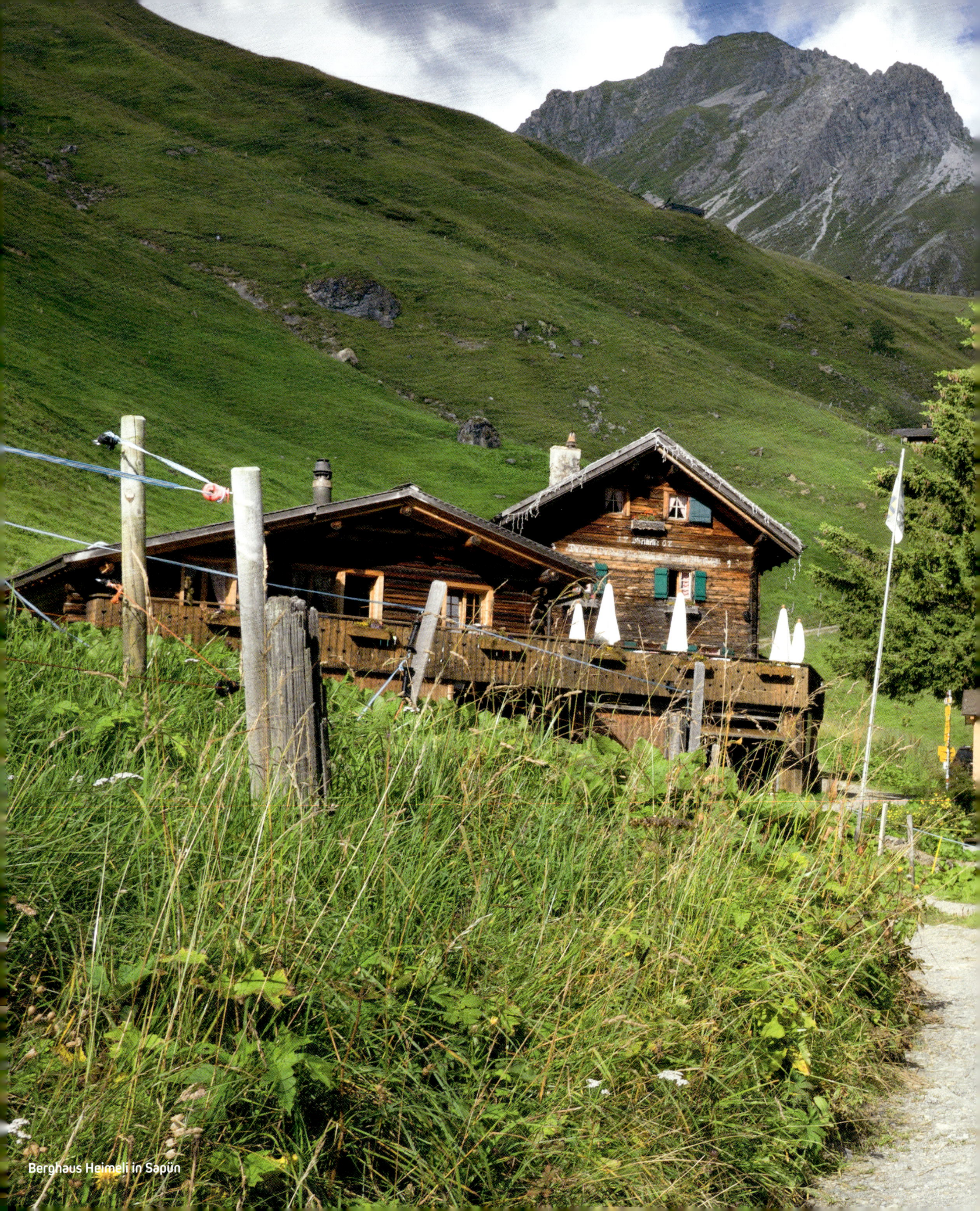

Berghaus Heimeli in Sapün

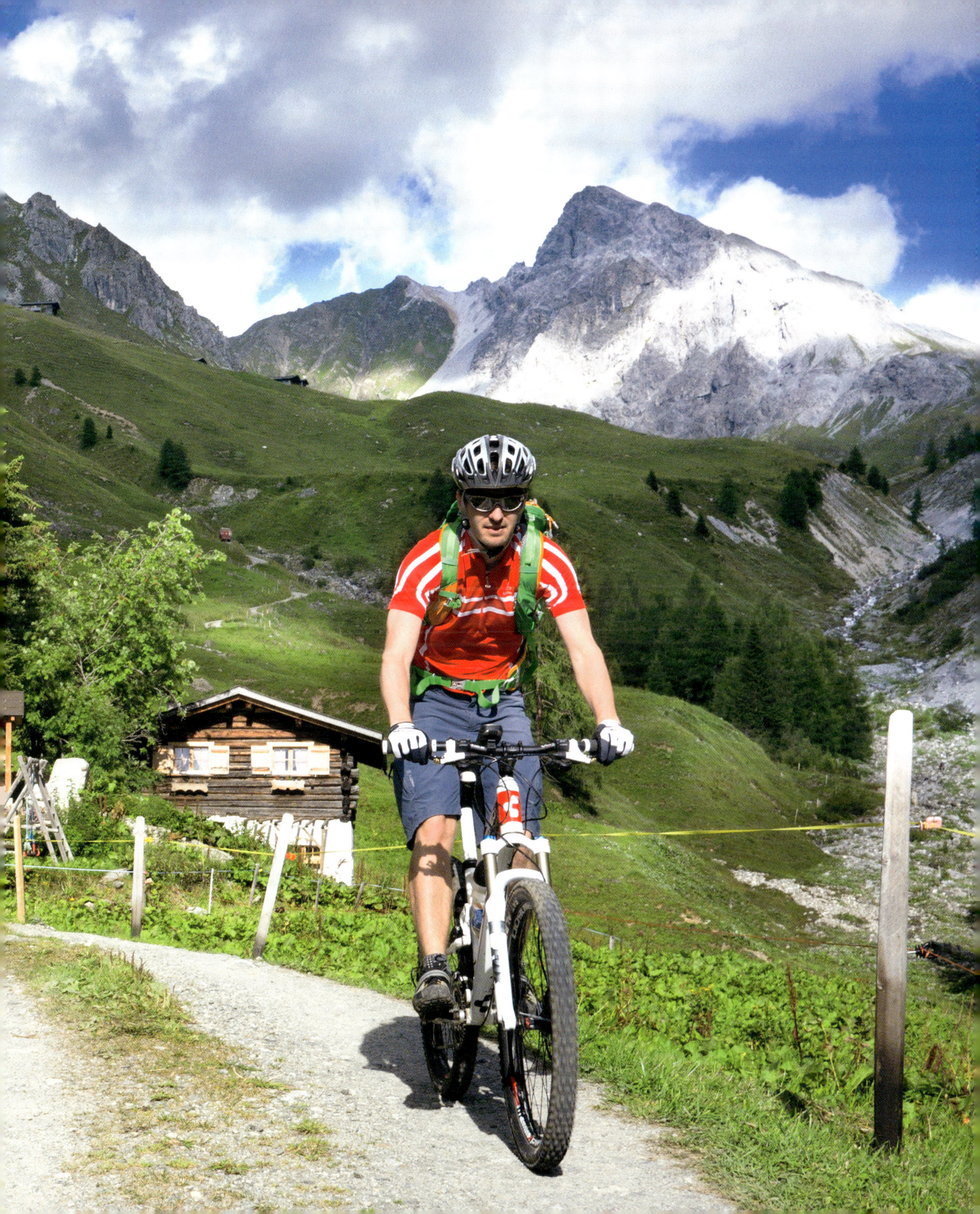

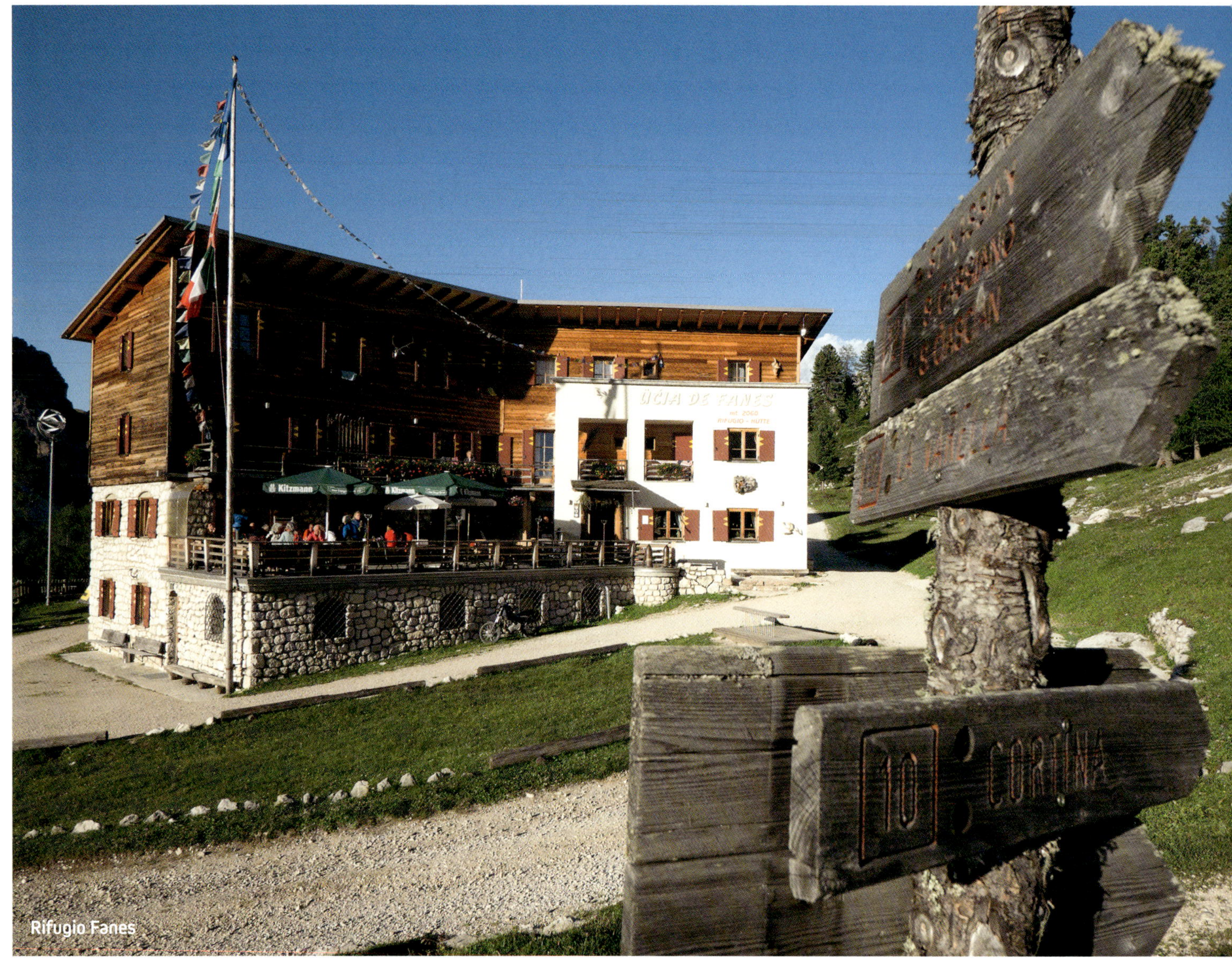

Rifugio Fanes

Die Sonne verschwindet langsam hinter den Berggipfeln. Auf der Almwiese ziehen sich die Murmeltiere in ihre Höhlen zurück. Die letzten Wanderer sind längst ins Tal abgestiegen. Jetzt wird es gemütlich auf der Gufferthütte im Rofangebirge. Das ist diese Stimmung, warum viele Alpenfans so gern am Berg übernachten. In dieser Umgebung in den Tiroler Bergen entsteht die Idee zu den diesem Buch. Am Abend serviert die Hüttenwirtin Anita in der gemütlichen Stube ein gutes Viertel Rotwein und selbstgemachten Ziegenkäse von einer nahen Alm. Am Nachbartisch sitzt ein Mountainbiker aus München und schmunzelt: „Während andere jetzt im Stau stehen, genieße ich hier das Bergpanorama und Hüttenleben.“ Schlafen im Mehrbettzimmer und Waschen in einer Gemeinschaftsdusche nehmen die Gäste der Gufferthütte für das alpine Erlebnis gern in Kauf.

Die Gufferthütte steht exemplarisch für viele Berghäuser der Alpen. Wobei die Regel gilt: Je höher die Hütte im Gebirge steht, umso kürzer ist die Saison. Ausnahmen bestätigen die Regel.

Erlebnis und Erholung

Eine Mountainbike-Tour mit Übernachtung in den Bergen ist ein willkommenes Chill-out vom Alltag. So muss man bei den einfacheren Routen, die sich hier im Buch finden, auch nicht unbedingt schon in aller Herrgottsfrüh' in die Berge stauen. Es genügt oft der Start am späten Vormittag oder am Mittag, trotzdem erreicht man in Ruhe die Hütte, wenn die meisten Tagesgäste sich schon wieder zum Aufbruch bereit machen. Und was gibt es Schöneres, als die Abendstimmung im Gebirge zu genießen und am nächsten Morgen frische Bergluft zu atmen und zur Tour aufzubrechen.

Sport und Genuss

Die Übernachtung auf einer Berghütte ist auch die angenehme Alternative, um eine lange, anstrengende Mountainbike-Tour in zwei gemütlichere Etappen aufzuteilen. So kann man an einem schönen Fleck auch mal länger innehalten und die Natur genießen. Ambitionierte Bergfexe nutzen die Gelegenheit zu einer ausgedehnten Gebirgsrunde oder zu Bike and Hike und machen nach der Tour oder am nächsten Morgen von der Hütte noch kleine Bergwanderungen oder einen Gipfelanstieg. Apropos Genuss: Dazu zählen natürlich auch Essen und Trinken. Die Zeiten, als auf Hütten nur Erbsensuppe und Dosenwürstchen die Speisekarte bestimmten, gehören längst der Vergangenheit an. Initiativen wie „So schmecken die Berge“ der Alpenvereine bewirken, dass das Essen auf Berghütten heute oft besser schmeckt als in vielen Gasthäusern im Tal. Kulinarische Entdeckungen sind garantiert, vor allem in Südtirol und im Trentino.

Was den Schlaf im Gebirge betrifft, so finden mittlerweile selbst Empfindliche, die im Matratzenlager kein Auge zubekommen, eine gute Lösung. Viele Alpenvereinshütten und private Berghäuser bieten auch Zwei- und Drei-Bett-Zimmer an, einige wenige sogar mit Dusche und WC.

Nützliches für die Hüttenübernachtung

Damit die Hüttentour auch zum schönen Bergerlebnis wird, hilft es, einige Details zu beachten:

Rechtzeitig reservieren:
Wer übernachtet schon gern in der Gaststube oder im Hausflur. Je höher das Berghaus liegt, umso kürzer die Saison, d. h. gerade an Hochsommer-Wochenenden sind oft schon sehr früh alle Betten ausgebucht. Vor allem die raren Zwei- und Drei-Bett-Zimmer sind schnell belegt. Die meisten Häuser verlangen telefonische oder E-Mail-Reservierung. Wer es sich einteilen kann, der meidet Ferienzeiten und Wochenenden.

Das Richtige mitnehmen:
Alle Alpenvereinshütten und manche privaten Berghäuser verlangen Hüttenschlafsäcke aus Baumwolle oder Seide. Nicht alle Häuser bieten sie jedoch auch zum Kaufen oder Leihen an. Wer sich die Leih-Hüttenschlappen vor Ort nicht antun möchte, muss seine eigenen mitbringen. Eine Stirn- oder Taschenlampe (auch im Handy) leistet gute Dienste, falls jemand nachts raus muss.

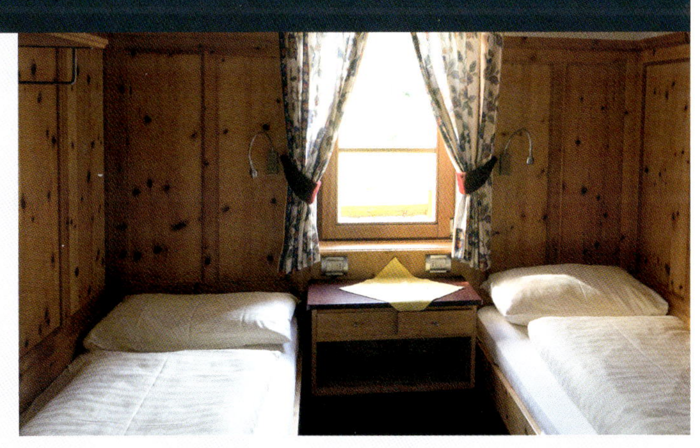

Frühzeitig ankommen:
Einige Alpenvereinshütten haben feste Anmelde- und Abendessen-Zeiten. Wer zu spät kommt, bekommt manchmal nur noch kalte Gerichte.

Besser schlafen:
Ohrstöpsel helfen gegen den Schnarcher nebenan. Und wer auf allzu viel Alkohol und opulentes Abendessen verzichtet, verbessert seine Schlafqualität.

Tipps für Biker im Gebirge

Nur geeignete Wege benutzen:
Querfeldein ist tabu! Eignung der Wege je nach Steilheit, Beschaffenheit, Witterung und Fußgängerfrequenz beurteilen. Notfalls bitte schieben!

Rücksicht nehmen:
Wanderer und andere Biker nicht durch hohe Geschwindigkeit oder blockierende Reifen erschrecken. Fußgänger haben grundsätzlich Vorrang. Auf schmalen Pfaden notfalls absteigen und zur Seite gehen.

Keine Spuren hinterlassen:
Bremsen mit blockierenden Reifen ist tabu wegen zu starker Erosion.

Rücksicht nehmen auf Wildtiere und Weidevieh:
Möglichst leise unterwegs sein, um Wild- und Weidetiere nicht in Panik zu versetzen. Weidegatter nach der Durchfahrt unbedingt wieder richtig schließen.

Streckenführung:
Aus unterschiedlichen Gründen werden immer wieder Routen kurzfristig gesperrt. Bitte beachten Sie daher Streckensperrungen und -umleitungen! Eine Haftung für etwaige Schäden, die sich aus dem Befahren der vorgestellten Routen ergeben, können Verlag und Autoren nicht übernehmen.

Wichtig:
Mountainbiken ist wie jeder Sport mit gewissen Risiken behaftet. Bitte behalten Sie jederzeit Ihre Kondition, Ihr Fahrkönnen und den technischen Zustand Ihres Sportgerätes im Auge! So setzen die in diesem Buch beschriebenen Touren auch ein gewisses Grund-Level an Fahrtechnik, Erfahrung und Ausdauer voraus. Im Gebirge ist zudem maximale Vorsicht im Hinblick auf Wetterwechsel angebracht.

Faszination der Berge

Die alpine Natur steht beim Mountainbiken immer im Fokus. So bestimmte sie auch die Auswahl unserer 18 Hüttentouren. Das Schöne daran: Egal, ob in Graubünden, Oberbayern, Tirol, Südtirol oder im Trentino, überall sehen die Berge anders aus und üben immer wieder eine neue Faszination aus. Überall überkommt einen schnell diese alpine Faszination, und sei die Tour noch so kraftraubend. Genauso abwechslungsreich wie das Gebirge gestalten sich die Routen. Und selbst jede Hütte, jedes Berghaus hat etwas Besonderes, Eigenes, sei es eine spannende Geschichte, besonders nettes Personal, eine urgemütliche Stube oder sogar alles zusammen.

Viel Spaß und ein grandioses Bergerlebnis wünschen
Armin Herb und Daniel Simon

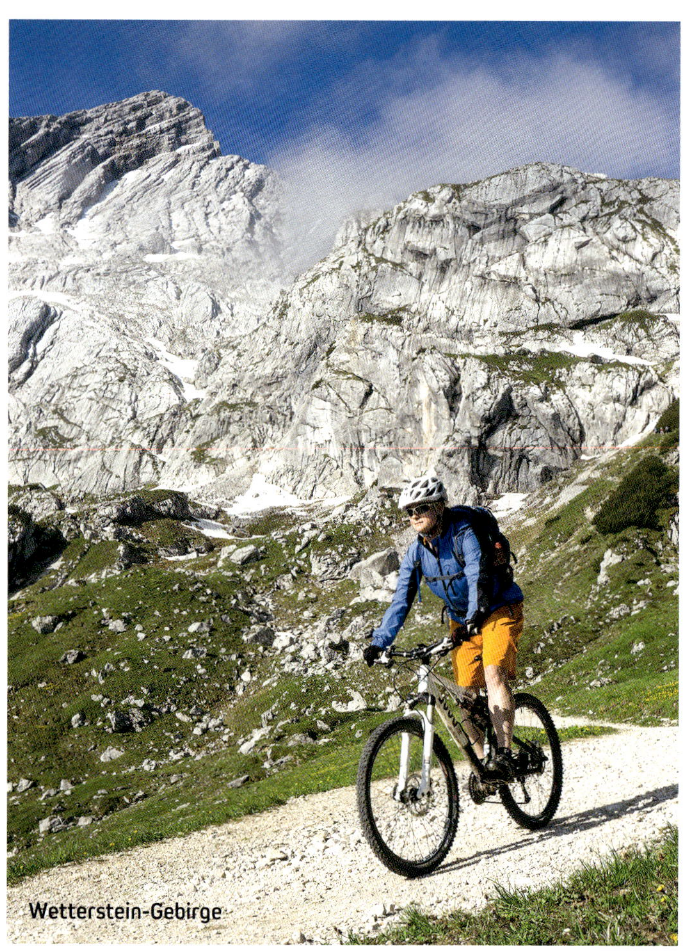

Wetterstein-Gebirge

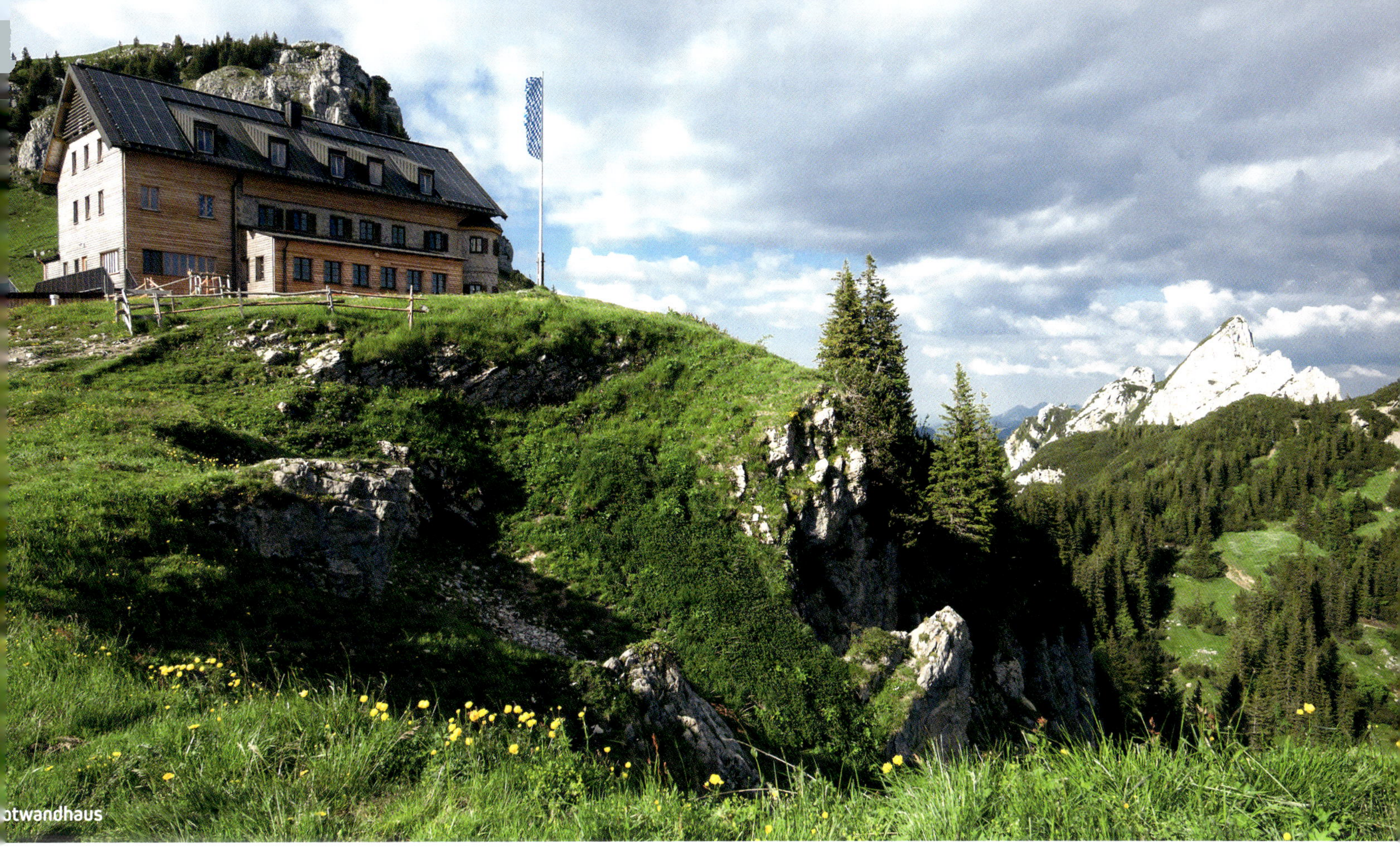

Packliste für Zwei-Tages-Touren

Ausrüstung:

- großer Bike-Rucksack inklusive Regenhaube mit 26 bis 30 Litern Fassungsvermögen
- Trinkflaschen oder Trinksystem
- Mini-Tool, Flickzeug, Taschenmesser und Ersatzschlauch (ggf. Ersatz-Akku für E-MTB)
- Erste-Hilfe-Set
- Mini-Waschset
- kleines Handtuch
- Energieriegel als Notnahrung
- Stirnlampe, da auf vielen Hütten nach 22 Uhr nur noch Notlicht
- Ohrstöpsel („Einer schnarcht immer!“)
- Bargeld, da viele Hütten keine Kartenzahlung akzeptieren.
- Landkarte und/oder Navigationsgerät
- Sonnencreme

Kleidung:

- Fahrradhelm
- Bike-Handschuhe (je nach Höhenlage auch mit Langfinger)
- bruchsichere Sport-Sonnenbrille
- Armlinge und Beinlinge
- Regenjacke und Regenhose, ggf. Überschuhe
- Radtrikot zum Wechseln
- Socken zum Wechseln
- Funktionsunterhemd zum Wechseln
- Windweste
- Buff und/oder Unterhelmmütze
- Isolations- oder Fleecejacke
- dünne Funktionshose und Hemd für die Hütte, am besten mit langen Ärmeln und Beinen (ggf. auch als Schlafanzug)

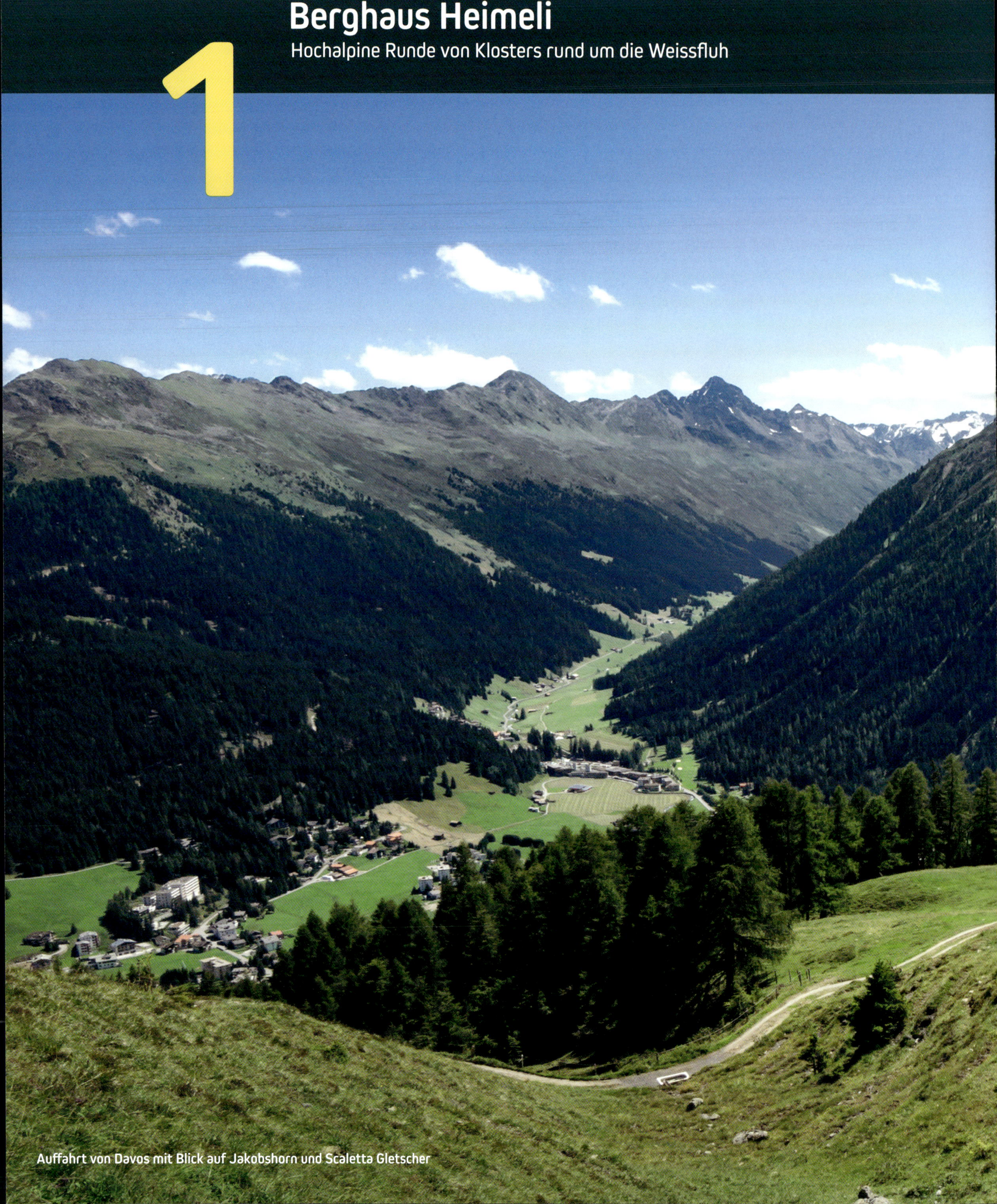

1 Berghaus Heimeli

Hochalpine Runde von Klosters rund um die Weissfluh

Auffahrt von Davos mit Blick auf Jakobshorn und Scaletta Gletscher

Schwierigkeitsgrad: mittel | Höhendifferenz: 2442 hm | Zeit MTB: 7:52 Std. | Zeit E-MTB: 5:54 Std. | Länge: 56,9 km

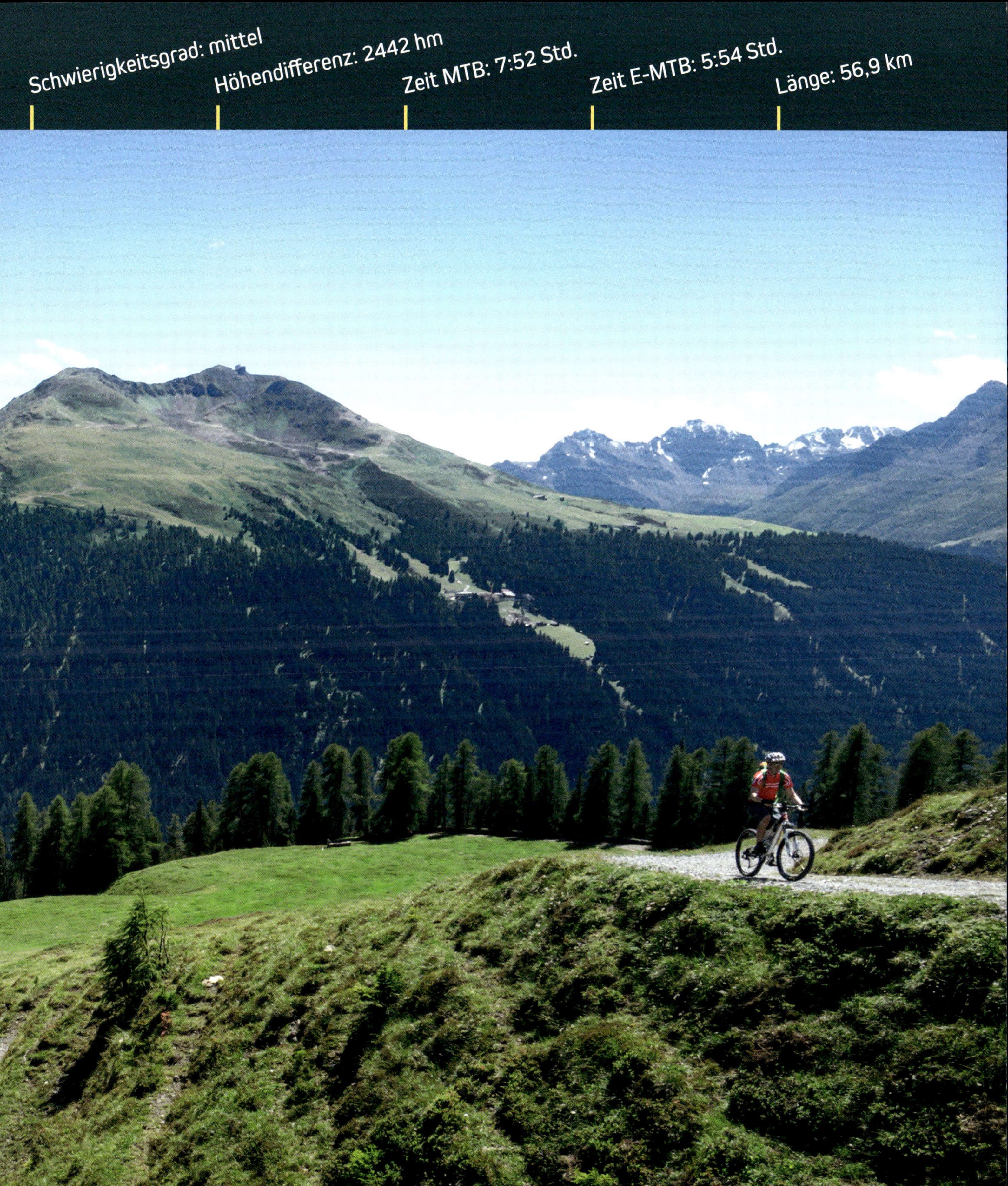

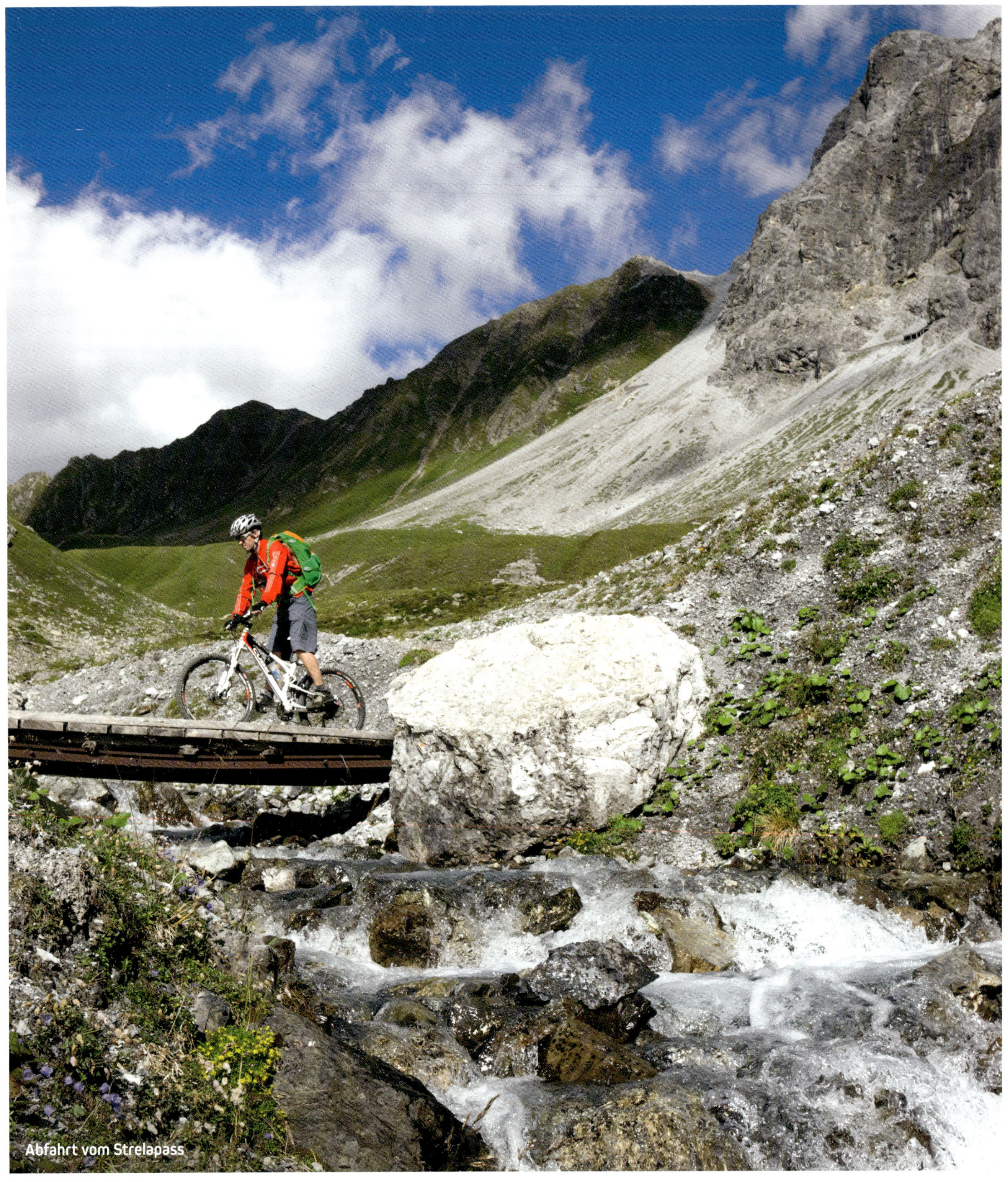
Abfahrt vom Strelapass

Graubünden mit höchsten Gefühlen. Die hochalpine Runde führt vom noblen und gemütlichen Klosters zur höchst gelegenen Stadt Europas und durch alte Walserdörfer um das Weissfluh-Massiv.

Die Saison ist kurz in den Schweizer Hochalpen. Jeder Wettersturz kann bereits im August das Aus für Touren jenseits der 2000 Höhenmeter-Marke bedeuten. Nicht nur aus Sicherheitsgründen, auch wegen der atemberaubenden Panoramen wollen wir diese Traumtour nur bei bestem Wetter starten. Bereits zweimal mussten wir daher unsere geplante Übernachtung im Berghaus Heimeli stornieren. Der durchwachsene Sommer neigt sich schon dem Ende zu, als sich endlich ein kurzes Zeitfenster mit stabilem Hoch auftut. Der Morgen in Klosters ist trotzdem bitterkalt. Die Sonne hat den Weg über die Bergspitzen noch nicht gefunden. Bereits die ersten steilen Höhenmeter durch den Zugwald hinauf zum idyllischen Schwarzsee bringen uns aber schnell auf Betriebstemperatur. Hier öffnen sich zum ersten Mal die Blicke auf die mächtigen Berge der Bündner Alpen. Bis Wolfgang geht es noch ein Stück auf Asphalt bergauf. Dann folgt ein kurzer Trail durch den Wald, bevor man bequem entlang des Davoser Sees bis Davos rollt. Der berühmte Luftkurort ist sommers wie winters ganz auf gehobenen Tourismus ausgerichtet. Wir fahren an edlen Boutiquen, teuren Juwelieren und vornehmen Hotels vorbei. Die höchste Stadt Europas beherbergt auch das sehr sehenswerte Kirchner Museum. Ausgestellt sind die Werke des Expressionisten Ernst-Ludwig Kirchner, der von 1917 bis zu seinem Tod 1938 in Davos lebte. Wir gönnen uns einen kleinen Stadtbum-

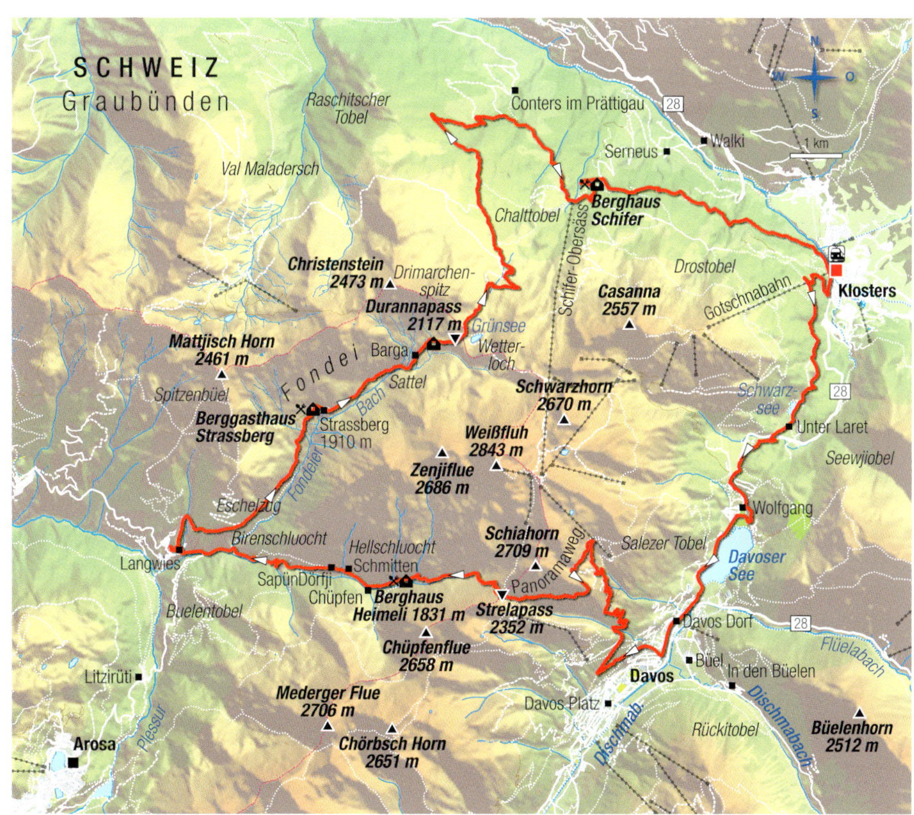

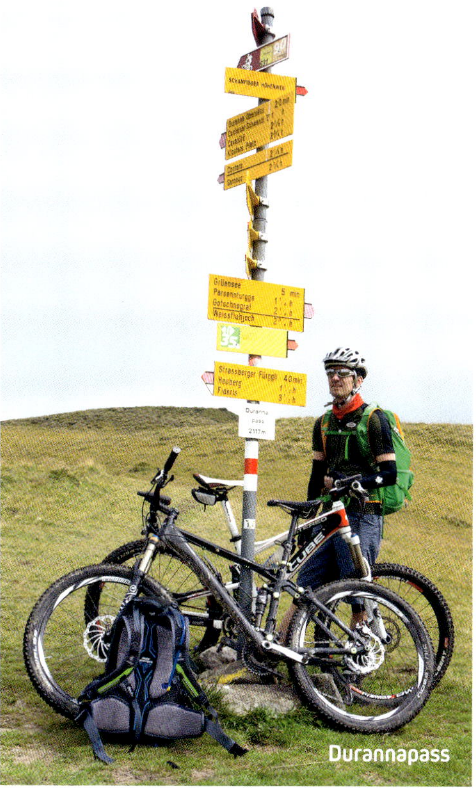
Durannapass

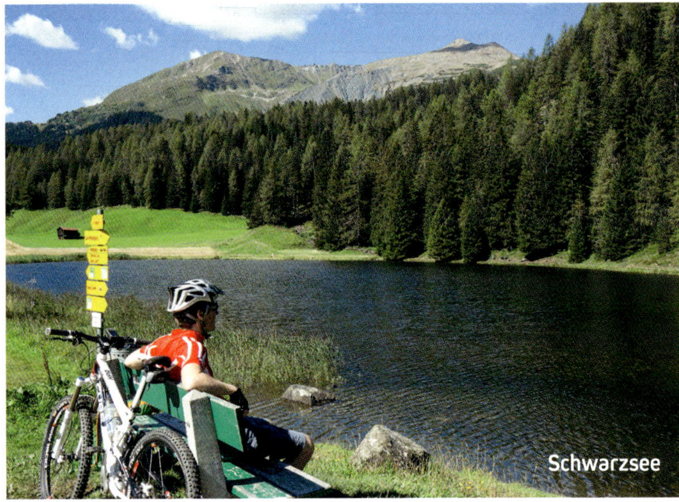
Schwarzsee

mel, denn ab Davos geht es über 700 anstrengende Höhenmeter am Stück bis unterhalb des Schiahorns bergauf. Fast flach beginnt dann die aussichtsreiche Fahrt auf dem Panoramaweg. Er macht seinem Namen alle Ehre. Tief unter uns liegen nun Davos und der gleichnamige See. Hier sieht man wegen des Höhenunterschieds direkt den Lohn der Kurbelei. Die Aussicht reicht auch weit nach Süden über den Scaletta-Gletscher auf die Gipfel der Sesvenna-Gruppe und der Livigno-Alpen. Während der Fahrt richten wir aber den Blick besser auf die Strecke, denn der Weg ist kunstvoll in den Steilhang geschlagen. An ein paar ausgesetzten Passagen ist schieben die vernünftigere Variante. Ein letzter kurzer Anstieg für heute und der höchste Punkt unserer Tour ist erreicht. Eine Pause im Bergrestaurant auf dem 2350 Meter hohen Strelapass ist nicht notwendig, denn es ist nicht mehr weit bis zu unserem Tagesziel, dem Heimeli. Zuerst kämpfen wir uns noch einen extrem steilen Pfad vom Pass hinunter. Hier sitzen nur noch absolute Cracks im Sattel. Nach ca. 20-minütiger Plackerei passieren wir eine kleine Bachbrücke, und nun zieht sich ein Genusstrail entlang des kleinen Haupertällibachs talauswärts.

Bevor wir unser Zimmer im Berghaus Heimeli beziehen, bekommen wir erst mal ein kühles Radler auf der wunderschönen großen Sonnenterrasse serviert. Die kleine Wirtsstube ist gut gefüllt, aber nicht alle Gäste übernachten hier. Ein Ehepaar macht sich nach dem Essen um zehn Uhr abends mit Stirnlampen auf den Weg zu Fuß hinunter nach Langwies. Hier hoch fahren nur der Wirt und eine

Über das Berghaus Heimeli (1831 m)

Das bereits 1707 erbaute Walserhaus bewirtet schon seit über 100 Jahren Gäste. Die Speisekarte ist überraschend modern. Bündner Spezialitäten, die ausschließlich mit regionalen Produkten gekocht werden, erfreuen Bikers Gaumen. Auch die hervorragende Weinkarte sucht am Berg ihresgleichen. 2014 wurde das Berghaus mit dem Preis „Best of Swiss Gastro" in der Kategorie „Outdoor" ausgezeichnet. Auf der großen Terrasse genießt man die warme Nachmittagsonne, bevor man es sich zum Abendessen in der gemütlichen Wirtstube bequem macht.
Die Decken sind niedrig, und die steile Stiege zu den Zimmern lässt die müden Beine noch mal zittern.

Adresse: Berggasthaus Heimeli, CH-7057 Sapün, Tel. 0041-81/3742161, https://heimeli.swiss

Geöffnet: täglich geöffnet

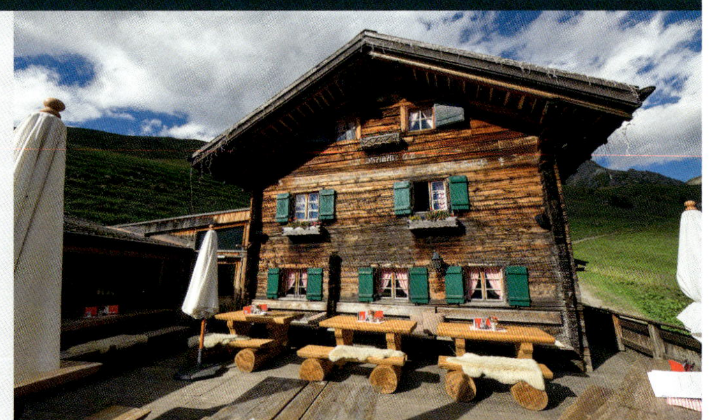

Übernachtung: vier Doppelzimmer, ein Familien-Zimmer, eine Ferienwohnung und bis zu 17 Bett-Lager im neuen Teil und unterm Dach. Die Zimmer sind einfach, aber liebevoll ausgestattet. Einen Hüttenschlafsack braucht man nicht. Reservierung geht nur online.

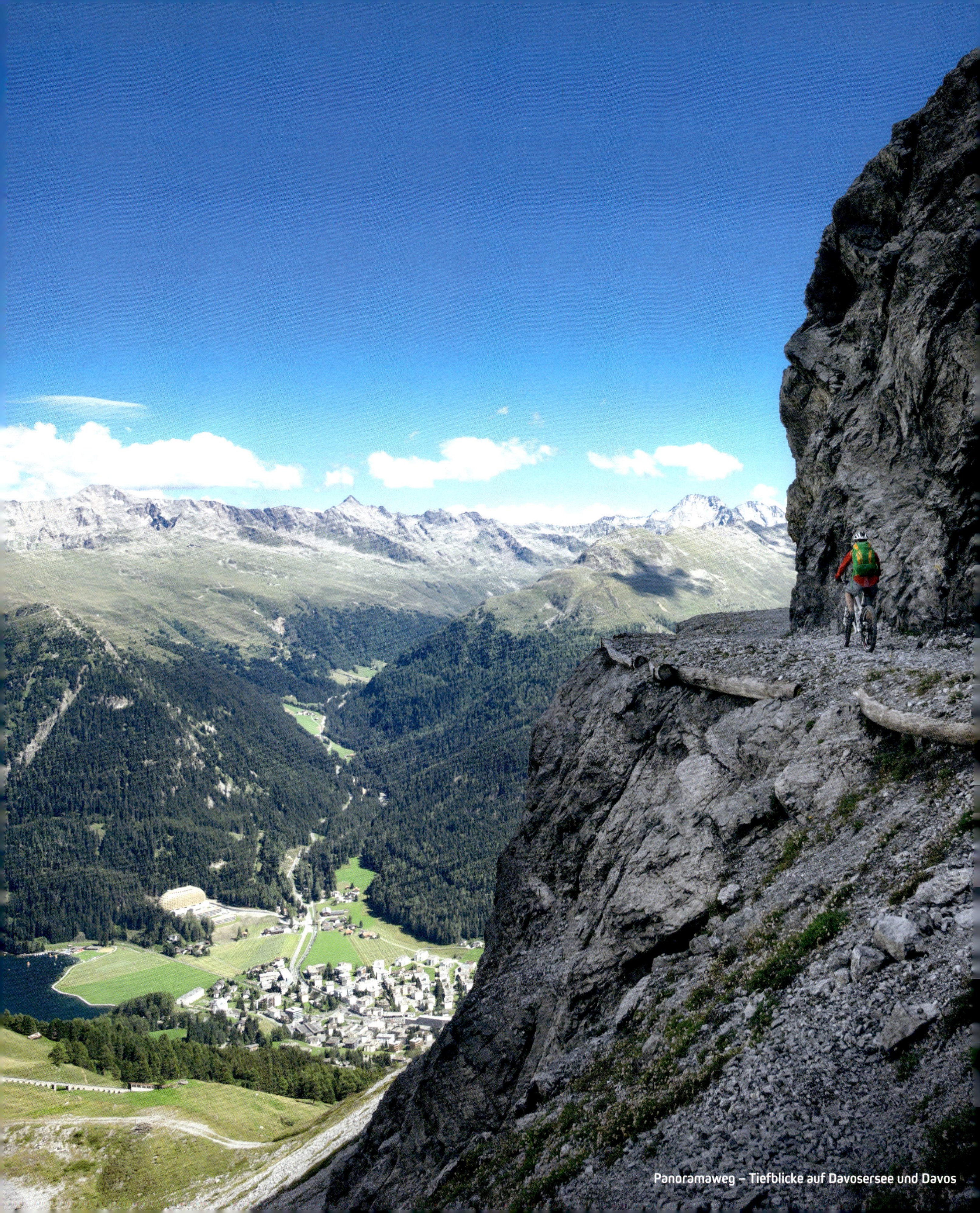

Panoramaweg – Tiefblicke auf Davosersee und Davos

Handvoll Bewohner von Sapün mit dem Auto. Wir merken erst am nächsten Tag bei unserer morgendlichen Abfahrt über Sapün Dörfji nach Langwies, wie lange das Paar im Dunkeln unterwegs gewesen sein muss. Und das mit zwei Flaschen Wein im Blut.

Das Traumwetter vom Vortag ist einem dichten Nebel gewichen, der uns leider den ganzen Tag begleitet. Ab Langwies beginnt die lange, aber nie sehr steile Steigung zuerst auf Asphalt, später auf Schotter ins Fondei. Das zehn Kilometer lange Hochtal wird seit Jahrhunderten landwirtschaftlich genutzt. Eine kurze Episode als Skigebiet endete mangels geeigneter Zufahrt von Langwies 1967 mit der Pleite der Liftbetreiber. In den 1990er-Jahren wurde versucht, das Skigebiet zu reaktivieren und sogar mit benachbarten Gebieten zu verbinden. Die Interessensgemeinschaft „Für das Fondei" widersetzte sich – auch wegen der unter Schutz stehenden Moore – diesen Plänen, und 2001 gab das Schweizer Verwaltungsgericht den Naturschützern recht. Gut für uns. So können wir das landschaftliche Kleinod während der Auffahrt ungetrübt genießen. Eine Bündner Gerstensuppe im Berggasthaus Strassberg stärkt für die letzten Höhenmeter zum Durannapass. An einem der letzten Höfe – einer Sennerei – liegt in einem kleinen Holzkasten sehr

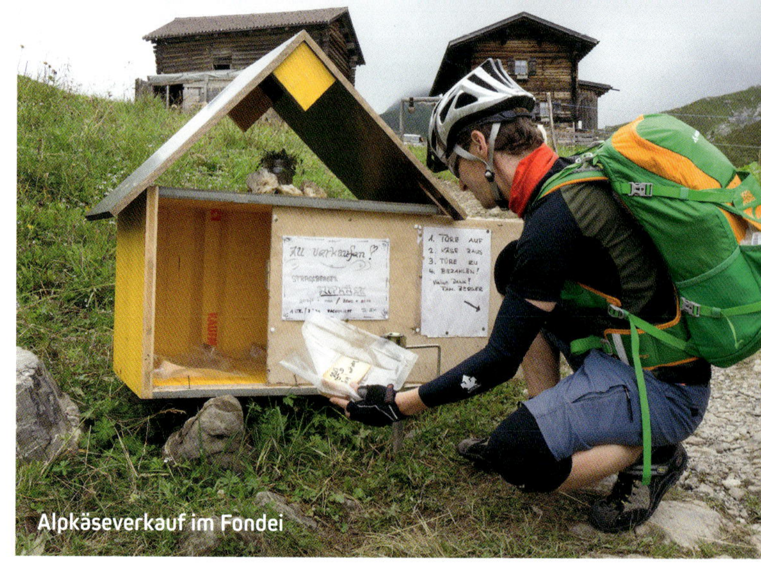

Alpkäseverkauf im Fondei

leckerer Alpkäse zum Verkauf. Man bedient sich selbst. Ein kleines Plätzchen im Rucksack wird sich trotz Zwei-Tages-Gepäck noch finden lassen. Die letzten Meter bergauf führen über einen ausgetretenen Wiesenpfad. Am Pass lohnt ein kurzer Abstecher zum kleinen Grünsee (er ist wirklich grün), bevor man, anfangs über einen spaßigen Wiesentrail, die lange Abfahrt hinunter ins Prättigau unter die Räder nimmt.

Fast schon im Tal wartet noch eine letzte Steigung. Die 250 Höhenmeter zum Berghaus Schifer sind schnell bewältigt. Eine Rast braucht man nun nicht mehr, aber einen Kaffee mit einem Stück Kuchen verträgt der Bikermagen immer. Kann man hier auf der Terrasse doch schön das Erlebte besprechen, bevor man bergab auf breiter Forstautobahn zurück nach Klosters saust.

Walsersiedlungen Sapün Dörfji und Strassberg

Im Schanfigg oberhalb Arosas gibt es noch historische Walsersiedlungen. Ein Rundgang durch die beiden auf der Tour liegenden Dörfer Sapün und Strassberg lohnt. Die klassischen Walserhäuser wurden mit Vierkantbalken aus Lärchenholz gebaut und mit Moos abgedichtet. Das helle unbehandelte Holz verfärbt sich in der Sonne dunkelbraun bis schwarz. In Sapün sind heute ganzjährig nur noch vier Familien angesiedelt. Strassberg, das nie an die Elektrizität angeschlossen wurde, ist seit Anfang des 20. Jahrhunderts nur noch im Sommer bewohnt. Allein das Skihaus Cassanna oberhalb Strassbergs ist auch im Winter bewirtschaftet.

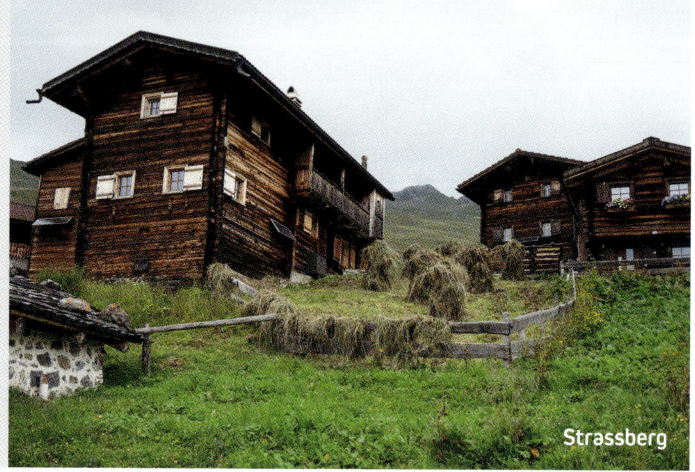

Strassberg

Info

Tag 1: 24,6 km – 1366 hm – MTB: 3:55 Std. E-MTB: 2:56 Std.
Tag 2: 32,3 km – 1076 hm – MTB: 3:57 Std. E-MTB: 2:58 Std.

Charakter

Der Anstieg von Davos zum Strelapass ist lang und teilweise steil. Den Panoramaweg sollte man an den ausgesetzten Passagen schieben. Der erste Kilometer bergab nach dem Strelapass ist nur für Könner fahrbar. Der Anstieg zum Durannapass am zweiten Tag verläuft gemäßigt auf Asphalt und Schotter. Nur am Passübergang müssen je nach Feuchtigkeit des Untergrunds einige Meter geschoben werden.

Tourstart

Klosters-Platz am Bahnhof bei der Talstation Gotschnabahn.

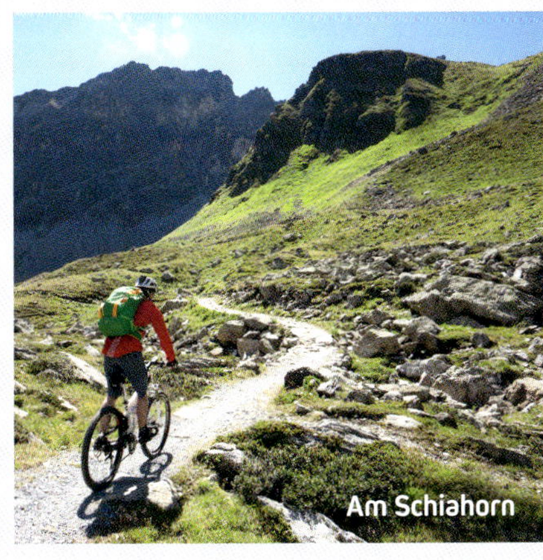
Am Schiahorn

Bikeshop

Metz 2 Radfachgeschäft,
mit Verkauf und Verleih,
Talstr. 28, CH-7270 Davos Platz,
Tel. 0041-81/4135132,
www.metzdavos.ch

Einkehrtipps

Berggasthaus Strassberg, uriges Bergrestaurant im Walserdorf Strassberg mit guter regionaler Küche. Besondere Empfehlung: Bündner Gerstensuppe und das Bündnertapas, Tel. 0041-81/3742232, www.berggasthaus-strassberg.ch

Bike-Hotels

In Davos und Klosters haben sich viele Hotels auf Biker eingerichtet. Eine Übersicht findet man auf: www.davos.ch/aktivitaeten/radsport/mountainbiken/bike-hotels

Anreise

Mit dem Auto von München auf den Autobahnen A8, A14 und A13 über Bregenz und Vaduz bis Landquart. Auf der B28 bis Klosters.

Landkarten

Kompass-Karte Nr. 113 „Davos – Arosa – Prättigau – Klosters“, 1:40 000

Bike-Info

www.davos.ch

Tourist-Info

Destination Davos Klosters,
Tourismus- und Sportzentrum,
Talstrasse 41, CH-7270 Davos Platz,
Tel. 0041-81/4152121,
www.davos.ch

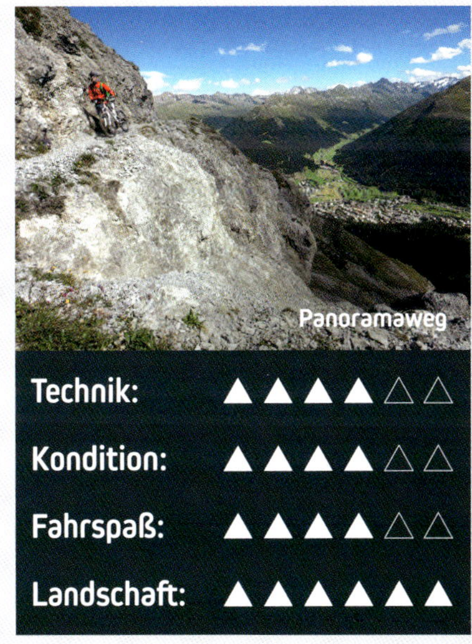

Panoramaweg

Höhenprofil Asphalt 3,8 km · asphaltierter Radweg 6,9 km · Schotter 32,7 km · Waldweg 4,4 km · Trail 9,1 km · Schieben 0,0 km

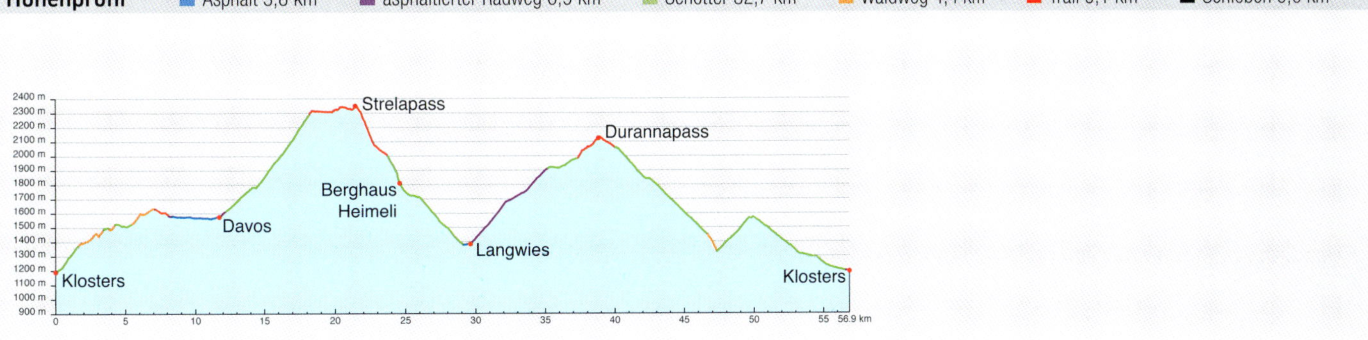

2 DARMSTÄDTER HÜTTE & KONSTANZER HÜTTE

Steil hinauf zu den Berghäusern im Schönverwall und im Moostal

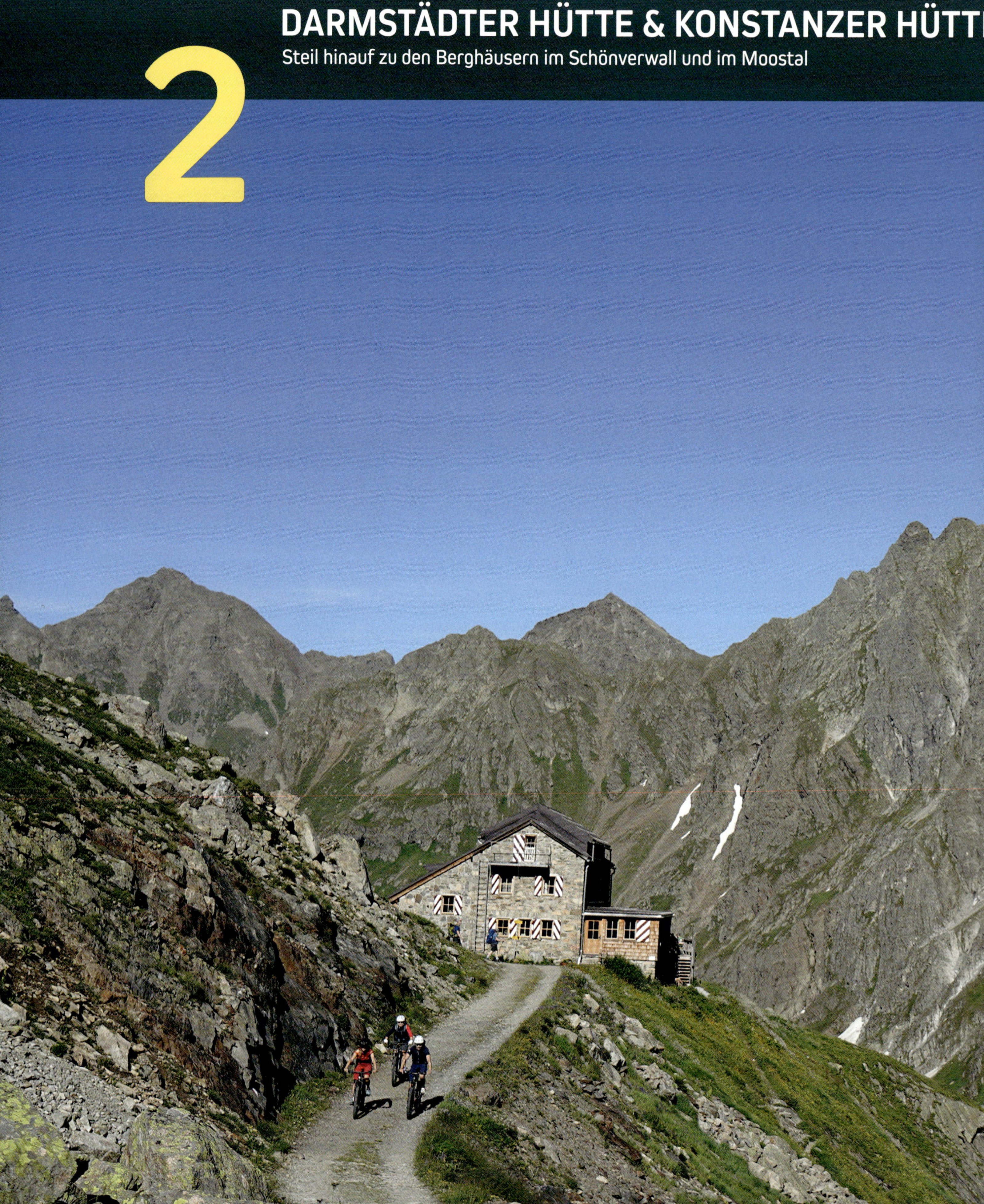

Schwierigkeitsgrad: mittel | Höhendifferenz: 2287 hm | Zeit MTB: 7:38 Std. | Zeit E-MTB: 5:36 Std. | Länge: 54,8 km

Darmstädter Hütte

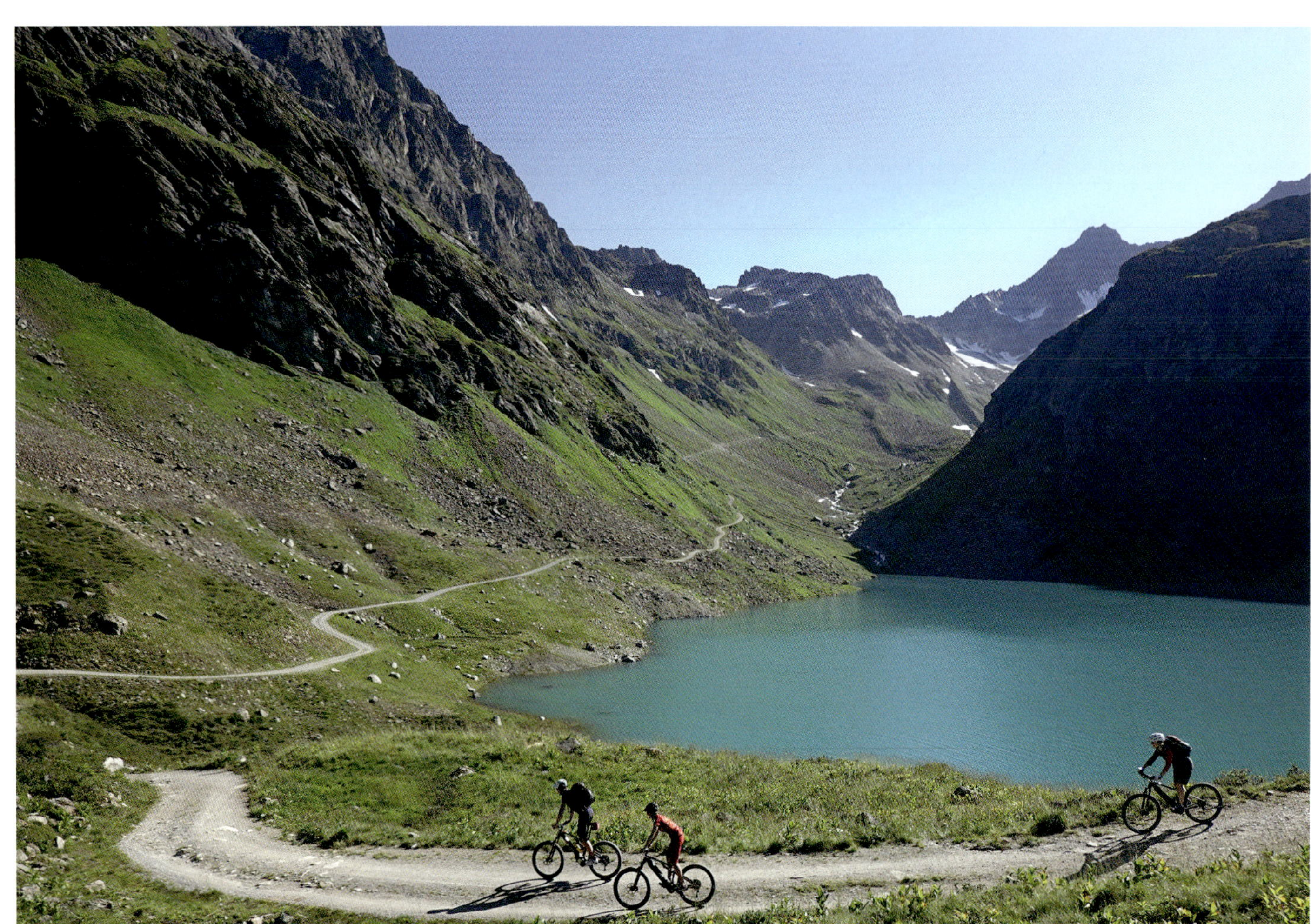

Am Kartell-Stausee

Oberhalb vom kosmopolitischen St. Anton am Arlberg zeigen sich die Tiroler Berge von ihrer faszinierenden Seite mit einsamen Bergwäldern, ursprünglichen Almen und mächtigen Felsmassiven. Hochgebirge wie aus dem Bilderbuch!

Mit ein paar Höhenmetern auf Asphalt ginge es gleich los. Aber zuerst gönnen wir uns noch einen kleinen Schwarzen in St. Anton's Dorfstraße. Wir befinden uns zwar in einem alten Tiroler Bergort, aber fremde Sprachen hört man hier mittlerweile selbst im Sommer zu jeder Tageszeit. Wir sind eben in „Stenton". Der Coffein-Shot schiebt uns den ersten Kilometer auf der alten Arlbergstraße hinauf zum Eingang ins Verwalltal. Nach dem kurzen Anstieg zu Beginn rollt es sich fast eben ins schöne Tal im Bergwald. Im Pump Track Eldorado testen schon ein paar Steppke die Anlieger und Jumps. Kurz darauf taucht das karibische Blau des Verwallsees zwischen den Bäumen auf. Alles so schön lieblich hier! Am Ende des Sees kann man sich dann entscheiden, ob genügend Kraft in den Beinen ist für den Abstecher und die Extra-Höhenmeter zur Konstanzer Hütte (1688 m). Probieren wir's!

Das Berghaus der Alpenvereinssektion Konstanz liegt auf einem kleinen Plateau am Zusammenschluss von Pfluntal, Schönverwalltal und Fasultal. Eine kurze Pause bei Apfelschorle auf der sonnigen Terrasse vor dem Haus muss einfach sein. Bevor es oberhalb der Rosanna wieder bergab geht Richtung Verwallsee. Kurz vor dem See biegt die Route ab auf den Sattelwaldweg, der uns auf guten Schotterfahrbahnen um den Sattelkopf (1985 m) herum hinüber dirigiert ins Moostal. Die Steigungen halten sich noch in Grenzen, aber wir wissen, dass sie kommen werden. Im saftig grünen Hochtal – der Name deutet die Farbe der Landschaft ja bereits an – nehmen die Steigungsprozente spürbar

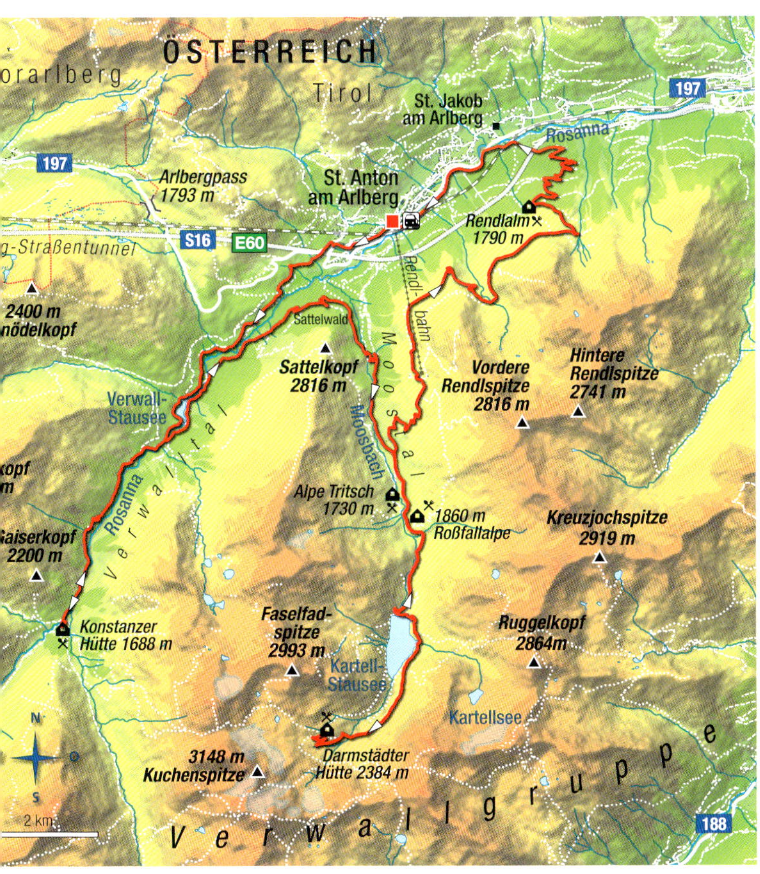

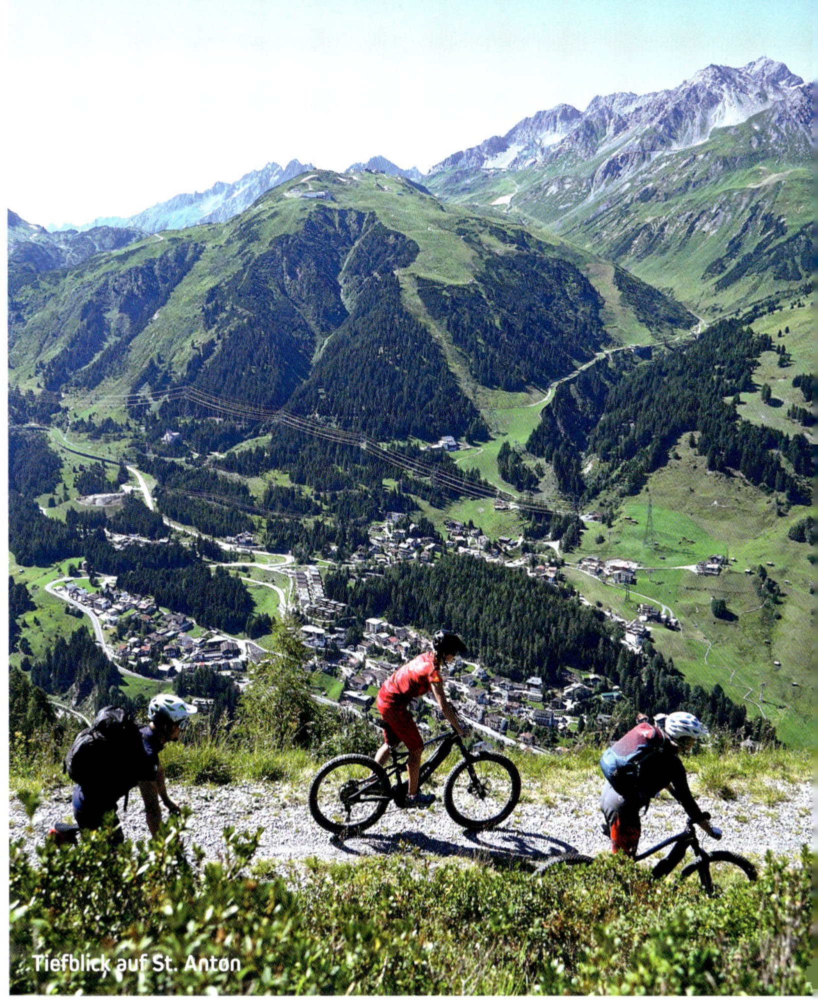
Tiefblick auf St. Anton

zu. Auf der anderen Talseite lassen wir die Alpe Tritsch (1730 m) mit Jausenstation rechts liegen und konzentrieren uns auf die Geländestufe. Das Tal wird enger, die Bergflanken der Zweitausender rücken näher heran. Die Mittagsrast ist für die Alpe Rossfall (1860 m) eingeplant. Robert, der Senner, und seine Mädels machen hier einen exzellenten Schnittkäse, aus der Ziegenmilch machen sie Frischkäse, der mit Kräutern in Olivenöl eingelegt wird. Immerhin wurden die Produkte auf der Almkäseolympiade in Galtür mehrfach ausgezeichnet. Mit viel Alpkäse im Bauch geht es auf die restlichen 550 Höhenmeter. Das Rossfaller Zirbenblut, ein von den Almleuten selbst angesetzter Likör mit 32 Prozent, haben wir vorsichtshalber ausgelassen. Die Szenerie wird dramatischer, der Weg ausgewaschener. Nächste Prüfung für die Oberschenkel oder für die Leistung des E-Motors ist die Rampe auf die Staumauer des Kartellsees. Das kitschige Blau des

Bergsees lockt danach förmlich ins Wasser. Wenn nur diese einstellige Temperatur nicht wäre!
Wie ein Adlerhorst an den Felsen taucht hoch oben winzig klein die Darmstädter Hütte auf. Das rumplige Schotterband bringt uns Serpentine um Serpentine hinauf in die Felsregionen des Verwall. Und welch kleines Glück: Die letzten zweihundert Meter bis zum Berghaus verlaufen fast eben. Der Kraftakt hierauf hat sich gelohnt – nicht nur wegen der grandiosen Knödelgerichte bei Andi, dem Hüttenwirt. Lage und Aussicht der Darmstädter Hütte sind schon etwas Besonderes. Auch wenn wir uns wegen des kalten Windes auf 2400 Meter lieber in die warme Stube setzen. Nach ein, zwei Weißbier ziehen wir uns bald bleischwer ins Schlaflager zurück.
Am nächsten Morgen heißt es nach dem kräftigen Frühstück erst mal Beinlinge, Isojacke, Unterhelmmütze und Langfingerhandschuhe aus dem Rucksack kramen. Das Thermometer ist bis auf fünf Grad gesunken und wir müssen zuerst wieder 700 Höhenmeter bergab. Von Warmfahren kann da nicht die Rede sein – im Gegenteil. Aber dafür

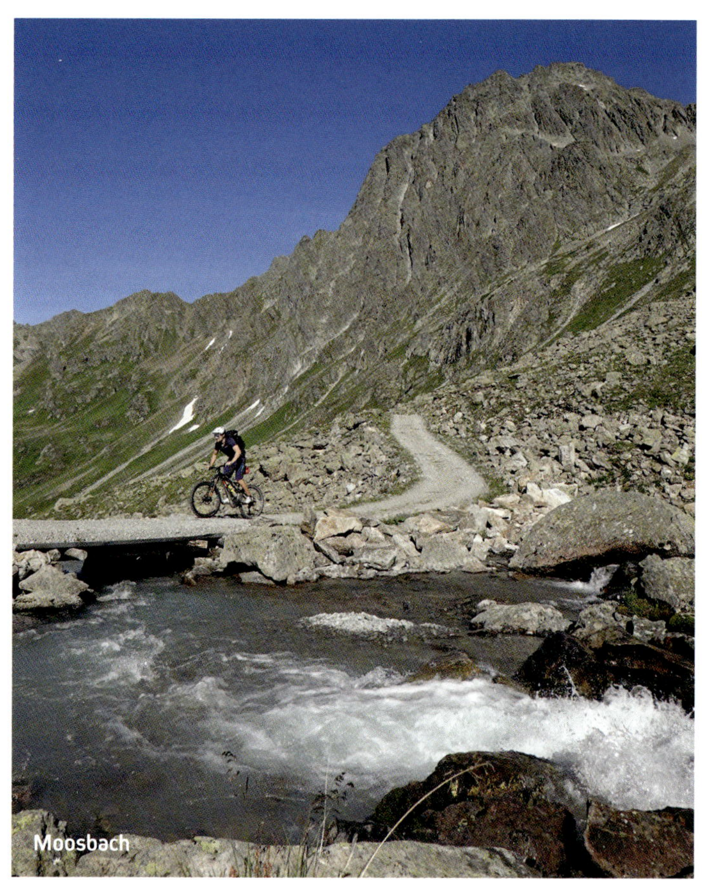
Moosbach

Über die Darmstädter Hütte (2394 m)

Das Schutzhaus des Deutschen Alpenvereines DAV, Sektion Darmstadt-Starkenburg, liegt hoch oben am Ende des Moostales in der Verwallgruppe zu Füßen der Saumspitze (3039 m), der Faselfadspitze (2993 m) und des Scheiblers (2978 m). Die Alpenvereinshütte wurde bereits im Jahr 1889 gebaut, aber immer wieder renoviert.

Adresse: Andreas Weiskopf, A-6551 Pians 76,
Tel. 0043-5442/67525, Tel. (Hütte) 0043-699/15446314,
alpenverein-darmstadt.de/huetten/darmstaedterhuette
E-Mail: darmstaedter.huette@gmx.net

Geöffnet: Ende Juni bis Mitte September
Übernachtung: 77 Schlafplätze in Mehrbettzimmern und im Matratzen-Lager
Bike & Hike: Gipfeltouren bieten sich u.a. zur Saumspitze (2,5 Std.) und zum Scheibler (2 Std.) an. In der Nähe befinden sich auch mehrere beliebte Kletterwände.

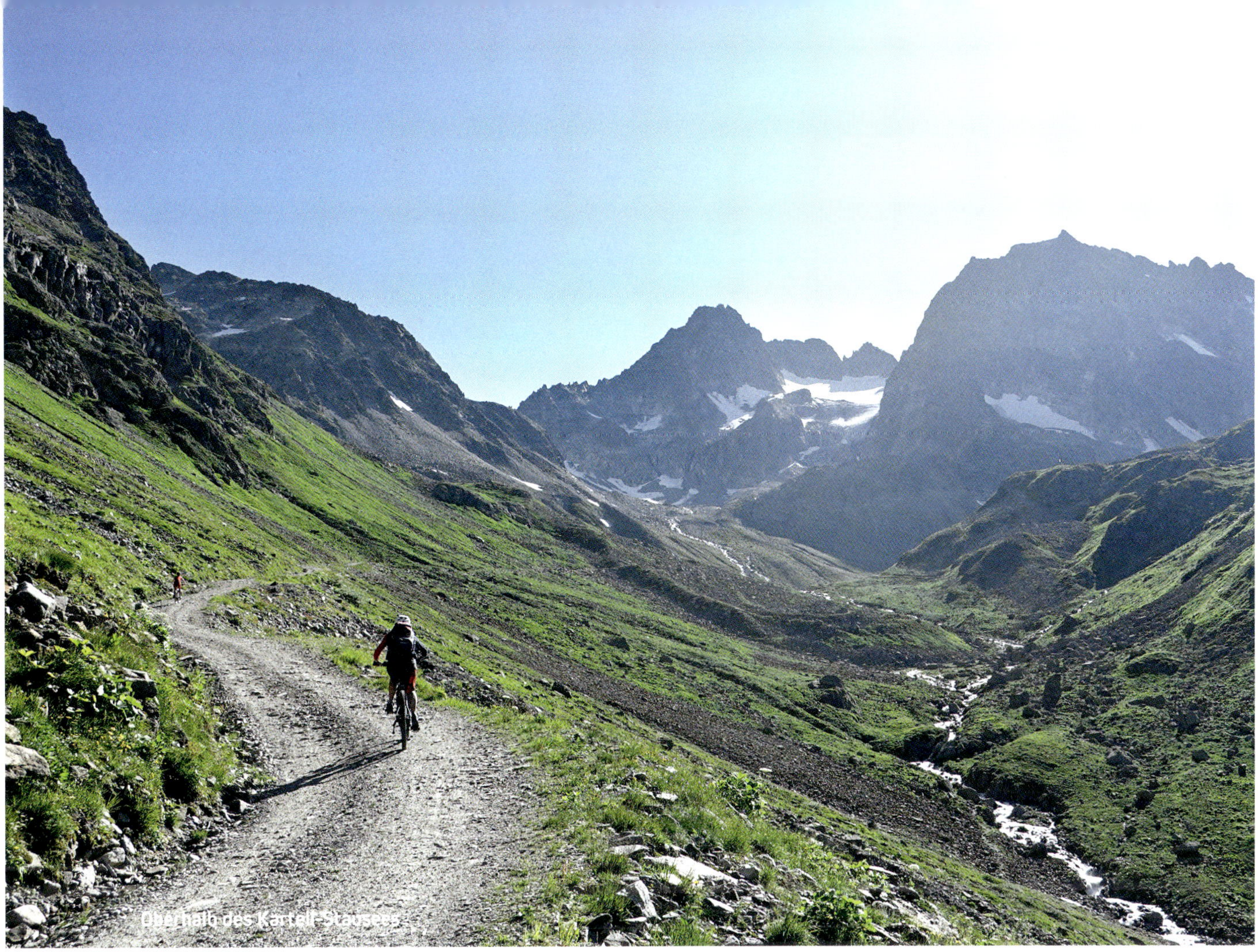

Oberhalb des Kartell-Stausees

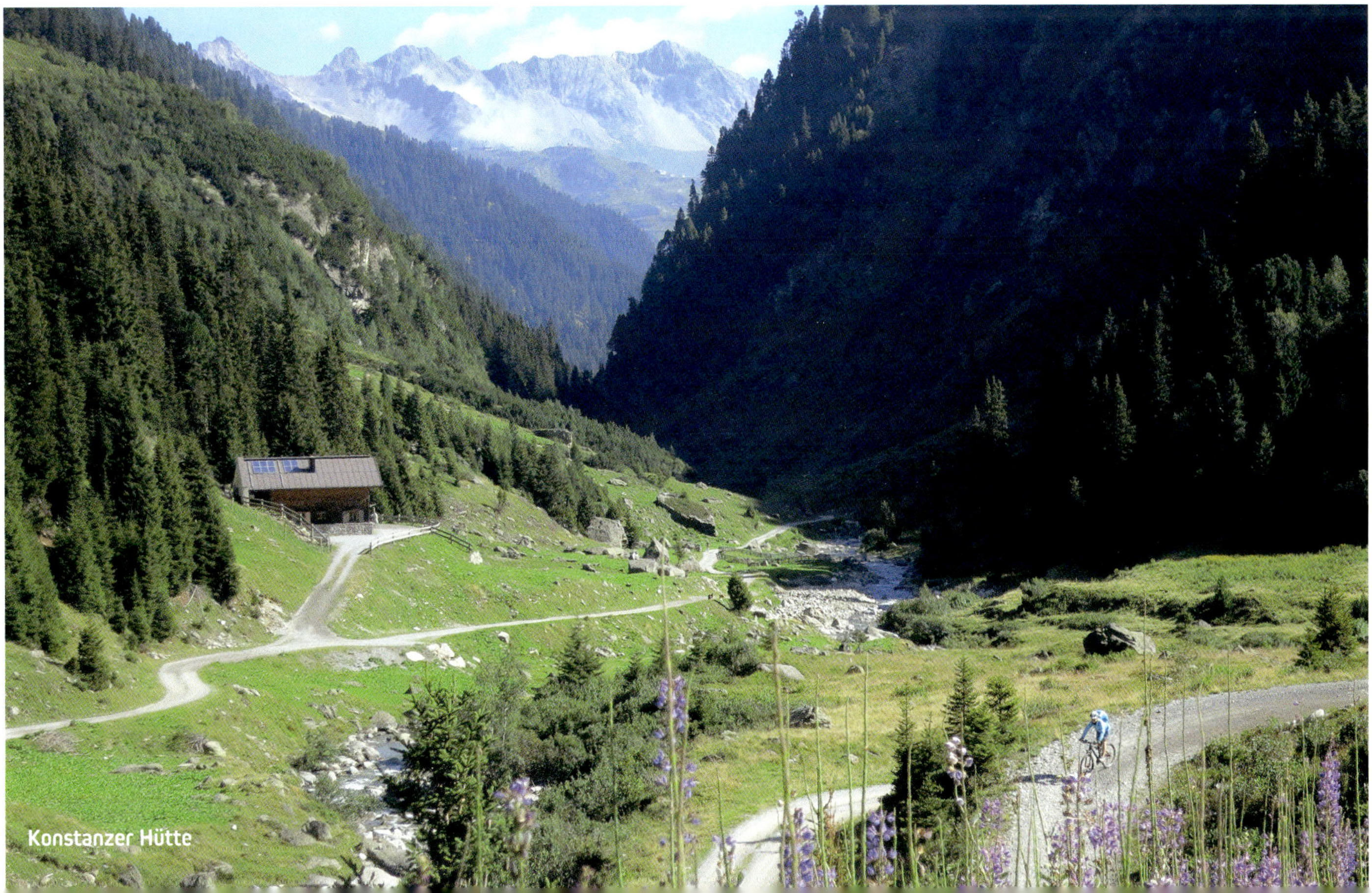

Konstanzer Hütte

können wir nochmals diese Felsenwelt aufsaugen. Unweit der Alpe Tritsch heißt es dann wieder umschalten in den Uphill-Modus. Der Almweg windet sich bröselig hinauf zur Bergstation der Rendlbahn (2036 m). Dort beginnt die ersehnte Trail-Einlage. Der Rendl-Trail windet sich aussichtsreich etwa ein Kilometer mal auf, mal ab am Berghang entlang. Am Ende weitet sich der Pfad wieder zu einem respektablen Bergweg, der uns kilometerweit mit einigen Höhen- und Tiefenmetern entlang der Flanken des Zwölferkopfes (2558 m) dirigiert. Und dann geht es nur noch bergab. Allerdings nicht ohne Stopp an einem Lieblingsziel der St. Antoner – der Rendlalm (1789 m). Im Gegensatz zur Dorfmitte von St. Anton hört man dort fast nur Tirolerisch. Auf den Teller gibt's entsprechend „Eppas Guats", d. h. lokale Schmankerl wie Kaspressknödel, Kaiserschmarrn und Bergkäse. Nicht zu vergessen ein Getränk, dass kaum sonstwo auf der Karte steht: hausgemachter Wiesensalbei-Sirup mit Quellwasser. Dazu gratis Blick auf die Zweitausender auf der gegenüberliegenden Talseite. Zum Schluss müssen wir nur noch eine gute halbe Stunde ins Tal hinunterbremsen.

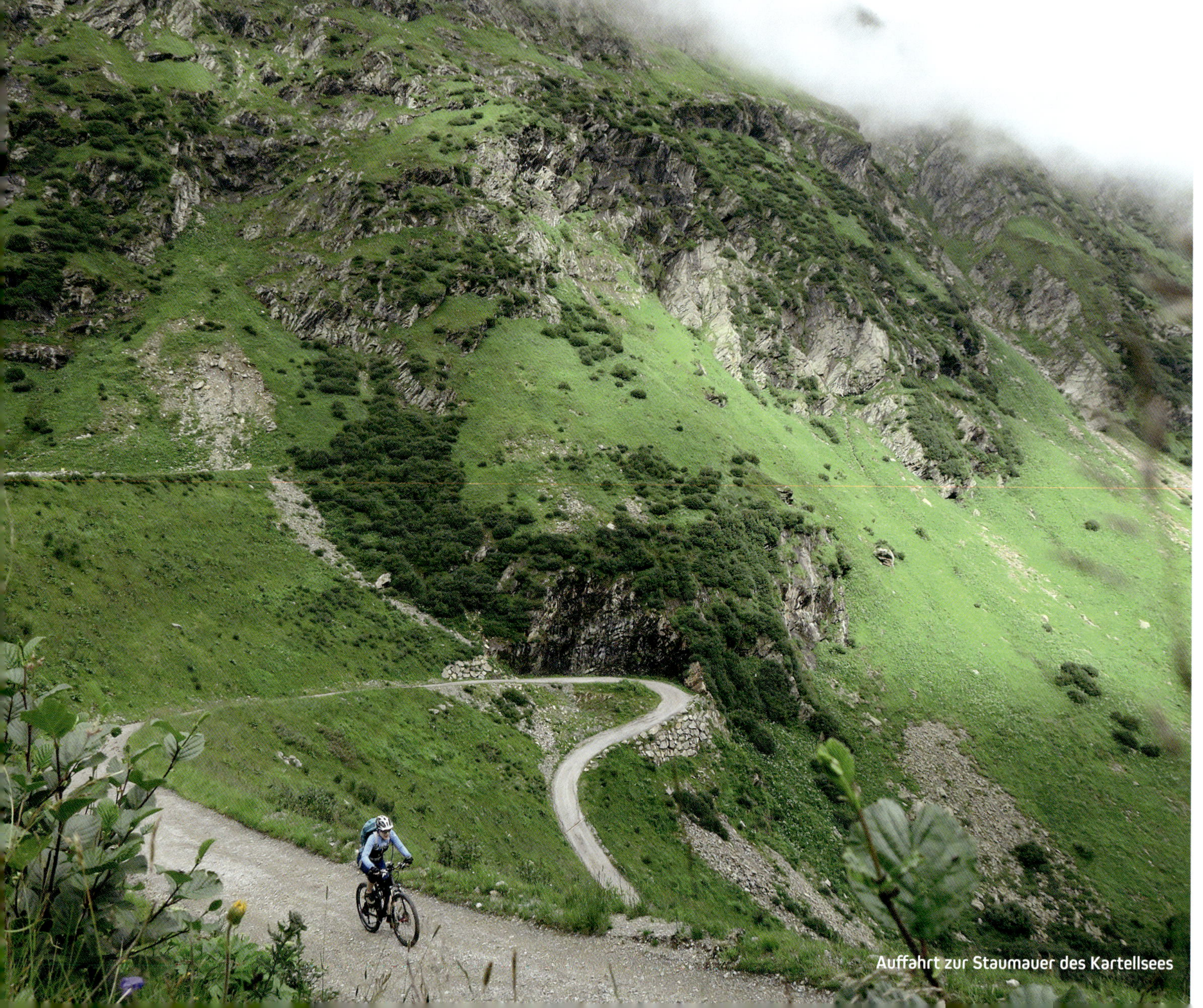

Auffahrt zur Staumauer des Kartellsees

Info

Tag 1: 31,0 km – 1628 hm – MTB: 4:47 Std. E-MTB: 3:35 Std.
Tag 2: 23,8 km – 659 hm – MTB: 2:41 Std. E-MTB: 2:01 Std.

Charakter

Die Route hat quasi alles, was Mountainbiken in den Alpen so zu bieten hat: flache Passagen zum Rollen, gute Berg- und Forstwege, aber auch anstrengende Steilrampen und einen rund einen Kilometer langen nicht allzu schwierigen Up-and-Down-Trail mit grandioser Aussicht. Dazu kommen mehrere Einkehrmöglichkeiten am Berg.
Ein Hinweis: Der erste Tag ist deutlich anspruchsvoller, der zweite bietet vor allem Workout und den schönen Panorama-Trail.

Tourstart

Wir starten unsere Tour mitten in St. Anton am Tourismusbüro an der Dorfstraße.

Etappen

1,5 bis 2 Tage

Variante

Wer sich die schöne Schleife ins Verwalltal zur Konstanzer Hütte sparen möchte, kann von St. Anton auch direkt steil hinauf ins Moostal und weiter zur Darmstädter Hütte fahren.

Einkehrtipps

Konstanzer Hütte (1688 m) im Schönverwalltal, www.konstanzerhuette.com
Alpe Tritsch (1730 m) im Moostal
Alpe Rossfall (1860 m) im Moostal, www.alpe-rossfall.at
Rendlalm (1800 m), rendlalm.at

Bike-Verleih

Sporthaus Jennewein, Dorfstraße 2, Tel. 0043-5446/2830, www.sport-jennewein.com/skirental/bikerental-stanton.html
Sport Pete, Dorfstraße 17, A-6580 St. Anton am Arlberg, Tel. 0043-5446/3710300, www.sportpete.com/bikeverleih

Bike-Hotel

Anthony's Life & Style Hotel, Dorfstr. 2, A-6580 St. Anton am Arlberg, Tel. 0043-5446/42600, www.anthonys.at/st-anton
Galzig Lodge, Kandaharweg 2, A-6580 St. Anton am Arlberg, Tel. 0043-5446/42770, www.galziglodge.at

Anreise

Mit dem Auto über München, Garmisch-Partenkirchen, Fernpass, Imst, Landeck nach St. Anton am Arlberg oder über Stuttgart, Bregenz, Feldkirch, Bludenz, Arlbergpass oder Arlbergtunnel nach St. Anton am Arlberg.

Landkarten

Kompass-Karte Nr. 33 „Arlberg – Verwallgruppe", 1:50.000

Bike-Info

www.stantonamarlberg.com/de/sommer/mountainbiken

Tourist-Info

Tourismusverband St. Anton am Arlberg, Dorfstraße 8, A-6580 St. Anton am Arlberg, Tel. 0043-5446/22690, www.stantonamarlberg.com

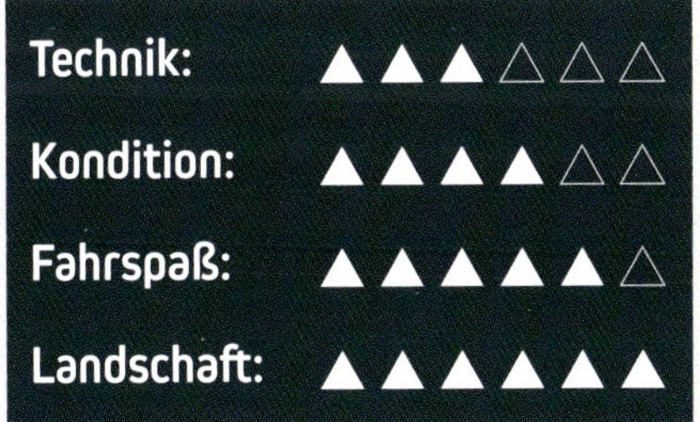

Höhenprofil Asphalt 5,2 km · asphaltierter Radweg 3,0 km · Schotter 45,3 km · Waldweg 0,0 km · Trail1,3 km · Schieben 0,0 km

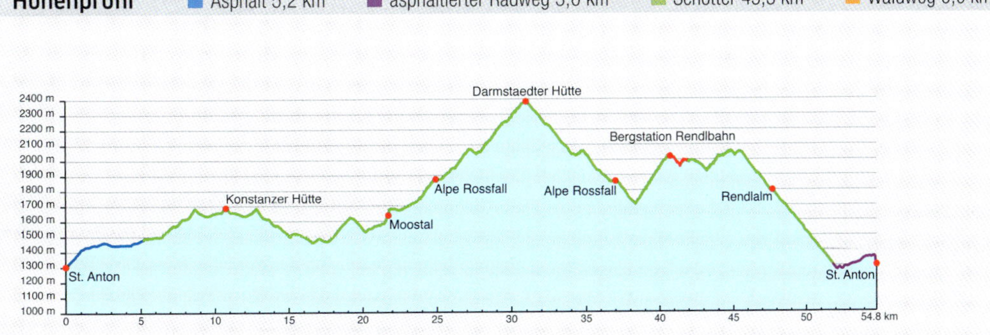

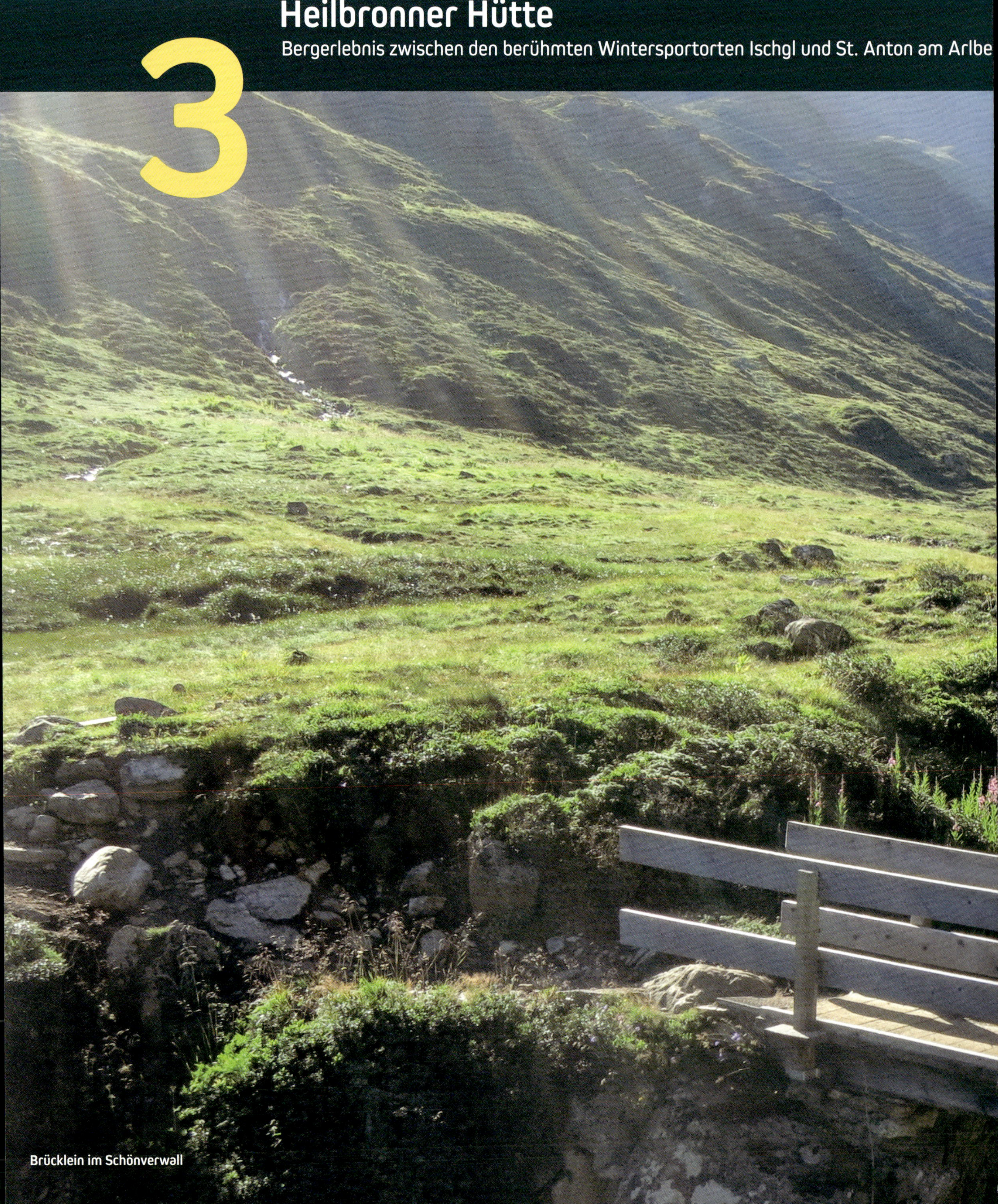

3

Heilbronner Hütte

Bergerlebnis zwischen den berühmten Wintersportorten Ischgl und St. Anton am Arlbe

Brücklein im Schönverwall

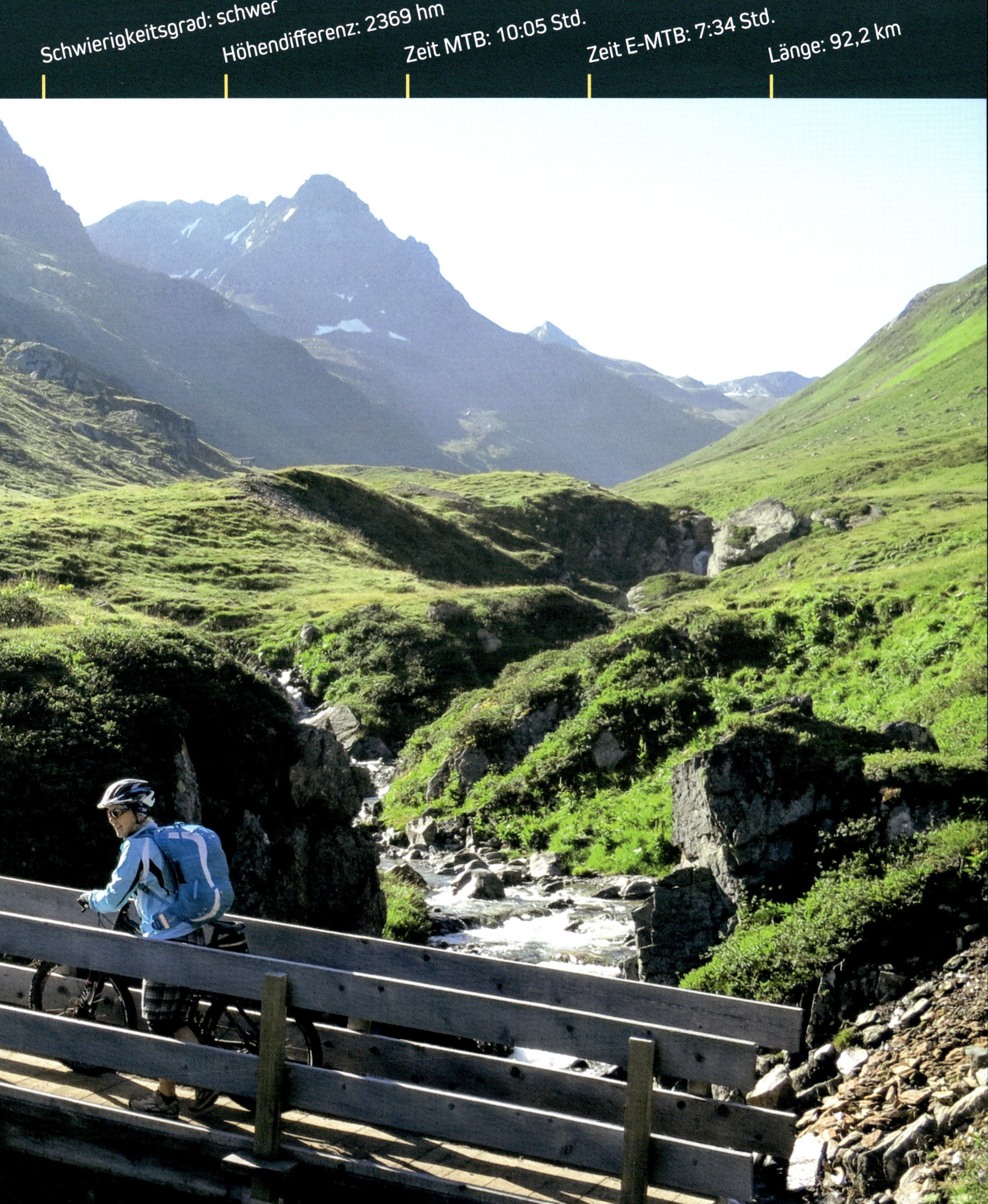

Schwierigkeitsgrad: schwer | Höhendifferenz: 2369 hm | Zeit MTB: 10:05 Std. | Zeit E-MTB: 7:34 Std. | Länge: 92,2 km

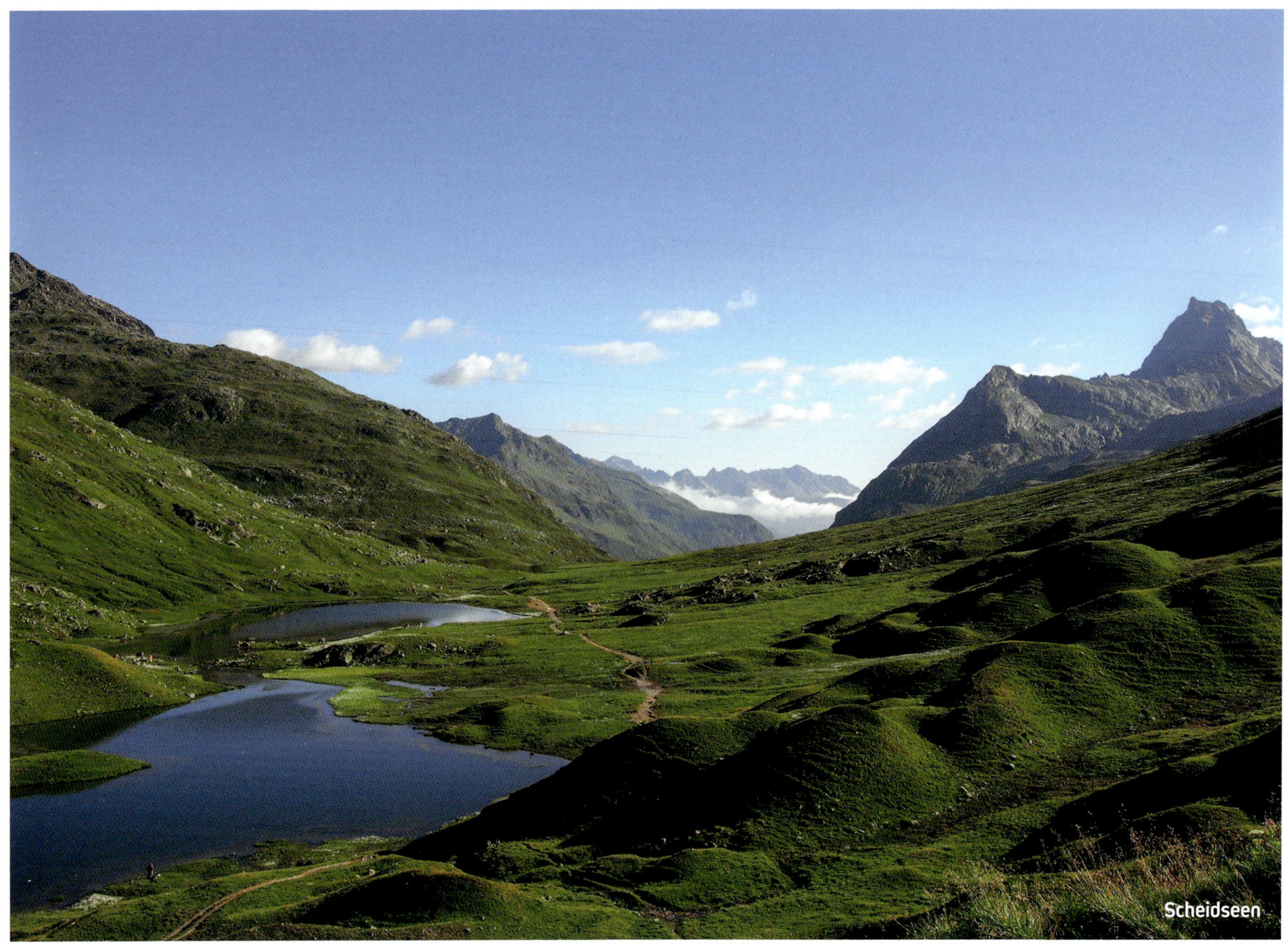
Scheidseen

Im Sommer stehen Ischgl und St. Anton am Arlberg im Zeichen des Mountainbikes. Eine spannende und abwechslungsreiche Tour um die Verwallgruppe verbindet die beiden berühmten Tiroler Wintersportorte.

Die Neue Heilbronner Hütte, wie das Berghaus offiziell heißt, liegt auf 2320 m Höhe am Verbellner Winterjöchl, einem kleinen Pass quasi an der Landesgrenze von Tirol und Vorarlberg. Die erste Hütte der Alpenvereinsektion Heilbronn wurde 1910 in Südtirol gebaut, brannte aber ab. So kam es 1928 zum Bau der Neuen Heilbronner Hütte an diesem alpinen Aussichtsbalkon, an dem sich mehrere alpine Wege für Wanderer und Mountainbiker treffen. Auch die Transalp-Route Oberstdorf–St. Anton–Ischgl–Fimbapass–Gardasee führt hier vorbei. Olivia Immler, die sympathische Hüttenwirtin, liebt die Biker: „Sie sind ein Geschenk des Himmels." Denn sie sichern ihr und ihrer Familie ein vernünftiges Einkommen. Aber egal aus welcher Himmelsrichtung die Bergradler anfahren, vor der Einkehr wollen die Höhenmeter getreten sein. Wir starten unsere Schönverwall-Tour in Ischgl

(1376 m). Im Vergleich zur großen Wintersause herrscht hier im Sommer Ruhe – nur ein paar Wanderer und Biker trollen sich durch die Dorfgassen. Der Paznaun-Weg leitet uns erst mal sanft ansteigend talaufwärts Richtung Mathon (1450 m), einem kleinen Weiler mit uriger Walserstube und sehenswertem Bauernmuseum. Besonders Konditionsstarke gönnen sich hier noch einen Abstecher zur Lareinalm (1860 m) im gleichnamigen abgeschiedenen Hochtal. Die anderen folgen dem angenehm zu tretenden Bergweg über die Siedlung Valzur zum Talende nach Galtür, meist mit der markanten Felspyramide der Gorfenspitze (2558 m) im Blickfeld. Falls jemand von diesem Platz im Hochgebirge besonders angetan ist: Es warten hier noch einige andere schöne Mountainbike-Touren, etwa ins Jamtal oder hinauf zur Friedrichshafener Hütte (2138 m). Hinter Galtür teilen sich vor der Ballunspitze (2671 m) die Wege. Bei den wenigen Häusern und Hotels von Kleinzeinis führt links die Silvretta-Hochalpenstraße zum Silvretta-Stausee. Wir nehmen den schmalen Weg rechts hinauf zum Zeinisjoch, einem alten Handelsweg zwischen Paznaun und Montafon. Wer Zeit und Kraft sparen möchte, bleibt auf diesem relativ sanften Weg bis zum Zeinissee. Allerdings sind dort auch mehr Wanderer und E-Biker unterwegs. Unsere Route biegt unterwegs links ab steil hinauf zu den Skiwiesen der Faulbrunnalpe. Dort verjüngt sich der Weg zu einem Almtrail hinunter zum Kopsstausee, der sich im lockeren Auf und Ab umrunden lässt. Falls nach grandiosem Tief- und Ausblick von der

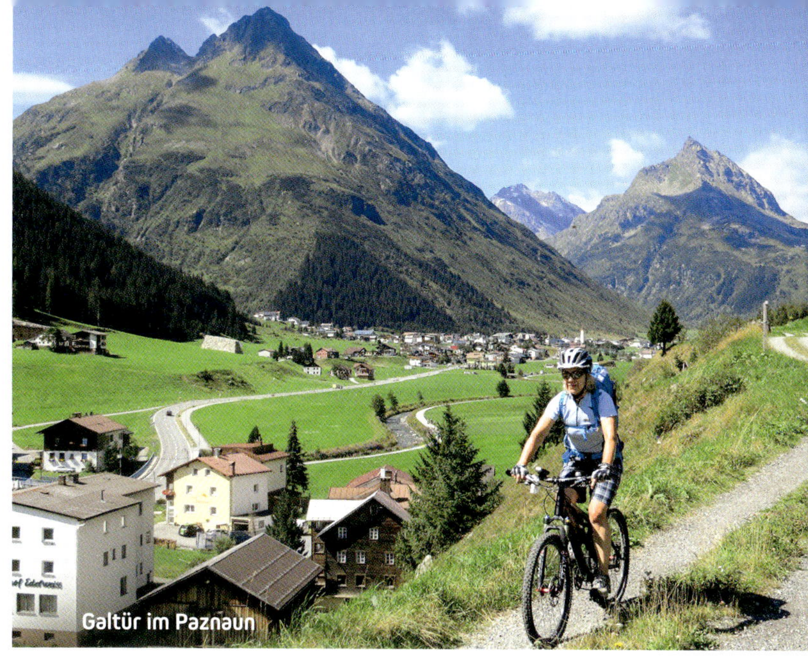
Galtür im Paznaun

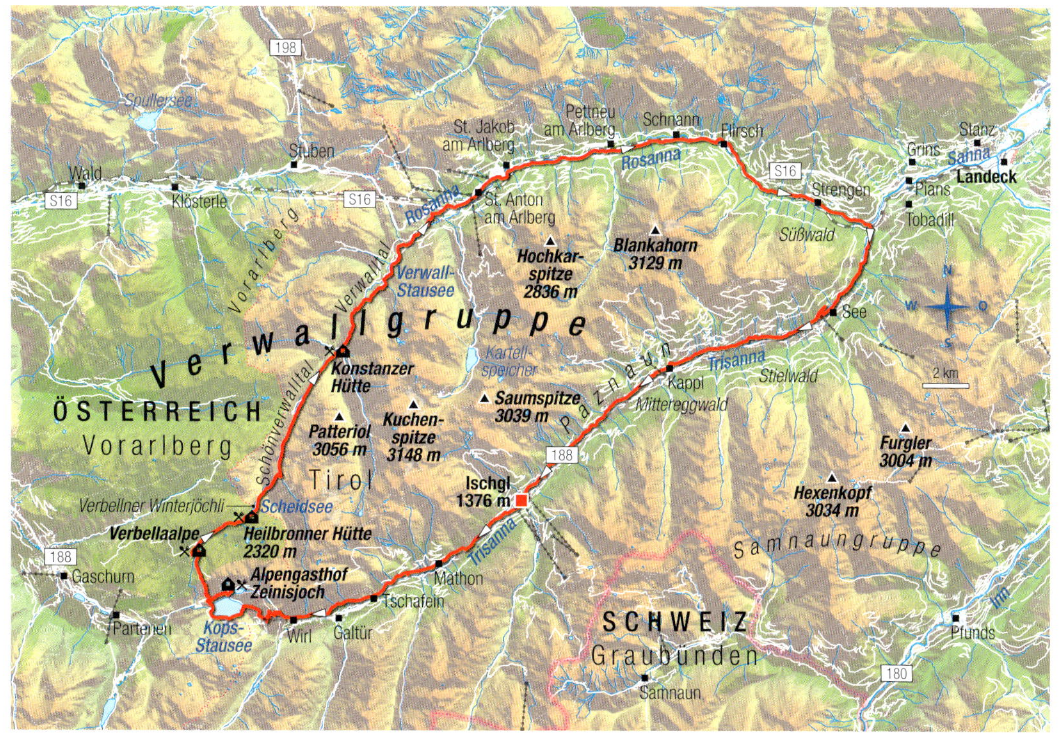

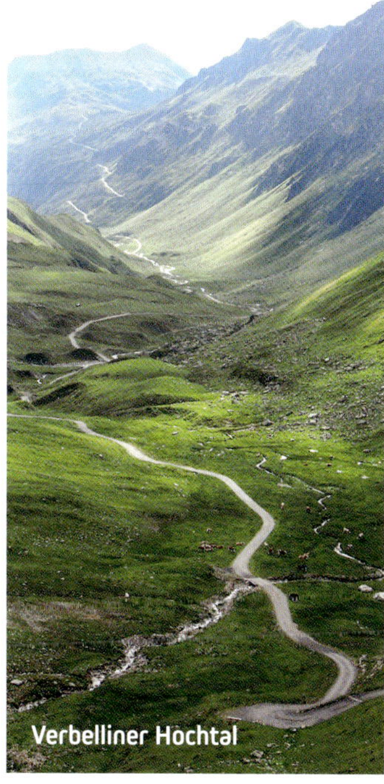
Verbelliner Hochtal

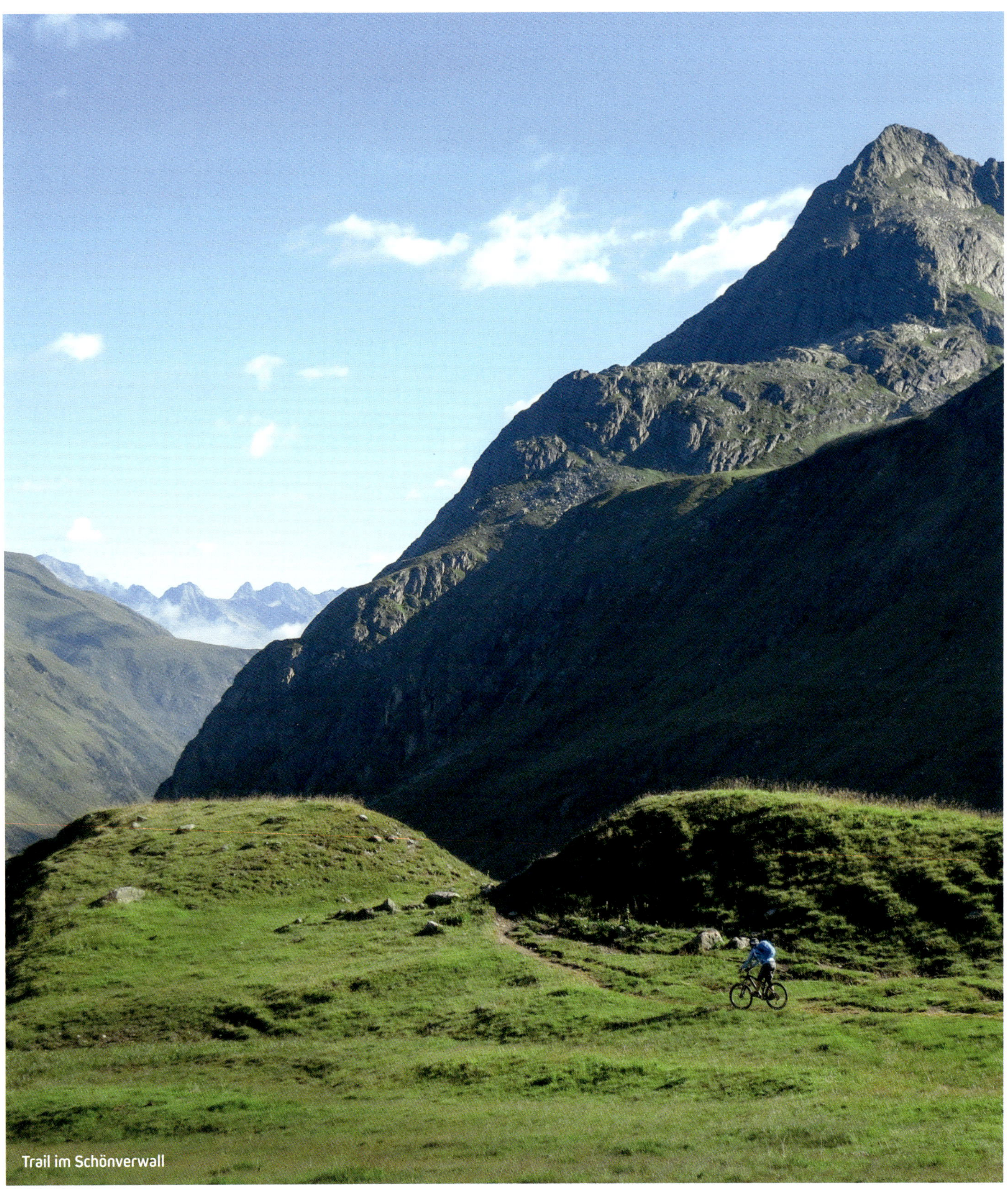

Trail im Schönverwall

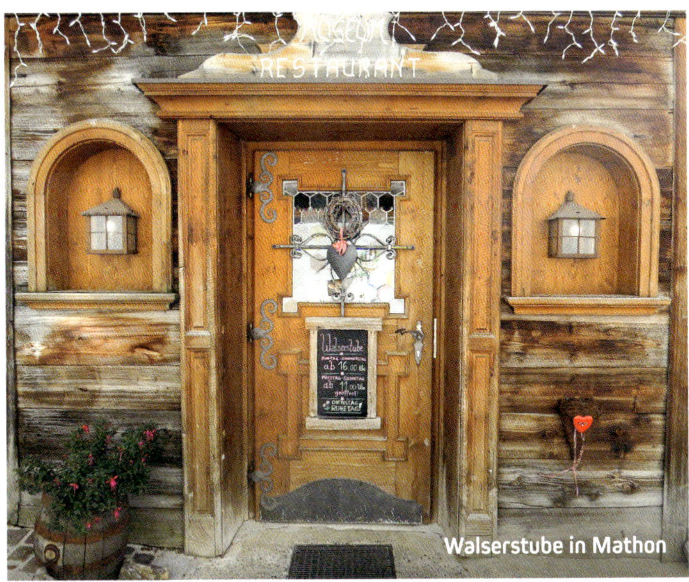

Walserstube in Mathon

Staumauer der große Hunger kommt, so lässt sich vom Wanderparkplatz am Stausee ein kurzer Abstecher zum Gasthaus Zeinisjoch einlegen. Wer noch Reserven hat, darf sich auf eine deftige Brotzeit auf der Verbellaalpe (1938 m) freuen. Die Alpe bietet zwar keine warmen Gerichte, aber sie liegt deutlich ruhiger und idyllischer. Kein Wunder, hierher geht es nur zu Fuß und per Bike. Eine Stärkung kann auf jeden Fall nicht schaden, denn bis zur Heilbronner Hütte stehen noch 400 Höhenmeter im Roadbook. Unterwegs wird die Kurbelei über die Schotterserpentinen mit herrlichen Ausblicken in die Silvretta und zurück zum Kopsstausee versüßt.
Am Verbellinbach entlang nähert man sich langsam, aber sicher dem Etappenziel, das sich von Weitem wie eine Trutzburg oben am Berg zeigt. Die letzte sakrisch steile Rampe vor dem Ziel werden nicht alle Motorlosen im Sattel meistern, vielleicht mit einem kurzen Verschnaufen an den Scheidseen, die sich am Verbellner Winterjöchl ausbreiten.
Die Heilbronner Hütte bietet zwar Platz für mehr als 100 Gäste. Aber die hungrigen Bergfans verteilen sich angenehm auf mehrere gemütliche Gaststuben. Und die Immlers sind ein eingespieltes Team, das die Gerichte der umfangreichen Speisekarte zügig serviert. Natürlich stehen in der Heilbronner Hütte für Weinkenner auch edle Tropfen aus dem Neckartal, wie Trollinger, Lemberger und Grauburgunder, zur Wahl.

Über die Heilbronner Hütte (2320 m)

Die Alpenvereinshütte der DAV-Sektion Heilbronn wurde 1928 am Verbellner Winterjöchl gebaut, einem Passübergang von St. Anton am Arlberg ins Paznaun und ins Montafon. Anfang des neuen Jahrtausends wurde die Hütte zum zweiten Mal erweitert und komplett modernisiert. Das aussichtsreiche Berghaus steht quasi auf der Landesgrenze zwischen Vorarlberg und Tirol und an der europäischen Wasserscheide von Donau und Rhein.

Adresse: Hüttenwirtin Olivia Immler in Gaschurn, Tel. 0043-664/1804277, www.heilbronner-huette.de, E-Mail: info@heilbronner-huette.at

Geöffnet: Ende Juni bis Anfang Oktober

Übernachtung: 51 Schlafplätze in Zwei- und Mehrbett-Zimmern, 62 Schlafplätze in Lagern; warme Duschen

Service: Bikegarage, E-Bike-Ladestation, Waschmaschine, Schuhraum mit Trockenschrank

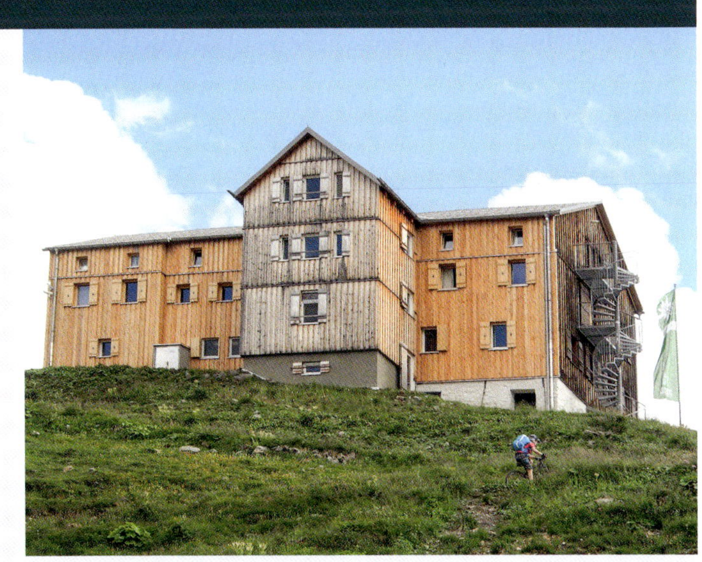

Bike & Hike: Nicht allzu schwierige Bergwanderungen zum Strittkopf (2604 m) in 1,5 Std. und zur Versailspitze in 3,5 Std.

Der Morgen auf 2320 m Höhe ist auch im Sommer frisch, aber dafür macht der Wiesentrail durchs Schönverwalltal selbst nicht so Geübten einen riesigen Spaß. Nur kurze Abschnitte sind den Freeridern mit den langen Federwegen vorbehalten, sonst ist alles fahrbar bis hinunter zur Schönverwallalpe zu Füßen des Patteriol (3056 m). Von dort rollt man wieder auf einem guten Almweg hinaus zur Konstanzer Hütte (1688 m). Dieses Berghaus der DAV-Sektion Konstanz liegt wunderschön etwas versteckt an der Mündung des Fasulbaches in die Rosanna, aber nicht so spektakulär wie die Heilbronner Hütte. Aus dem Schönverwall- wird das Verwalltal und führt durch lichten Bergwald hinunter nach St. Anton am Arlberg. Kurz vor „Stanton“ blendet noch das karibische Blau des Verwall-Stausees. Zum Baden dürfte das Wasser vielen selbst im Sommer zu kühl sein. Nach so viel Bergeinsamkeit kommt einem das Dorfleben in St. Anton richtig quirlig vor, wobei auch hier wie in Ischgl der Zenit des Geschehens im Winter liegen dürfte. Der Rosanna entlang rollen wir auf einem Feldweg hinaus ins Stanzer Tal nach Pettneu und weiter nach Flirsch. Mangels Alternative müssen die Schönverwall-Biker dort für ein paar Minuten auf die Landstraße, bevor hinter Strengen – Achtung! Abfahrt nicht verpassen! – ein Weglein steil hinunter weist ins Paznaun. Dramatisch drängen sich dort die Trisanna-Eisenbahnbrücke und Schloss Wiesberg ins Bild. Den engen Taleingang gilt es nochmals für einige Minuten auf der Straße zu überbrücken, dann biegen wir in See auf den alten Talweg Richtung Kappl und weiter nach Ischgl ein. Die sogenannten Talkilometer sollte man allerdings nicht unterschätzen. Es warten noch einige Höhenmeter auf Waldwegen, Asphaltsträßchen und Pfadverbindungen, meist hoch über dem Talgrund und der Trisanna. Aber auf jeden Fall schön abwechslungsreich zum Biken.

Bei Mathon im Paznaun

Über die Konstanzer Hütte (1688 m)

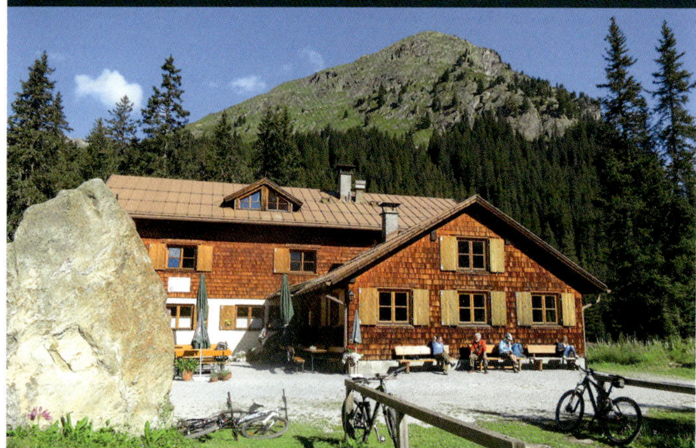

In der Hütte des DAV Konstanz lohnt auf jeden Fall ein Stopp oder auch die Übernachtung, falls die Heilbronner Hütte mal ausgebucht sein sollte. Vor allem die wunderschöne Lage im Schönverwalltal zwischen Heilbronner Hütte und St. Anton lädt zum Verweilen, am liebsten in der Sonne vor dem Haus.

Adresse: Hüttenwirt Werner Hellweger, www.konstanzerhuette.com; Tel. 0043-664/73621816, info@konstanzerhuette.com

Geöffnet: Ende Juni bis Ende September

Übernachtung: Zimmer und Lager mit insgesamt 90 Übernachtungsplätzen, 10 Notlagerplätze

Info

Tag 1: 29,1 km – 1359 hm – MTB: 4:12 Std. E-MTB: 3:09 Std.
Tag 2: 63,1 km – 1010 hm – MTB: 5:53 Std. E-MTB: 4:25 Std.

Charakter

Von Abschnitten auf Asphaltstraßen über steile Almwege bis zum Trail und zur Schiebestrecke ist auf dieser Tour alles präsent. Sehr steil ist der Schlussanstieg zur Heilbronner Hütte. Der Trail zum Kopsstausee ist überwiegend fahrbar, während der Pfad von der Hütte hinunter ins Verwalltall doch einige Biker auf manchen Abschnitten aus dem Sattel zwingen wird.

Tourstart

Ischgl-Ortszentrum

Etappen

1,5 bis 2 Tage

Variante

Steilauffahrt und Trail zum Kopsstausee lassen sich einfach durch den direkten Weg zum Gasthaus Zeinisjoch umfahren.

Bikeshop

Intersport Bründls (mit 2 Filialen), Dorfstr. 64, A-6561 Ischgl, Tel. 0043-5444/5759, www.bruendl.at

Einkehrtipps

Alpengasthof Zeinisjoch – manchmal etwas rummelig, aber schön gelegen am kleinen Zeinissee unweit des Kopsstausees, geöffnet Juni bis Oktober. www.zeinisjoch.com
Alpe Verbella (1938 m) – kleine einfache Alm zwischen Zeinisjoch und Heilbronner Hütte.

Bike-Hotel

Hotel Fliana, Fimbabahnweg 8, A-6561 Ischgl, Tel. 0043-5444/5543, www.fliana.com

Geführte Touren

Silvretta Bike Academy, Paznaunweg 15 in Ischgl, Tel. 0043-650/2024117, www.silvretta-bikeacademy.at

Anreise

Mit dem Auto von München nach Innsbruck über die Inntalautobahn, weiter Richtung Bregenz bis Ausfahrt Landeck-Pians, über die Bundesstraße nach Ischgl. Von Bregenz die Rheintalautobahn Richtung Arlberg bis Ausfahrt Landeck-Pians, über die Bundesstraße weiter nach Ischgl.

Landkarten

Kompass-Karten Nr. 33 „Arlberg – Verwallgruppe“ und Nr. 41 „Silvretta – Verwallgruppe“, 1:50 000

Bike-Info

www.ischgl.com/de/active/biken-wandern

Tourist-Info

Tourismusverband Paznaun – Ischgl, Dorfstr. 43, A-6561 Ischgl, Tel. 0043-50990-100, www.ischgl.com

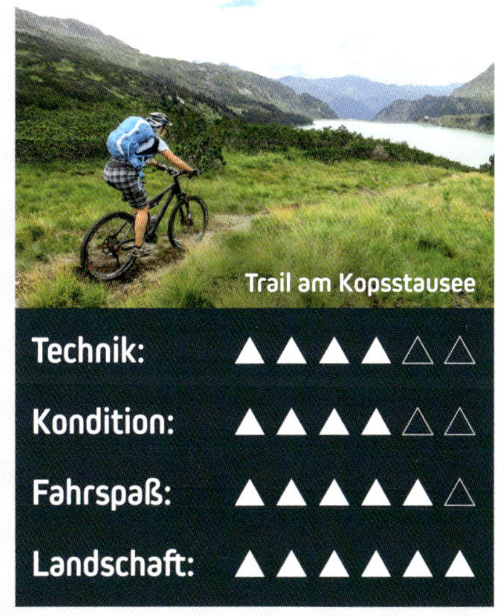

Trail am Kopsstausee

Technik:	▲▲▲▲△△
Kondition:	▲▲▲▲△△
Fahrspaß:	▲▲▲▲▲△
Landschaft:	▲▲▲▲▲▲

Höhenprofil Asphalt 21,2 km · asphaltierter Radweg 12,8 km · Schotter 50,9 km · Waldweg 0,0 km · Trail 7,4 km · Schieben 0,0 km

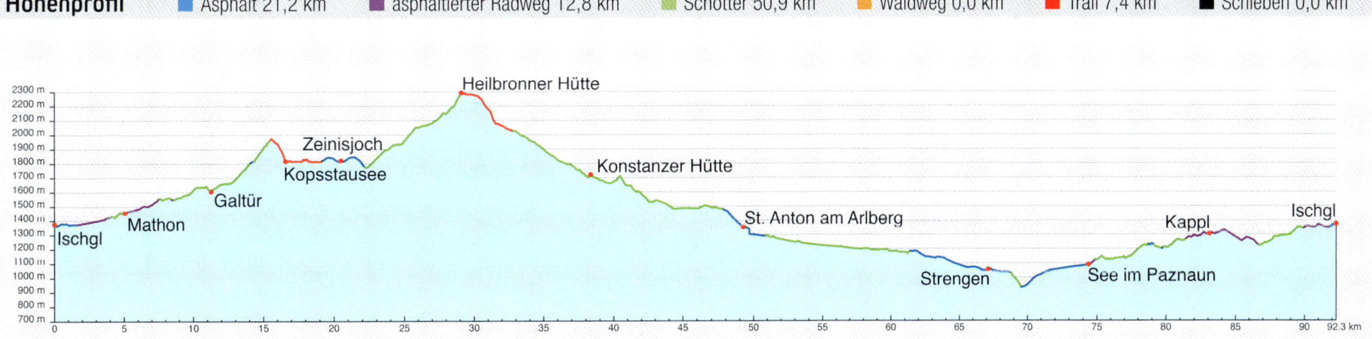

4 Reintalangerhütte & Schachenhaus

Alle Traumspots des Wettersteingebirges auf einer spektakulären Tour

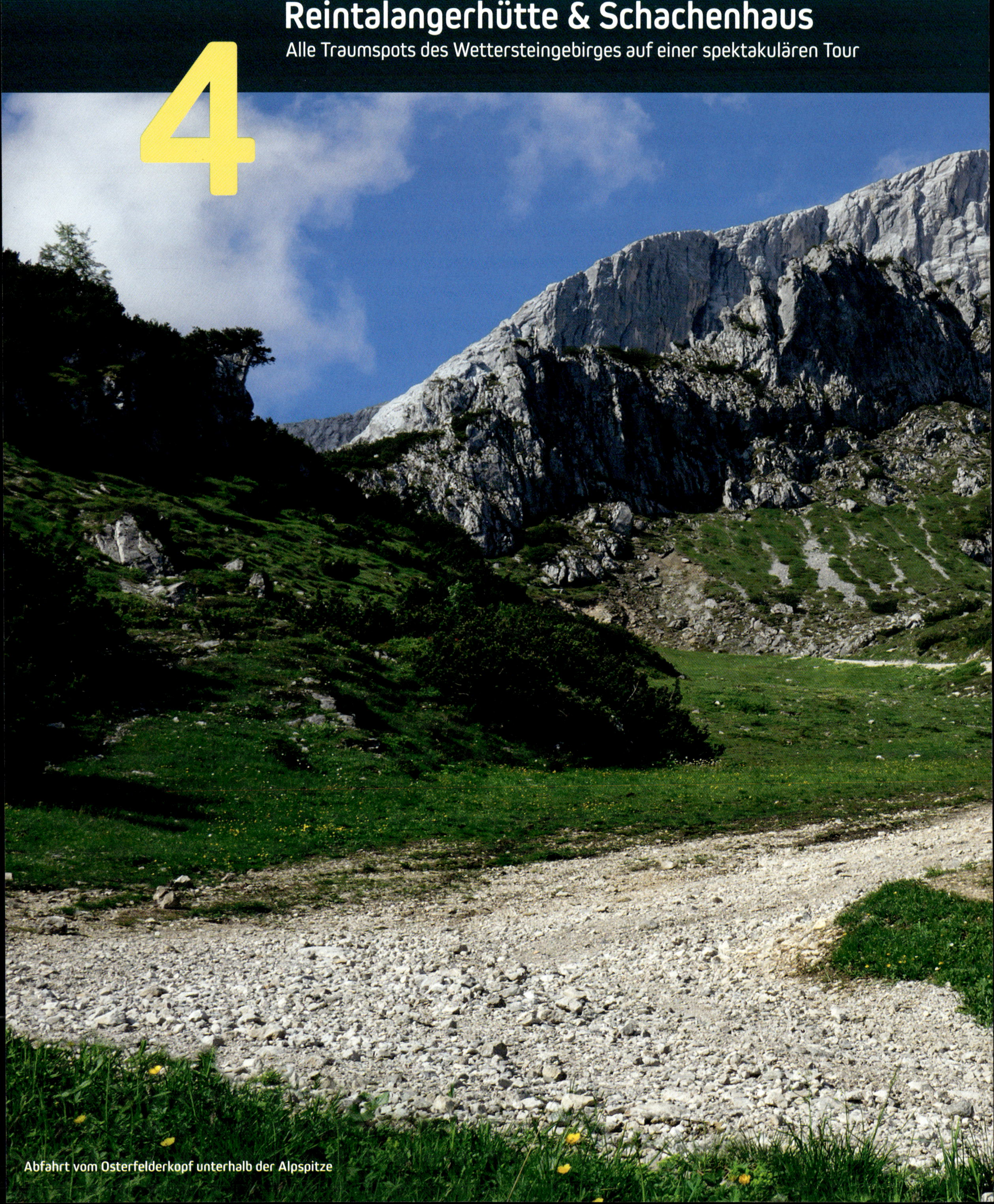

Abfahrt vom Osterfelderkopf unterhalb der Alpspitze

Schwierigkeitsgrad: sehr schwer | Höhendifferenz: 3742 hm | Zeit MTB: 12:30 Std. | Zeit E-MTB: 9:23 Std. | Länge: 94,0 km

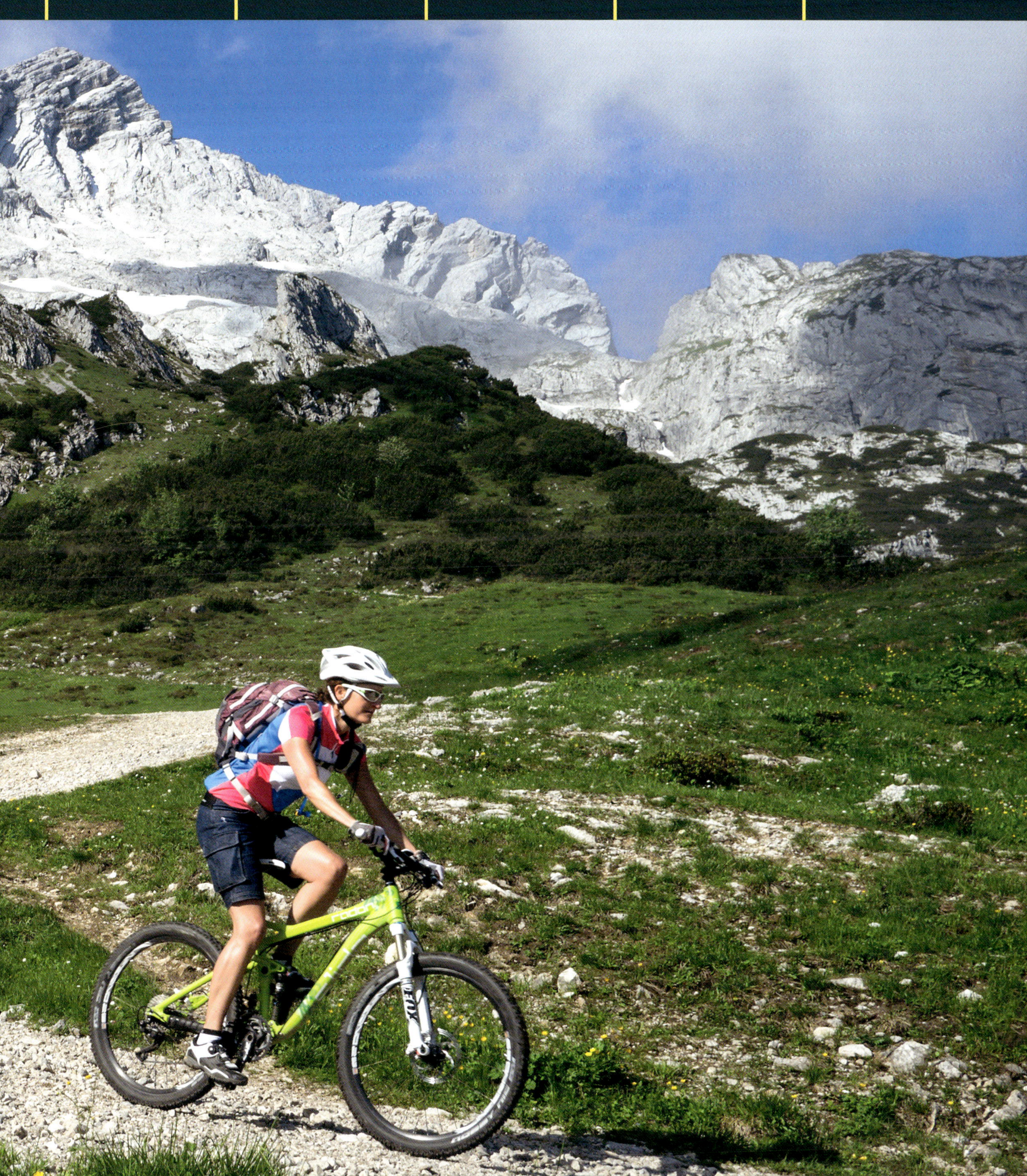

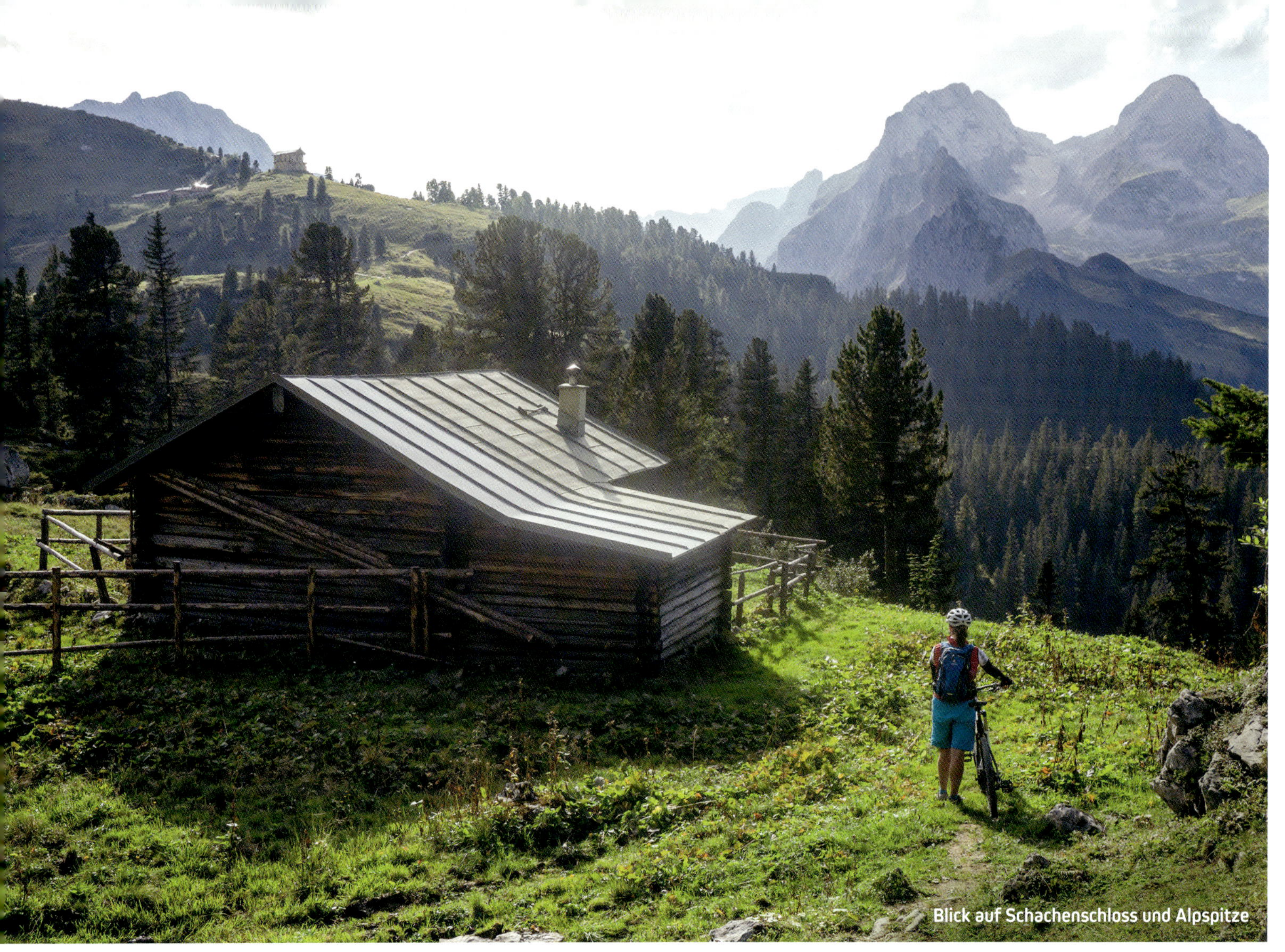
Blick auf Schachenschloss und Alpspitze

Die Felsriesen des Wettersteingebirges begeisterten schon König Ludwig II. Faszinierende Bergwege führen zu seinem royalen Schachenhaus, zur urigen Reintalangerhütte und an den Fuß der markanten Alpspitze.

Ein Berg von der Höhe der Zugspitze wäre den Österreichern, Italienern, Franzosen und Schweizern keine Erwähnung wert. Das kleine Wettersteingebirge kann es wahrlich nicht mit den großen Gebirgsstöcken der Nachbarländer aufnehmen. In Punkto Schönheit belegt es aber einen der vorderen Plätze, und das weltweit. Wer einmal hier beim Wandern oder Biken war, den zieht es immer wieder in die oberbayerische Sehnsuchtslandschaft. Schon viele Male standen wir glücklich auf dem Schachen, kämpften uns den steilen Anstieg auf den Osterfelderkopf unterhalb der markanten Alpspitze hoch oder juchzten auf den Supertrails im Stuibenwald und im Reintal. Warum also nicht all diese grandiosen Erlebnisse in ein geballtes Wochenende packen. Mit der Übernachtung in einer der am schönsten gelegenen Alpenvereinshütten als Highlight. Denn dieses Erlebnis haben meist nur Wanderer, die nach fünf- bis sechsstündigem Fußmarsch am Spätnachmittag an der Reintalangerhütte ankommen. Da sind die Biker lange schon wieder im Tal.

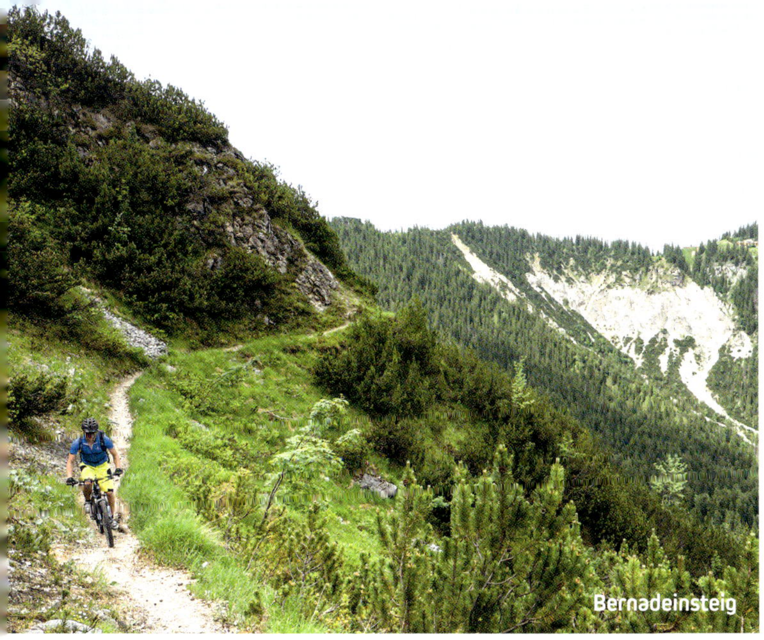

Bernadeinsteig

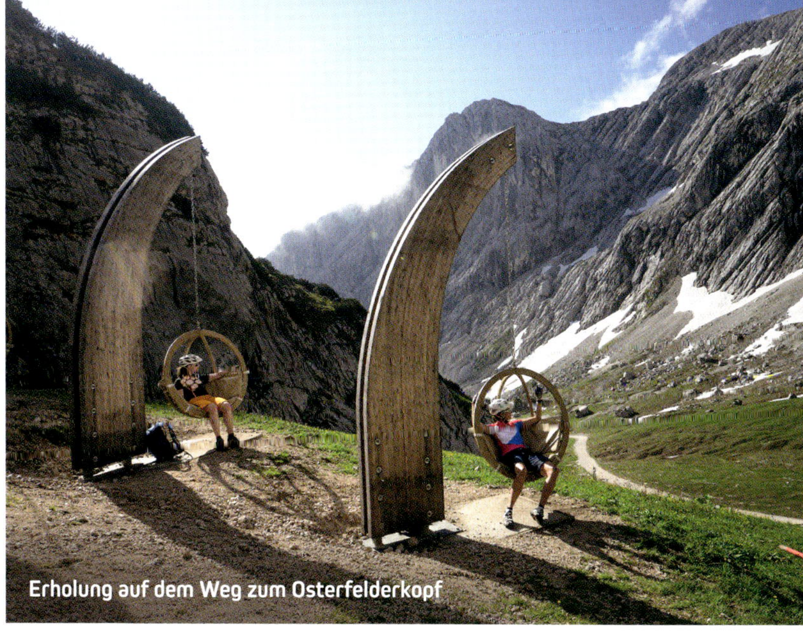

Erholung auf dem Weg zum Osterfelderkopf

Die Anfahrt muss also verlängert werden, um die Hüttenankunft zu verschieben. Aber nichts ist leichter als das. Fährt man eben den Riesenumweg über den Osterfelderkopf. Vom Start am Bahnhof in Garmisch bleiben vier Kilometer bis zur Talstation der Kreuzeckbahn zum Warmfahren. Dann kennt der Weg nur noch eine Richtung: nach oben. Bis zur Bergstation am Osterfelderkopf geht's 15 Kilometer steil, teilweise extrem steil bergauf. Erholungspassagen sind rar und Gegenabfahrten lohnen keiner Erwähnung, da zu kurz. Bis zur Hochalm ist zwar ein Großteil der Strecke absolviert, aber auf den letzten 300 Höhenmetern warten kaum fahrbare, brutal steile Schotterrampen. Die hochalpine Landschaft entschädigt für die Strapazen. Ob man im Restaurant der Bergstation zusammen mit den Halbschuhtouristen, die in der Seilbahn höchstens Angstschweiß vergossen haben, sitzen möchte, oder für eine Jause lieber wieder zur urigeren Hochalm abfährt, bleibt jedem selbst überlassen. Dorthin führt ein schwerer Trail, der nur technisch sehr guten Fahrern Spaß machen wird. Alle anderen werden immer mal wieder schieben müssen oder fahren auf dem Anfahrtsweg zur Hochalm ab.
Bei dem Trail, der unterhalb der Hochalm beginnt, wird jeder Biker mit der Zunge schnalzen. Der Name Bernadeinsteig irritiert. Auch sein Beginn. Er scheint unfahrbar. Aber steigen muss hier niemand, und bereits nach wenigen Metern beginnt eine spaßige Fahrt an baumfreien Abhängen, später in lichtem Bergwald, der hier oben noch ursprünglich ist. Nur manchmal muss man ein paar Meter schieben. Nach vier Kilometern wird aus dem Pfad dann doch ein Steig. Steil hinunter windet er sich ins Reintal. Kurz davor haben wir ihn aber bereits verlassen und nutzen eine Forststraße als Abfahrtsvariante. Schon die Einfahrt ins Reintal beginnt spektakulär.

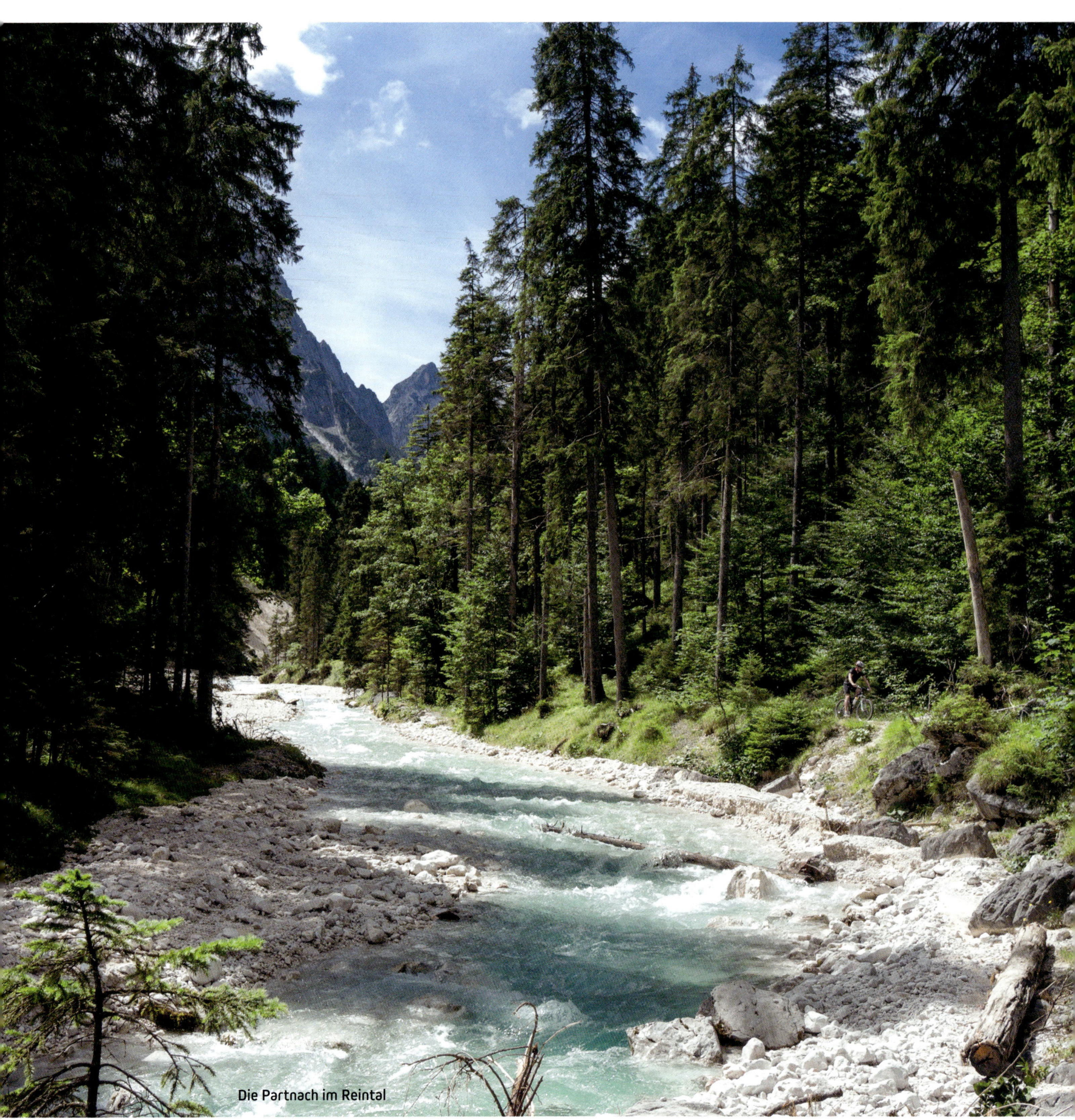

Die Partnach im Reintal

Tief unter uns fräst sich die Partnach in den Fels. Ab der Bockhütte öffnet sich der Blick auf beide Seiten des Wettersteinmassivs. Der schmale Pfad schlängelt sich am glasklaren Wasser der Partnach entlang. Je näher das Tagesziel rückt, desto grober wird der Untergrund und steiler die Rampen. Der Trail ist manchmal an der Grenze zur Unfahrbarkeit. Schiebepassagen sollte man einkalkulieren. Immer wieder bleibt man stehen, nicht nur wegen der Kondition. Auch die grandiose Landschaft will bewundert werden. Unvermittelt taucht hinter einer Kurve die Reintalangerhütte auf. Einen schöneren Ort hätten sich die Erbauer nicht aussuchen können. Einladend stehen die Biertische direkt an der plätschernden Partnach. Tibetische Gebetsfahnen wehen im Wind und die traditionelle Alpenvereinshütte schmiegt sich perfekt in das traumhaft schöne Gebirgstal. An lauen Sommerabenden genießt man das Abendessen direkt am Bach, bei kühleren Temperaturen in der urigen Stube. Nach dem Frühstück machen sich alle auf den Weg zu ihren Touren. Die meisten wandern oder klettern Richtung Zugspitze. So haben wir den Trail früh morgens für uns allein. Gestern bergauf so anstrengend, ist die Fahrt talauswärts das reine Vergnügen. Über die Partnachalm fahren wir bis fast zum Olympia-Skistadion in Partenkirchen und auf der anderen Seite der Partnach über Graseck bis Elmau. Hier beginnt der Anstieg auf dem Schachenweg, auf dem sich Ludwig II. anno dazumal mit der Pferdekutsche von großem Dienertross begleitet zu seinem „Bergschloss" chauffieren ließ. Ab dem Abzweig vor der Wettersteinalm wird der Weg steil und felsig, und es ist noch ein hartes Stück Arbeit. Nach einer kurzen Passage bergab taucht dann in der Ferne das Königshaus am Horizont auf. Der Anblick des Holz-Chalets gibt Kraft für die letzten harten Höhenmeter. Kurz vor der Bergankunft liegt der Botanische Alpengarten. Die Außenstation des Botanischen Gartens München beherbergt über 1000 Pflanzenarten aus vielen Hochgebirgen der Welt.

Über die Reintalangerhütte (1366 m)

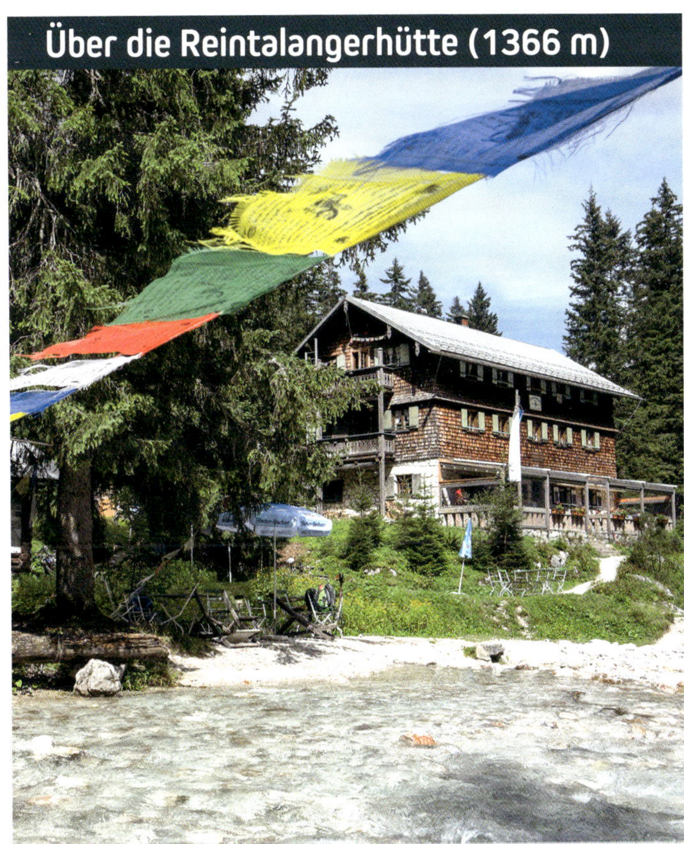

Die alte Reintalangerhütte wurde bereits 1883 gebaut. Sie steht heute noch und wird als Winterraum für Skitourengeher genutzt. Das heutige Haupthaus wurde 1912 errichtet. Sie ist im Besitz der Sektion München des Deutschen Alpenvereins.

Adresse: Hüttenwirt Andy Kiechle, 82456 Garmisch-Partenkirchen, Tel. 08821/7089743, www.alpenverein-muenchen-oberland.de/reintalangerhuette

Geöffnet: Ende Mai bis Mitte Oktober

Übernachtung: 6 Matratzenlager (2 x 11 Plätze, 2 x 12 Plätze, 1 x 13 Plätze, 1 x 28 Plätze); 3 Zweibett-, 1 Dreibett-, 2 Vierbett- und 2 Fünfbettzimmer; Winterraum; gesamt: 132 Plätze, warme Dusche

Bike & Hike: Aufstieg von der Reintalangerhütte über die Knorrhütte und das Zugspitzplatt auf den Gipfel der Zugspitze (ca. 5 Std., Trittsicherheit erforderlich); Klettermöglichkeiten an der höchsten Wettersteinwand, der 1400 Meter hohen Hochwanner-Nordwand.

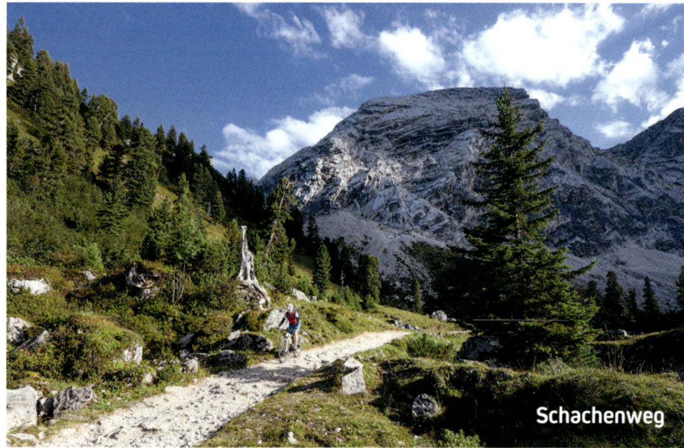
Schachenweg

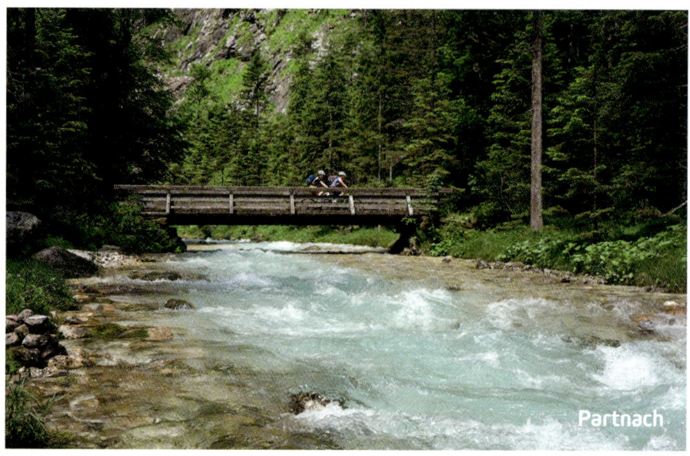
Partnach

Wer den Schachen zur richtigen Zeit erreicht, kann gleich eine geführte Tour ins Königshaus unternehmen. Man glaubt sich in 1001 Nacht, und das mitten in Bayern. Danach genießt man im Schachenhaus eine deftige Brotzeit oder geht ein paar Meter hinauf zum Aussichtspavillon. Hier erwartet den Besucher ein spektakulärer Blick ins Reintal und Richtung Alpspitze. Bei klarer Sicht erkennen die Biker die Wege, auf denen sie gestern und heute ihre Reifenspuren hinterlassen haben. Die Abfahrt führt zurück über den Schachenweg und einen Schlenker über den Bannholzweg Richtung Ferchensee und wieder nach Elmau. Im Hochsommer lohnt sich ein Abstecher zu dem wenige hundert Meter entfernten Gebirgsee für ein erfrischendes Bad. Noch eine letzte kleine Steigung ist zu überwinden und über Hinter- und Vordergraseck landet man nach zwei sportlichen, landschaftlich und kulturell ereignisreichen Tagen müde, aber zufrieden wieder in Garmisch-Partenkirchen.

Königshaus am Schachen (1866 m)

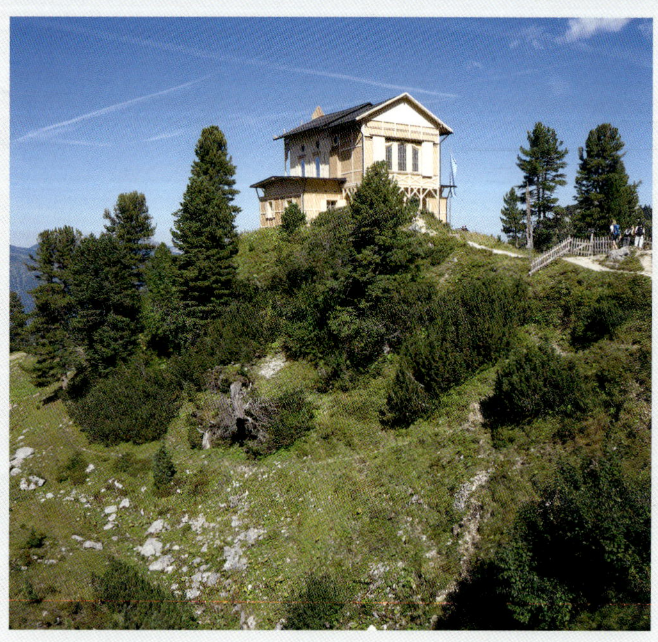

Das Königshaus wurde von 1869 bis 1872 nach Plänen von Georg Dollmann auf der Schachenalpe gebaut. Es diente König Ludwig II. als Refugium bei seinen Aufenthalten im Gebirge. Das Gebäude ist als „Schweizerhaus" in Holzständerbauweise errichtet. Im Erdgeschoss sind fünf Zimmer mit Zirbelholzvertäfelung. Im gesamten Obergeschoss befindet sich der Türkische Saal. Das durch die farbigen Fenster scheinende Licht verzaubert den mit Kandelabern, Pfauenfedern, Teppichen und einem Brunnen reich verzierten Raum. Ludwig II. lebte hier seine Liebe zum Orient aus.

Führungen: täglich um 11, 13, 14 und 15 Uhr. Weitere bei Bedarf

Geöffnet: Anfang Juni bis Anfang Oktober

Info: www.schloesser.bayern.de/deutsch/schloss/objekte/schachen.htm

Info

Tag 1: 37,8 km – 1868 hm – MTB: 5:38 Std. E-MTB: 4:14 Std.
Tag 2: 56,2 km – 1874 hm – MTB: 6:52 Std. E-MTB: 5:09 Std.

Charakter

Am ersten Tag sehr lange, am Ende extrem steile Auffahrt zum Osterfelderkopf, dafür entschädigt der lange Trail auf dem Bernadeinsteig bergab. Anstrengende Auffahrt auf grobem Untergrund ins Reintal. Am zweiten Tag geht es den Trail nun bergab zurück. Längere, teils anspruchsvolle Auffahrt zum Schachenhaus. Zurück nach Partenkirchen über Elmau gibt es nur noch ein paar kurze Gegenanstiege.

Tourstart

Parkplatz am Olympia-Skistadion in Garmisch-Partenkirchen

Etappen

2 Tage

Variante

Wem der erste Tag zu anstrengend ist, lässt die Auffahrt zum Osterfelderkopf weg und biegt noch vor der Hochalm direkt in den Bernadeinsteig ein. Noch weniger Höhenmeter und eine einfachere Wegführung bietet die Variante über das Garmischer Haus.

Bikeshops

Bike Center Garmisch-Partenkirchen, Ludwigstr. 90, Tel. 08821/54946, www.bikecenter.de;
Sport Neuner, Zugspitzstr. 10, Tel. 08821/2675, www.sport-neuner.de;
Bike-Verleih Garmisch, Zugspitzstr. 68, Tel. 08821/9692990, www.bikeverleih-garmisch.com

Einkehrtipps

Hochalm – am Fuß der Alpsitze, bekannt für ihre Wildspezialitäten, Tel. 0174/5870000, www.hochalm.de;
Schachenhaus – unterhalb des Königshauses, Tel. 0172/8768868, www.schachenhaus.de

Bike-Hotels

Staudacherhof, Höllentalstr. 48, 82467 Garmisch-Partenkirchen, Tel. 08821/929-0, www.staudacherhof.de

Anreise

Mit dem Auto von München über die A95 und B2 bis Partenkirchen. Im Ort Richtung Mittenwald. Kurz vor dem Ortsende rechts zum Skistadion.

Landkarten

Kompass-Karten Nr. 5 „Wettersteingebirge – Zugspitzgebiet“, 1:50 000; Nr. 07 „Werdenfelser Land mit Zugspitze“, 1:25 000; Nr. 790 „Garmisch-Partenkirchen – Mittenwald“, 1:35 000

Bike-Info

www.gapa.de

Tourist-Info

Garmisch-Partenkirchen Tourismus, Richard-Strauss-Platz 2, 82467 Garmisch-Partenkirchen, Tel. 08821/180700, www.gapa.de

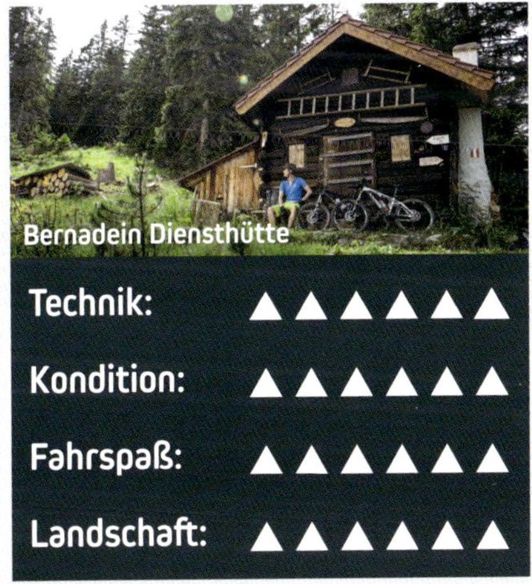

Bernadein Diensthütte

Höhenprofil Asphalt 2,4 km · asphaltierter Radweg 11,0 km · Schotter 60,8 km · Waldweg 0,8 km · Trail 19,0 km · Schieben 0,0 km

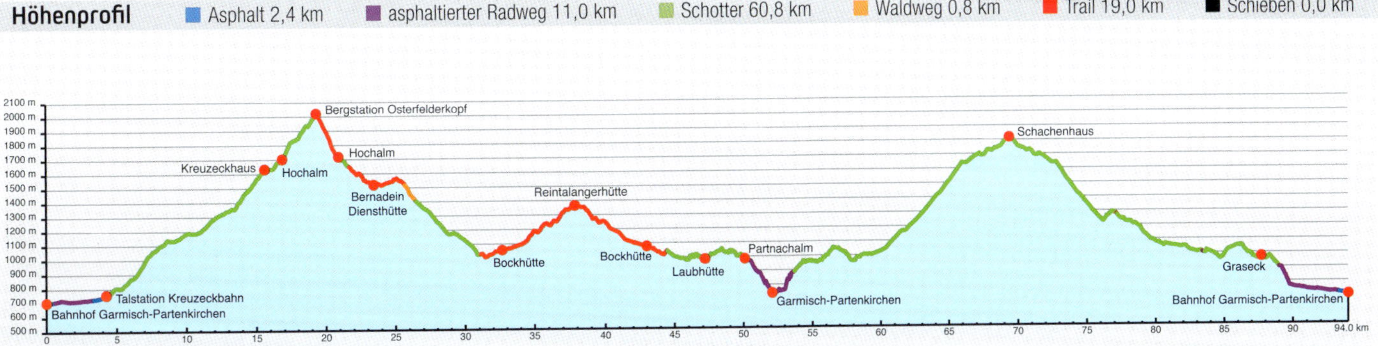

5 Hochfeldern-Alm

Traumlage zwischen Wetterstein-Massiv und Mieminger Bergen

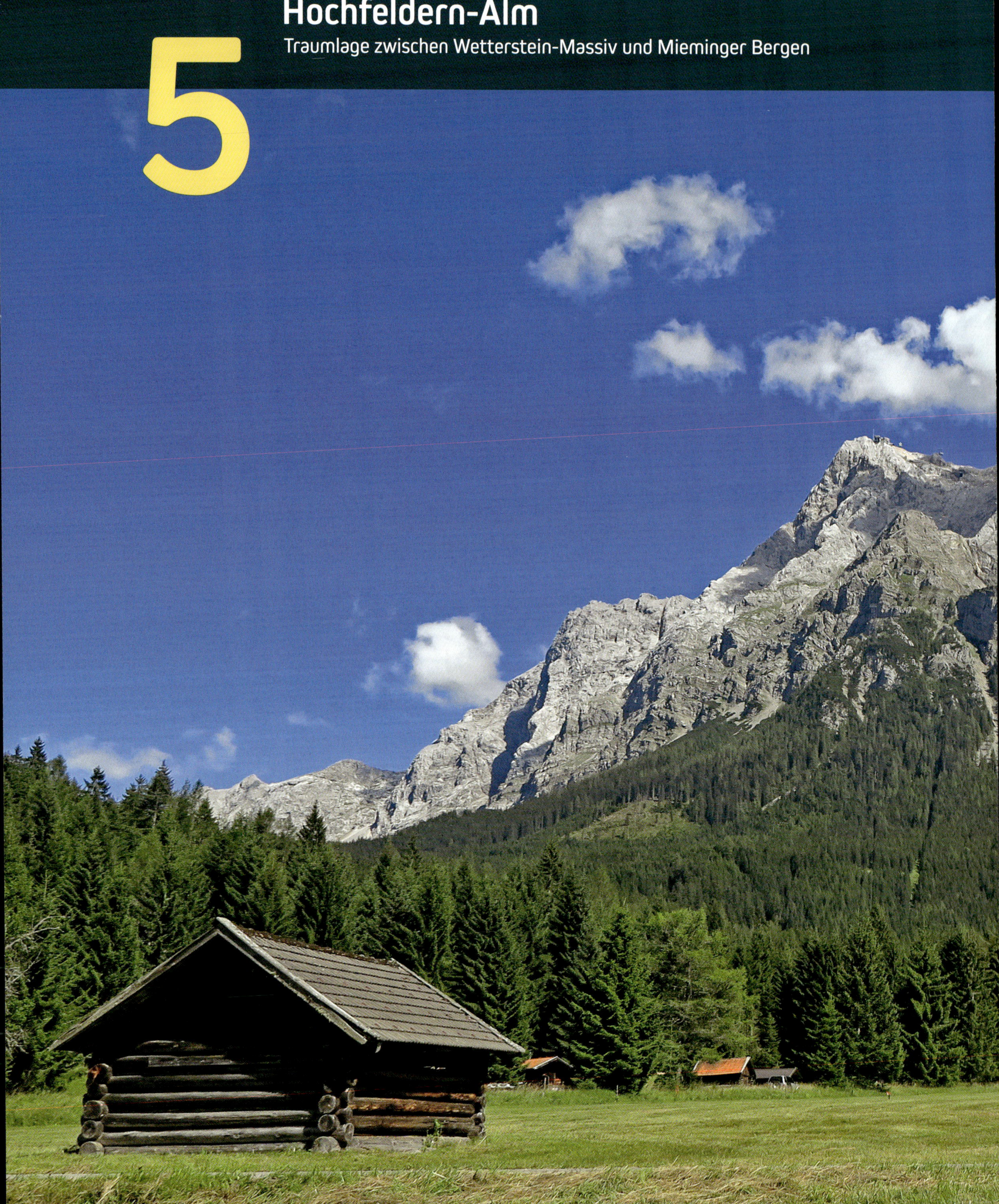

Schwierigkeitsgrad: mittel | Höhendifferenz: 2152 hm | Zeit MTB: 10:42 Std. | Zeit E-MTB: 8:02 Std. | Länge: 106,7 km

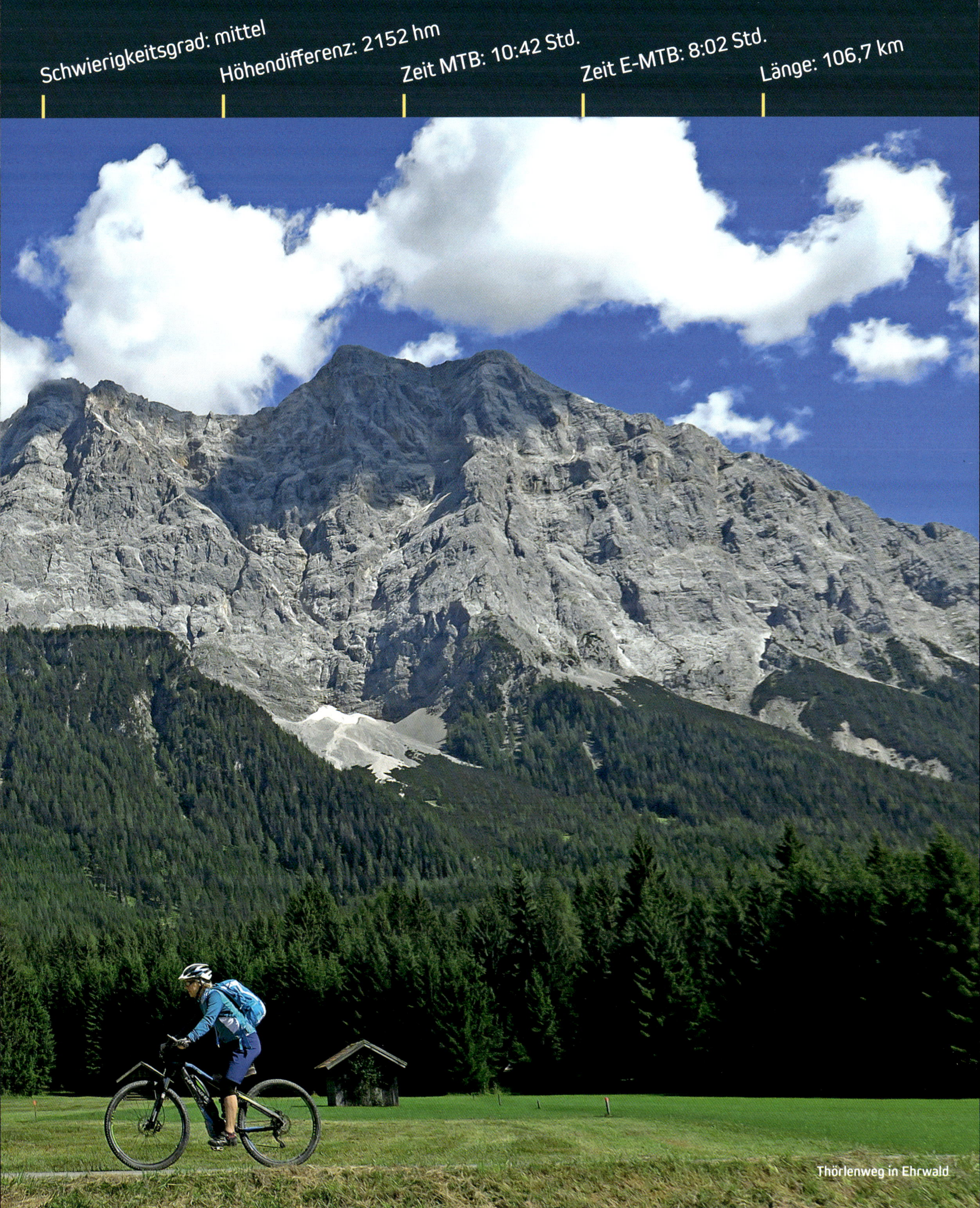

Thörlenweg in Ehrwald

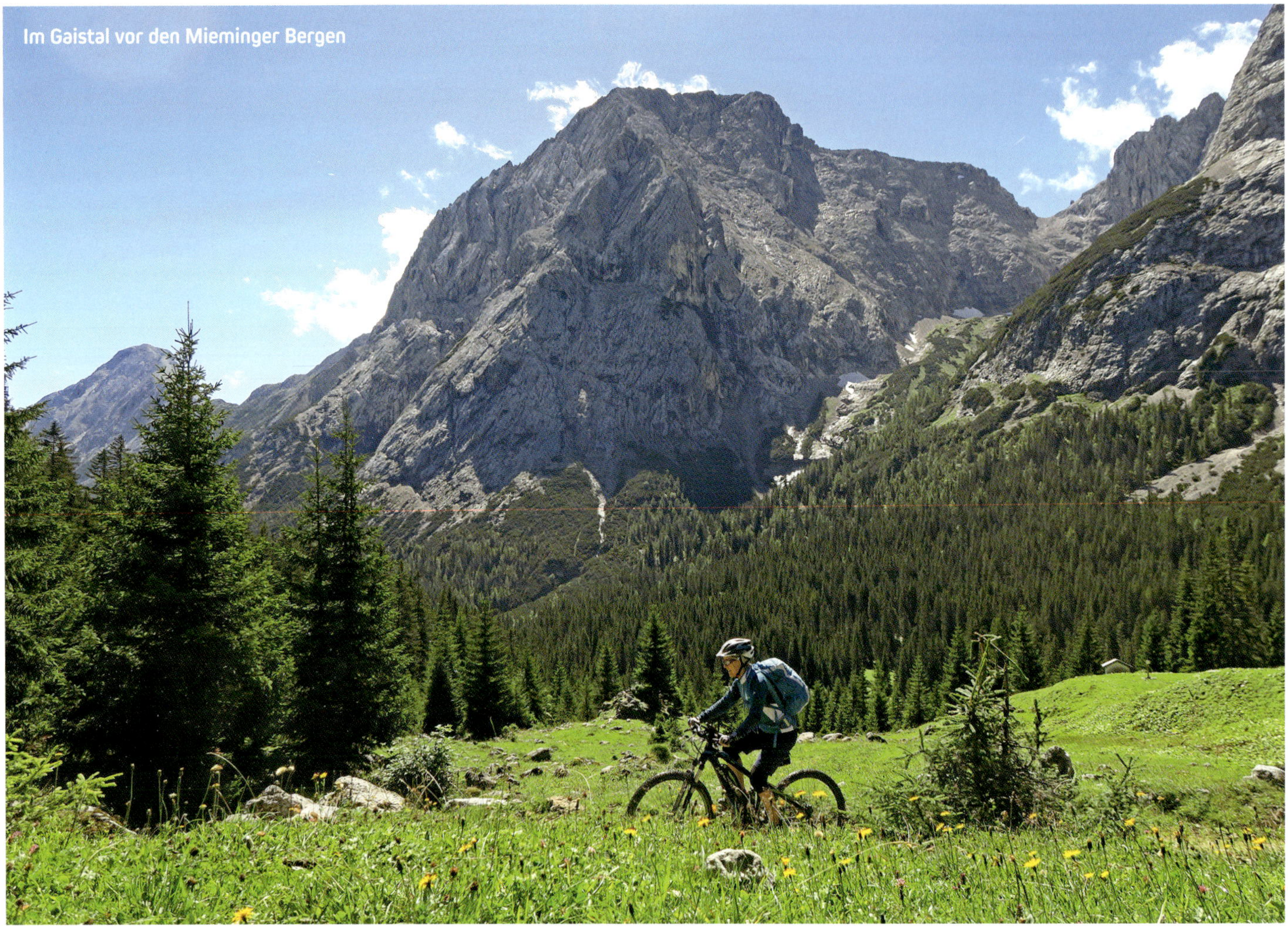

Im Gaistal vor den Mieminger Bergen

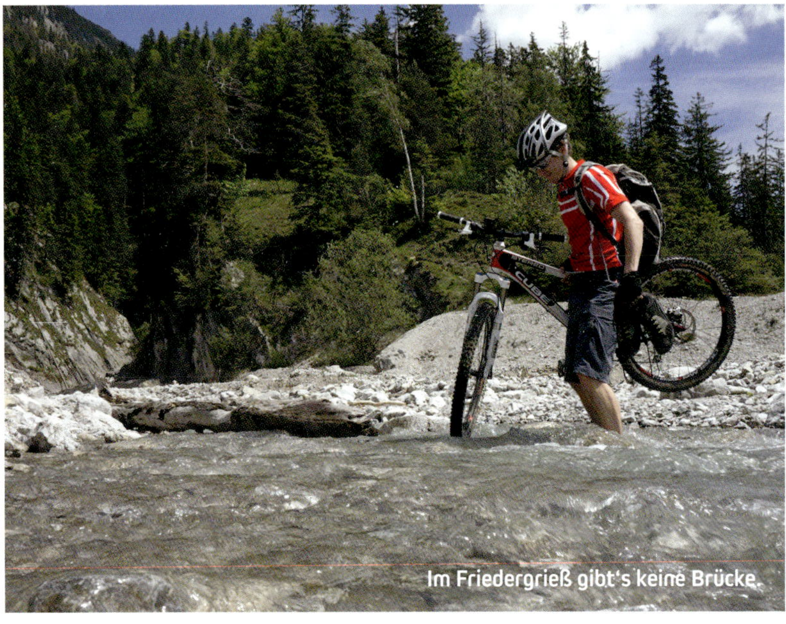

Im Friedergrieß gibt's keine Brücke.

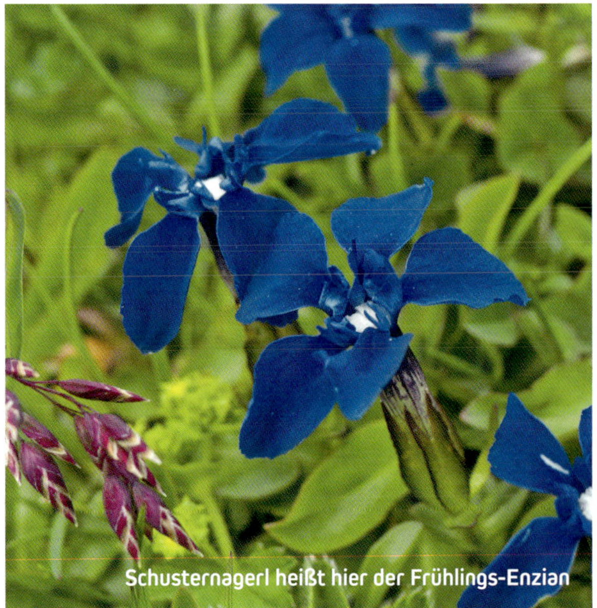

Schusternagerl heißt hier der Frühlings-Enzian

Auf dieser langen deutsch-österreichischen Grenzland-Tour stehen gleich sechs Gebirgsmassive Spalier – das Ammergebirge, das Wetterstein-Massiv, das Estergebirge, das Karwendel, die Mieminger Kette und die nördlichen Ausläufer der Lechtaler Alpen.

„Zugspitz 8" heißt eine neue Route, die die Tourismusbüros der Region für den Sommer 2021 anpreisen. So neu ist die mehr als 100 Kilometer lange Achterrunde um das Wetterstein- und das Daniel-Massiv eigentlich gar nicht, aber nun wird sie offiziell als grenzüberschreitende Mountainbike-Strecke ausgewiesen. Die Zugspitz 8 soll uns für diese Tour die Richtung vorgeben, auch wenn wir sicher hier und da auch mal vom Track abweichen werden. Schließlich handelt es sich hier (fast) um unser Heim-Revier, wo vor vielen Jahren unser „Mountainbike-Leben" begann und wir immer wieder gerne auf Tour gehen.

Wir steigen in Garmisch-Partenkirchen am Olympia-Skistadion aufs Bike. Die alten Sportbauten von 1936 im Kontrast zur modernen Skisprungschanze beeindrucken jeden Besucher. Aber noch überwältigender ist das Panorama rundherum: Waxenstein, Kramer, Wank – überall Berge im 360°-Blick. Jenseits der 2000er-Marke liegt noch Schnee.

Die Route beginnt wahrlich sanft, mit Einrollen durch saftige Wiesen zum Zugspitzdorf Grainau. Dort zeigt der Navi-Pfeil auf den Loisach-Radweg. Auf dem Isar-Zufluss tummeln sich einige Kajakfahrer und umkurven mächtige Steine im Flussbett, während wir Richtung Tirol radeln. An der Ochsenhütte endet das sanfte Geplänkel. Die erste kleine Rampe windet sich den Bergwald hinauf Richtung Rotmoosalm. Aber wir verlassen den Hauptweg bald wieder zum Friedergries. Echte Mountainbike-Stimmung kommt auf. Der Weg verjüngt sich zum holprig-steinigen Pfad, windet sich durch Gestrüpp und endet abrupt an einer Abbruchkante. Zwei Meter tiefer rauscht die wilde Friederlaine mit ihren Seitenarmen. Da müssen wir drüber. Trockenen Fußes klappt das leider nicht immer. Ein bisschen Abenteuer muss sein! Vor allem wenn am anderen Ufer mehrere Pfadspuren durch den Wald bergab führen. Der Trost: Alle führen irgendwie zum Ziel im Neidernachtal. Dort empfängt uns wieder ein ordentlicher Forstweg durch ein uriges Flusstal. Von der Einsamkeit des Friedergries ist hier nur

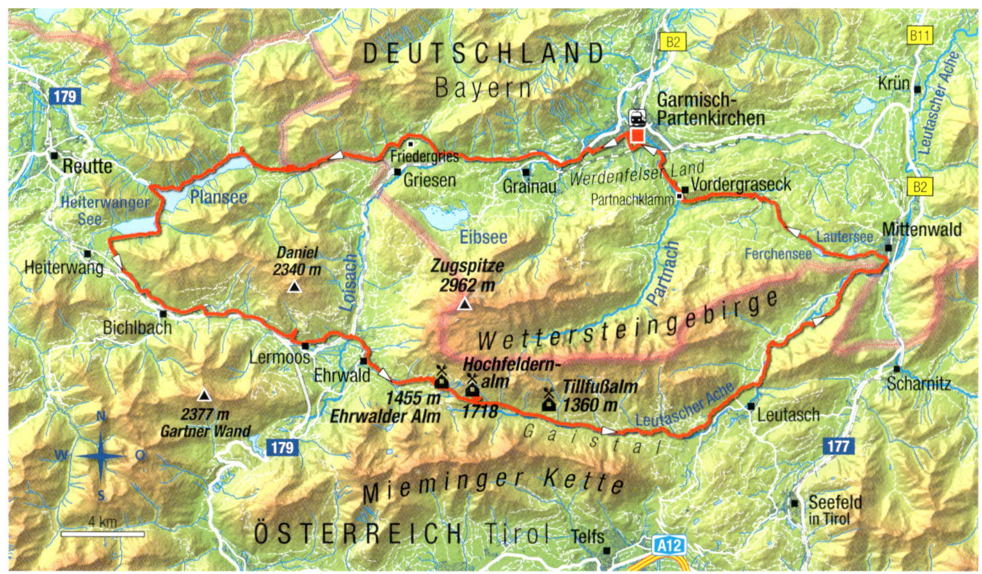

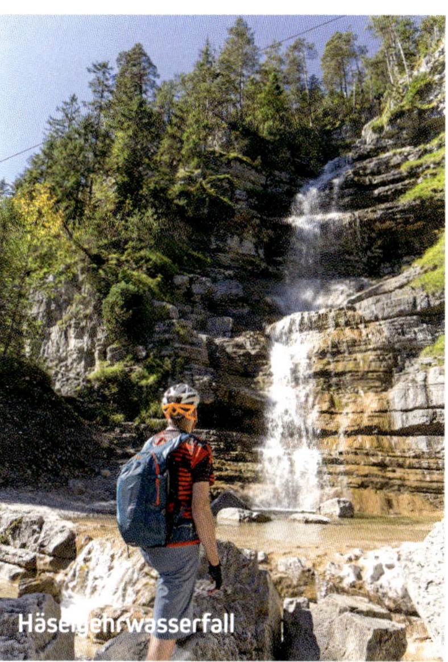
Häse…hrwasserfall

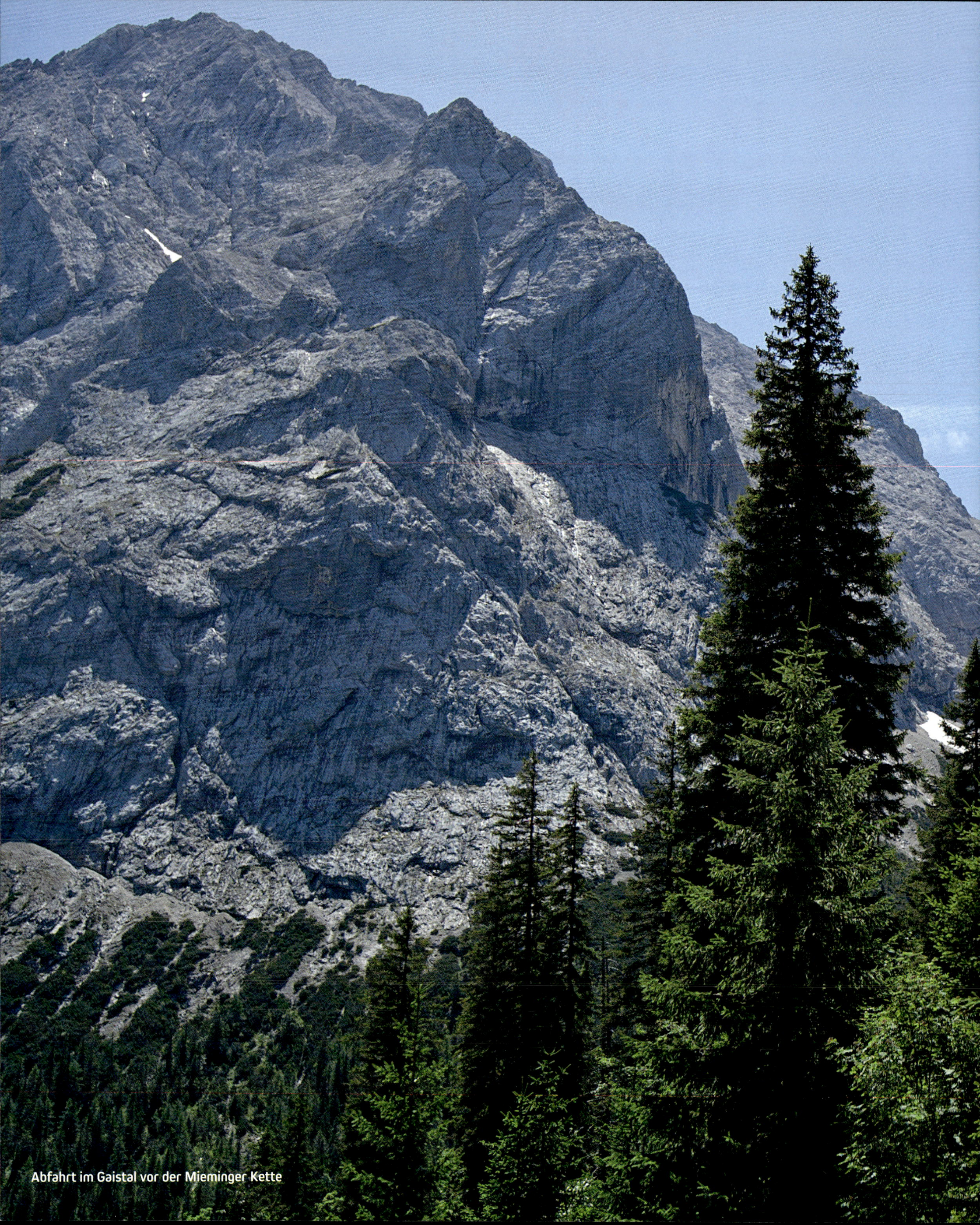
Abfahrt im Gaistal vor der Mieminger Kette

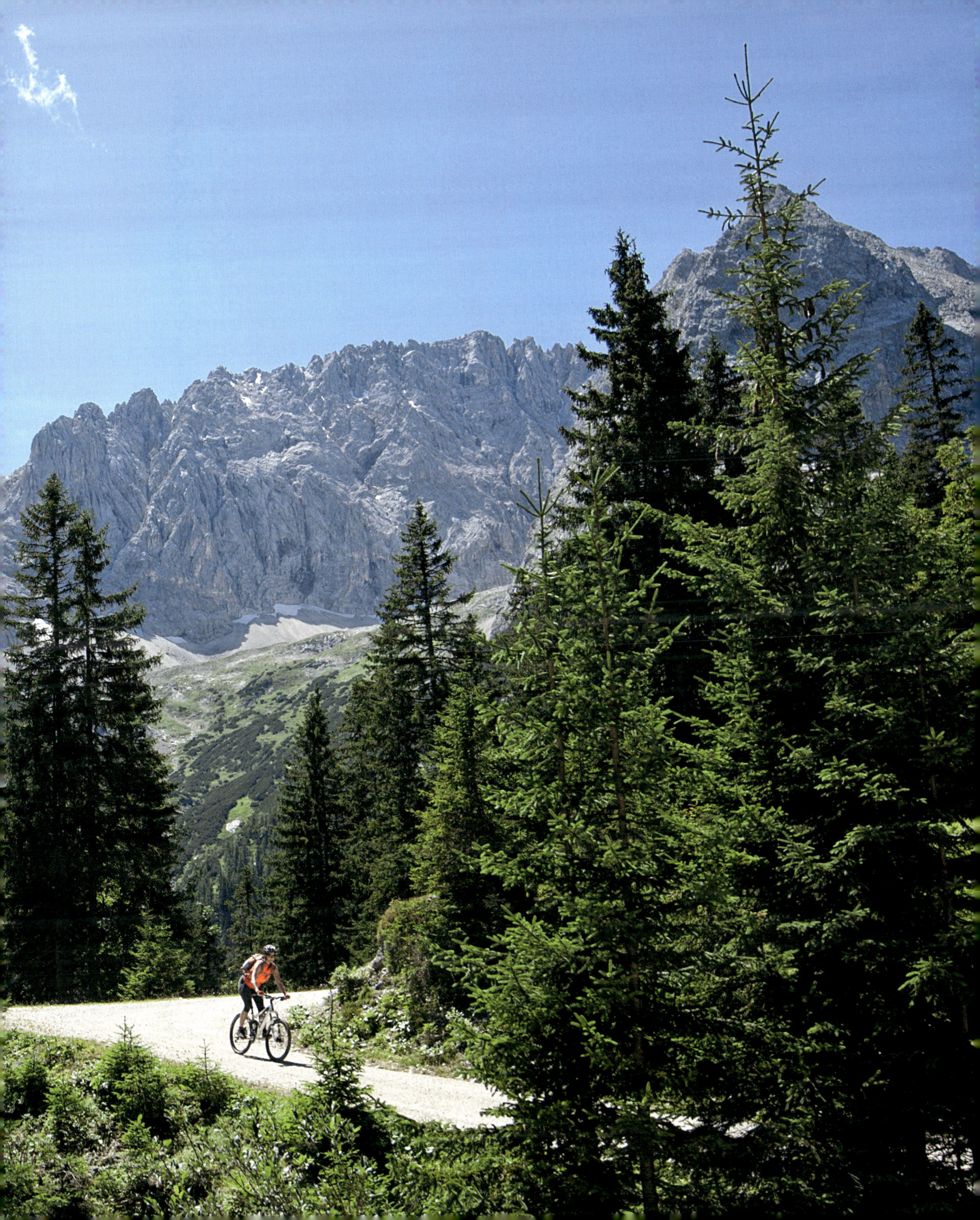

noch bedingt etwas zu spüren. Der schöne Weg zum Plansee hat sich eben schon weit herumgesprochen. Am Plansee kommen zu den Radlern noch Taucher und Badegäste hinzu. Dieser „Alpenfjord“ liegt einfach zu schön zwischen den Felsmassiven von Hochschrutte (2247 m) und Hochjoch (1823 m). Gleich daneben, nur durch eine Brücke getrennt, schmiegt sich noch der Heiterwanger See in die Berge. In dieser belebten Bilderbuchkulisse haben wir unseren westlichsten Punkt der Zugspitz8 erreicht. Zwischen den Zweitausendern des Ammergebirges und der Lechtaler Alpen kurbeln wir langsam wieder Richtung Zugspitze hinauf. Bei Lermoos öffnet sich dann das enge Tal zur Tiroler Zugspitzarena. Das ist zwar eine Marketingname, beschreibt aber ganz gut das gigantische Amphitheater zwischen Zugspitze, Daniel, Grubigstein und Ehrwalder Sonnenspitze. Wir wählen allerdings nicht den einfachen Weg durchs Moos, sondern machen einen kurzen Abstecher zum Haselgehrwasserfall und gönnen uns anschließend im Alpendorf Ehrwald ein Bio-Eis aus Ziegenmilch. Ein bisschen Kohlehydrate müssen noch sein, denn das Tagesfinale wird steil. Bis zur Ehrwalder Alm (1502 m) ist der Bergweg zwar asphaltiert, aber bis zum Übernachtungsort Hochfeldernalm gilt es noch weitere 250 Höhenmeter zu treten. Ein Tipp: Wer Kraft sparen will oder muss, der verfrachtet sein Bike in die Ehrwalder Almbahn und überbrückt so zwei Drittel des Anstiegs. Alleine ist der Mountainbiker auf der Ehrwalder Alm auch nicht gerade, denn Traumkulissen und Seilbahn sorgen eben für hohe Besucherzahlen.

Über die Hochfeldern-Alm (1732m

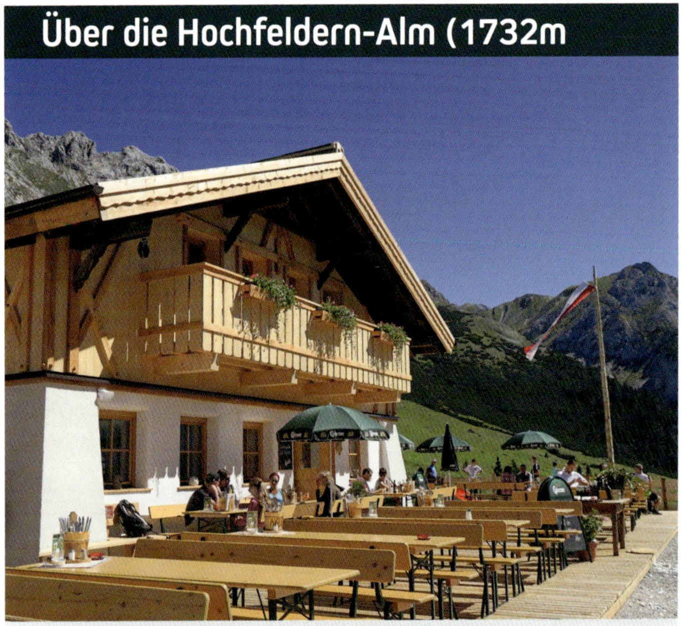

Die Hochfeldern-Alm ist eine Tiroler Berghütte der Agrargemeinschaft Obermieming auf einer großen Almwiese im Gaistal zwischen Wettersteingebirge und Mieminger Kette.

Adresse: Obermieming 230, A-6414 Mieming, Tel. 0043-664/1563339, www.hochfeldern-alm.at, E-Mail: info@hochfeldern-alm.at

Geöffnet: Ende Mai bis Ende September

Übernachtung: 15 Schlafplätze in Mehrbettzimmern mit Gemeinschaftsdusche. Eigenen Sommer-Schlafsack mitbringen (keinen Hüttenschlafsack!). Wolldecken und Kopfkissen stehen zur Verfügung. Unbedingt vorher reservieren! Nur Barzahlung möglich.

E-MTB: Direkt an der Hütte steht eine Shimano- sowie Bosch-E-Bike Ladestation kostenlos zur Verfügung.

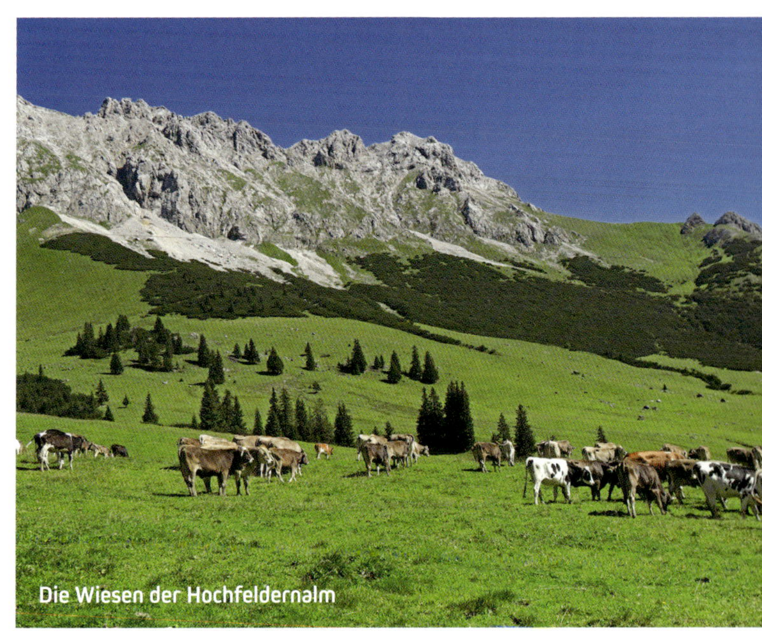

Die Wiesen der Hochfeldernalm

Schwierigkeitsgrad: mittel | Höhendifferenz: 2350 hm | Zeit MTB: 9:20 Std. | Zeit E-MTB: 7:00 Std. | Länge: 81,2 km

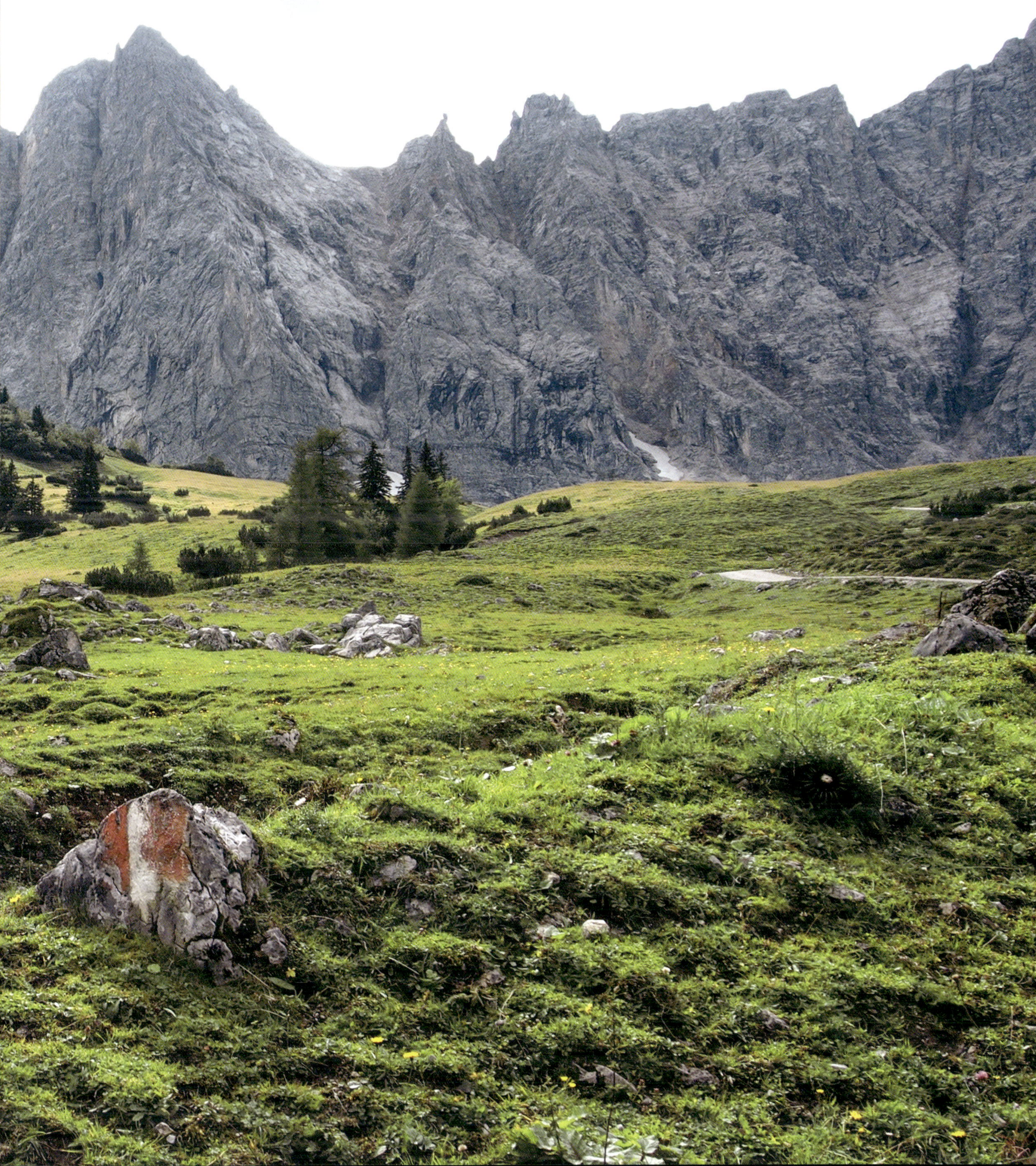

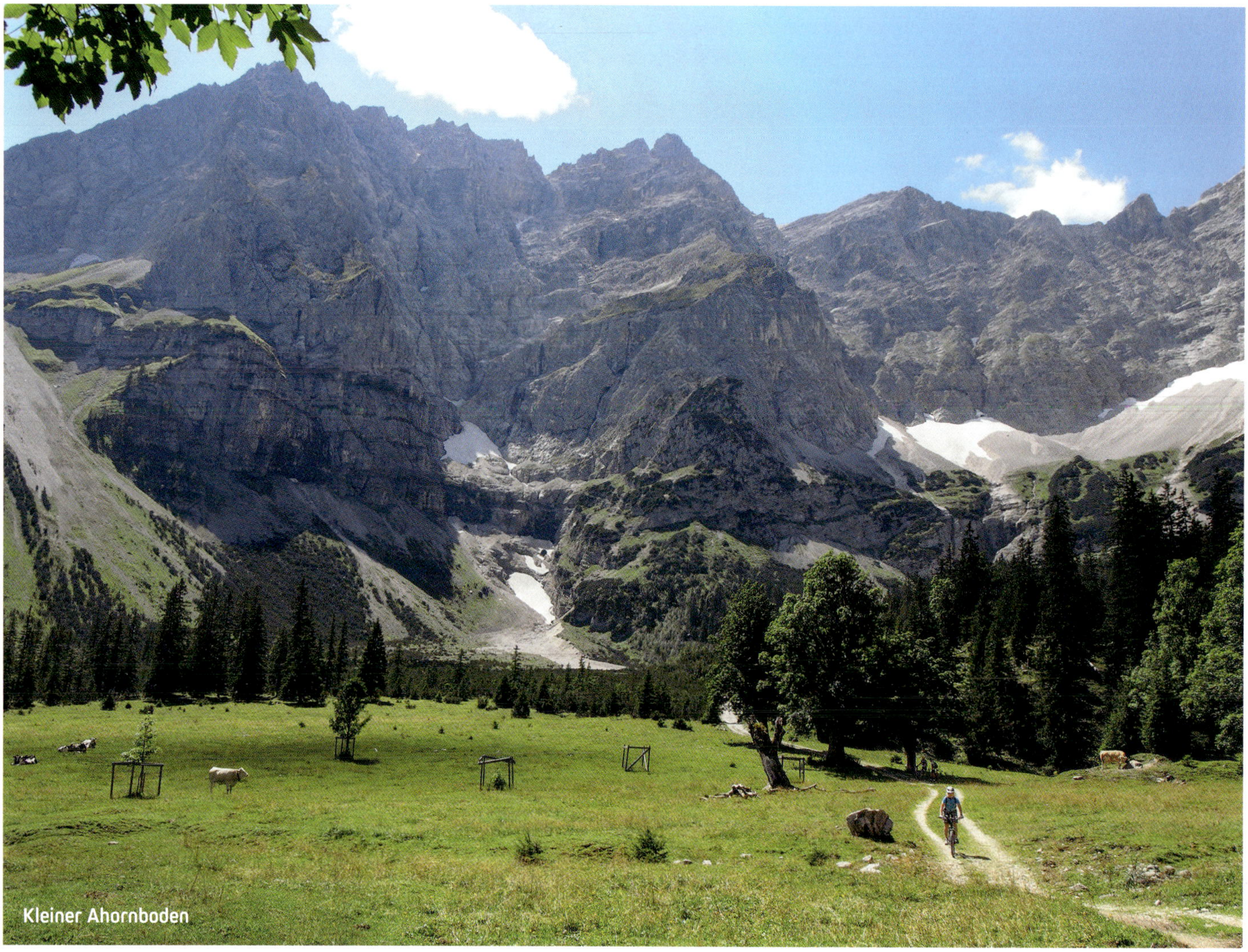

Karwendelhaus & Falkenhütte

Kleiner Ahornboden

Wuchtige Felswände und zackige Gipfel sind das Wahrzeichen des Karwendelgebirges. Mitten im imposanten Felsenmeer stehen wie Adlerhorste die Falkenhütte und das Karwendelhaus.

Die Runde um die Karwendelspitzen ist ein echtes Bergerlebnis – eine Mountainbike-Traumtour, auch wenn dieser Begriff schon etwas überstrapaziert ist. Aber die Kilometer und Höhenmeter durch die bayrisch-tirolerische Felsbastion wollen bewältigt sein. Deshalb auch hier unsere Idee für Einsteiger und Genussbiker: Sich zwei Tage Zeit nehmen und mitten im Gebirge in der Falkenhütte oder im Karwendelhaus übernachten, zumal wir uns für die etwas erweiterte Runde entschieden haben.

Wenn es schon einen speziellen Mountainbiker-Parkplatz in Mittenwald gibt, dann nehmen wir dieses Angebot doch gleich an. So starten wir gemütlich an der Isar mit einem Zickzack durchs Geigenbauerdorf, vorbei an kitschig-schönen oberbayrischen Hausfassaden hinaus in den Riedboden auf dem Weg über die Tiroler Grenze nach Scharnitz. Die sechs flachen Kilometer Forstweg im Auwald der Isar bringen die Muskeln sanft auf Betriebstemperatur, bevor es hinauf geht ins lange Karwendeltal. Aber die Steigungsprozente bleiben auf den ersten Kilometern am Karwendelbach entlang überwiegend im angenehmen Bereich. So darf getrost der Blick schweifen in die traumhafte Felsenwelt, zu Wasserfällen, einsamen Almen und mächtigen Kalksteinmassiven. Leider ist die Larchetalm zur Zeit nicht bewirtschaftet. Dort war in früheren Jahren immer ein beliebter Mountainbiker-Treff. Nun wird die Route bald spürbar steiler und schwieriger. Wenn das Karwendelhaus bereits wie ein Adlernest hoch oben am Fels ins Blickfeld rückt, warten noch einige Serpentinen. Die einzigartige Umgebung wiegt die Anstrengung auf. Vor allem, wenn man schließlich oben sitzt bei alkoholfreiem Weißbier und Speckknödelsuppe und ins Traumpanorama blinzelt.

Weiter geht's zwischen den Karwendelmassiven. Noch einige ruppige Höhenmeter auf losem Schot-

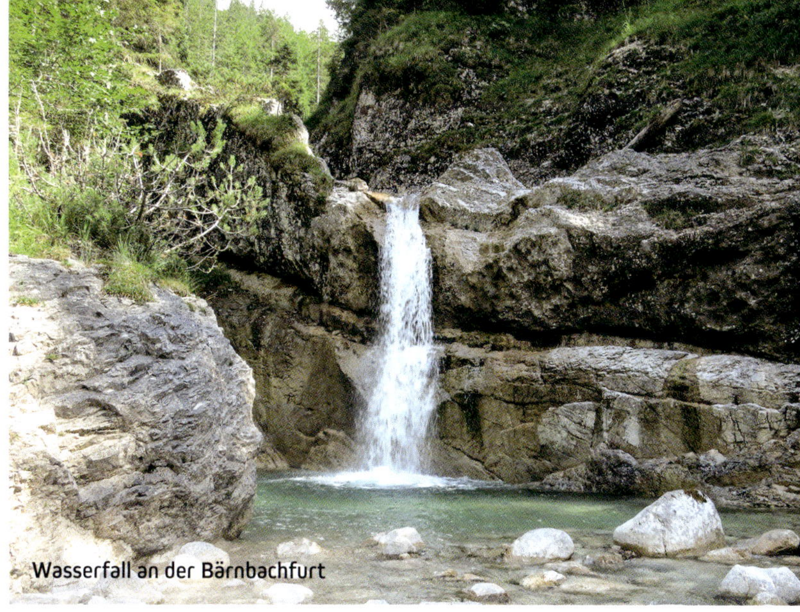
Wasserfall an der Bärnbachfurt

ter und bei ziemlich genau 1800 Meter hat man an der Hochalm einen der höchsten Punkte der Tour erreicht. Und wieder könnte man wie verzaubert minutenlang mit offenem Mund die Felswände und Bergwiesen anstarren. Aber der Karrenweg-Downhill zum kleinen Ahornboden und diverse Kuhfladen erfordern vom Biker die volle Konzentration. Direkt an der Bergwiese des kleinen Ahornbodens steht das Hermann von Barth-Denkmal, zur Erinnerung an den berühmten Karwendel-Kletterer. Der richtige Platz, um Unterarme und Bremsfinger auszuschütteln vor dem steinigen Trail hinauf

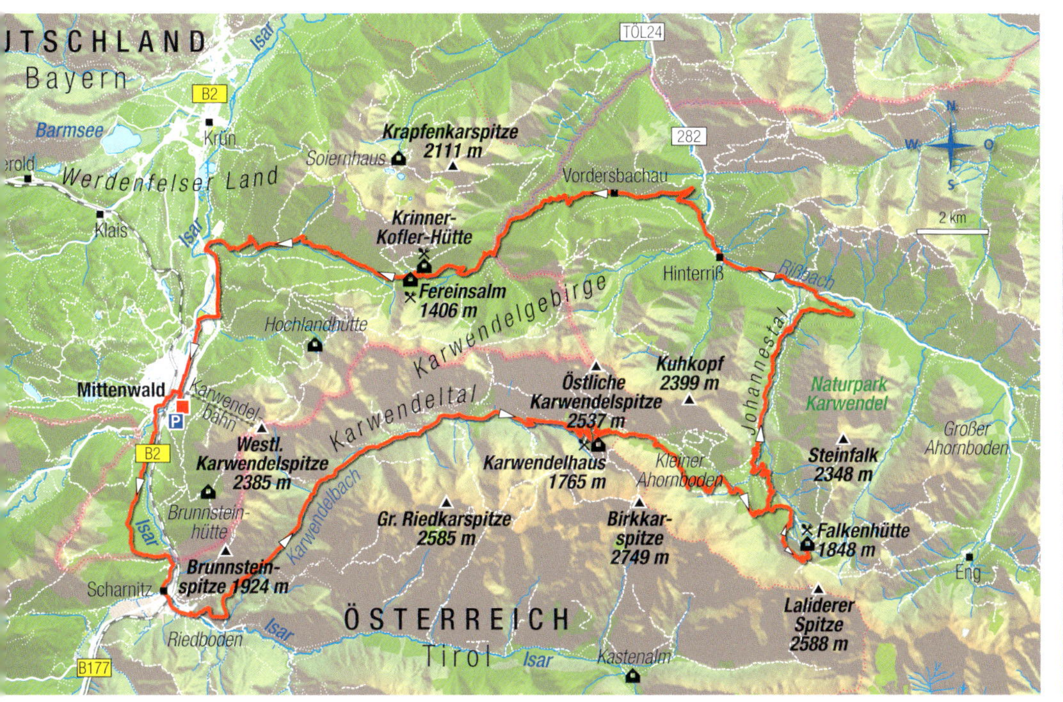

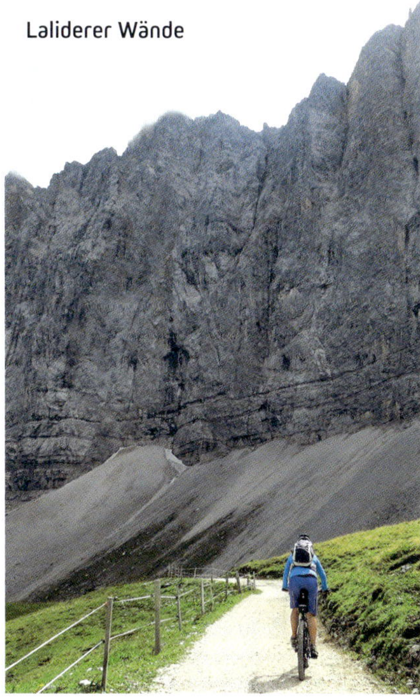
Laliderer Wände

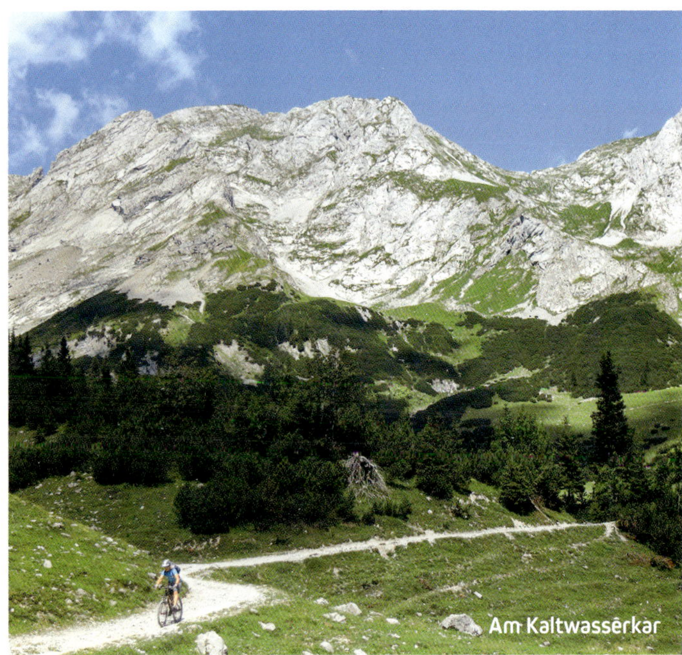

zur Ladizalm. Das Weglein macht so richtig Spaß und ist selbst für weniger versierte Pfadfahrer kein allzu großes Problem. Das kommt etwas später. Die Ladizalm liegt zwar malerisch zu Füßen der Felswände, aber die folgende 26-Prozent-Rampe zwingt selbst manchen motorlosen Crack zum Schieben. Nach drei Serpentinen lässt die Steigung zum Glück wieder nach, aber die letzten Höhenmeter zum Spielissjoch (1773 m) und weiter zur Falkenhütte (1848 m) sind alles andere als flach. Doch die Kulisse entschädigt für die Schinderei. Wie eine riesige Fototapete bauen sich hinter der Alpenvereinshütte die Laliderer Wände auf. Da möchte man selbst bei kühlem Wind seine Speckknödelsuppe draußen löffeln. Nur am Abend ziehen sich Wanderer und Biker dann doch gern in die gemütliche, warme Stube im frisch renovierten Berghaus zurück. Am nächsten Morgen kommt dann meist alles zur Anwendung, was im Bike-Rucksack an Bekleidung zu finden ist: von Armlingen und Beinlingen bis zu Unterhelmmütze und Softshelljacke. Selbst im Sommer kann es dort oben klirrend kalt sein, und man dann auch noch fast 1000 Höhenmeter bergab fahren muss. So bremsen wir uns mit klammen Fingern hinunter auf den staubigen Schotterwegen über das Johannestal ins Rißtal.

Nach einem Abschnitt auf der Mautstraße dem Rißbach entlang bietet sich noch ein kleiner Kaffeestopp im Dörfchen Hinterriß an, bevor die Route

Über das Karwendelhaus (1765 m)

Die Alpenvereinshütte der DAV-Sektion MTV München wurde im Sommer 1908 eröffnet. Sie bietet sich als Alternative an zur Falkenhütte, falls man die Tour etwas kürzer und mit weniger Höhenmeter gestalten möchte.

Adresse: Tel. 0043-720/983554, www.karwendelhaus.com (mit Online-Reservierungsmöglichkeit)

Geöffnet: Anfang Juni bis Mitte Oktober

Übernachtung: 52 Schlafplätze in Mehrbettzimmern, 141 Matratzenlager, 25 Notlager. Duschmöglichkeit (gegen Gebühr), Trockenraum mit Schuhtrockner und Entfeuchtungsgeräten

Service: Werkzeug-Set und Druckluft für Mountainbikes

Bike & Hike: Hochalmkreuz 2198 m, Aufstieg 1 Std., Trittsicherheit erforderlich. Östliche Karwendelspitze 2538 m, Aufstieg 3 Std., Trittsicherheit erforderlich.

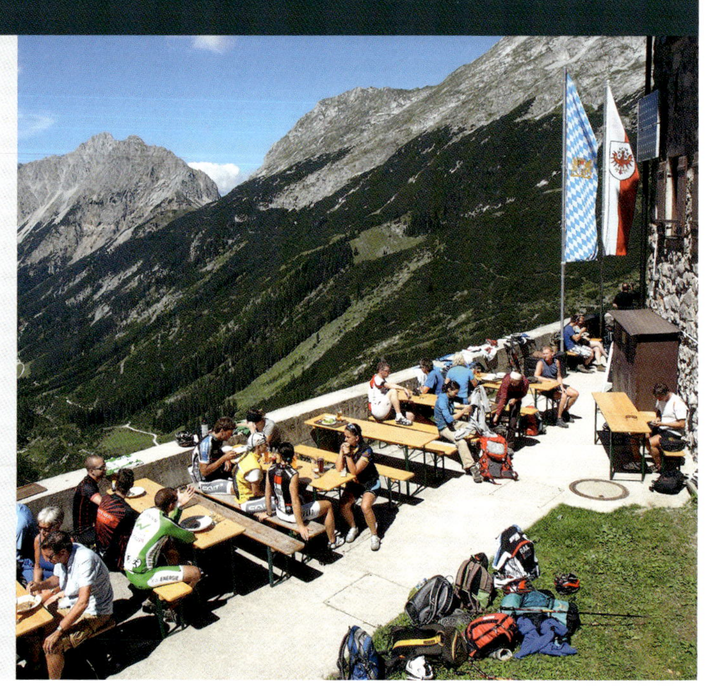

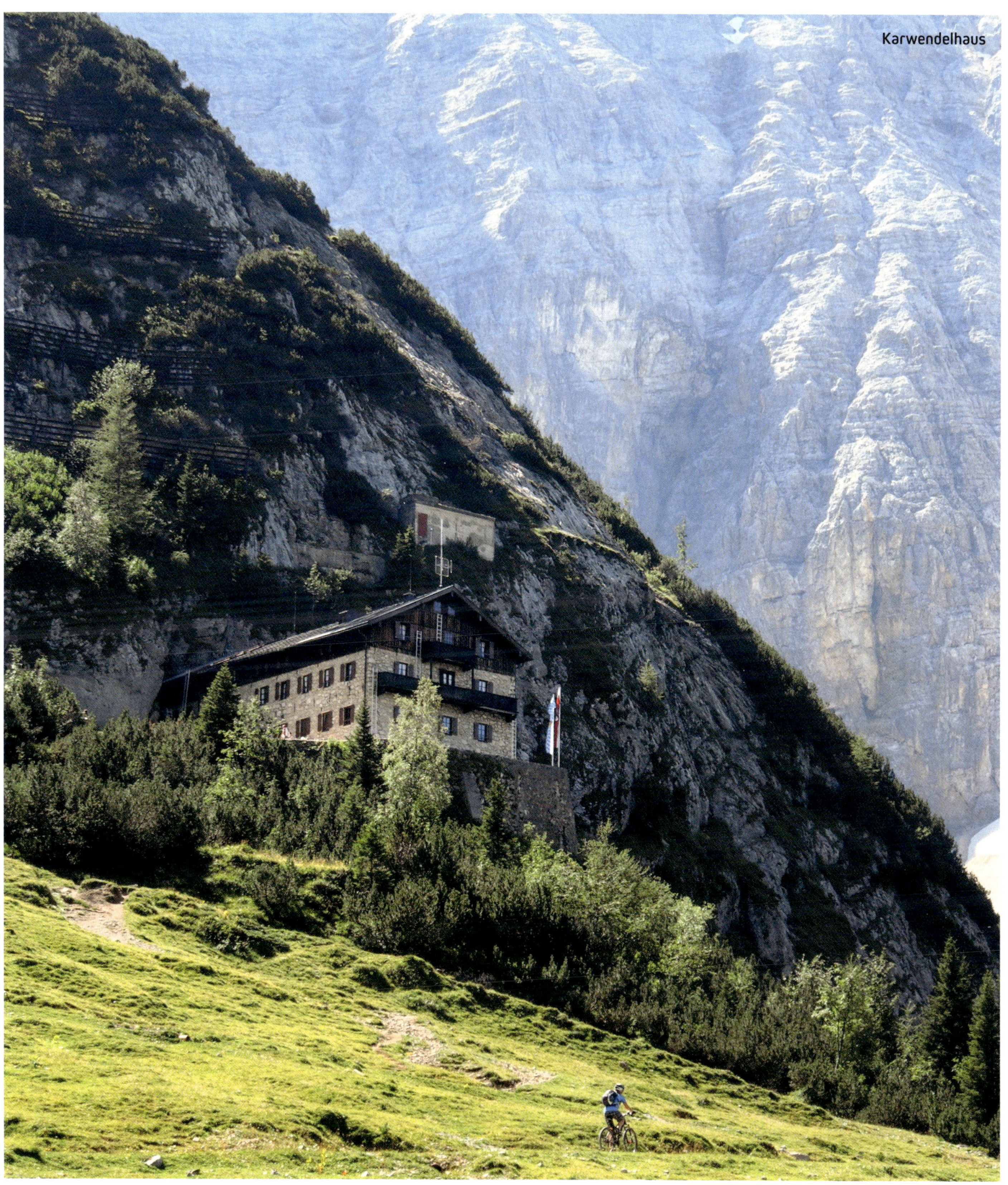
Karwendelhaus

wieder im Bergwald verschwindet. Ein steiler, aber meist schattiger Forstweg bringt uns zum kleinen Pass Vorderbachsau. Auf der anderen Seite kann man das Bike ins Bärnbachtal hinunterrollen lassen. Kraft sparen für die letzte Rampe! Aber zuvor kommt noch etwas Outdoor-Abenteuer. Bike und Biker müssen noch den „Grenzfluss" zwischen Tirol und Bayern überwinden. Trockenen Fußes funktioniert das nicht immer. Ganz Coole nehmen gleich noch ein erfrischendes Bad im Wasserfall um die Ecke der Furt. Die letzten 300 steilen Höhenmeter fordern nochmals eine ordentliche Portion Restenergie. Zum Glück ist die Landschaft auch hier immer noch wunderschön. Rundherum stehen Karwendelfelsen Spalier. An der Fereinsalm ist das Werk quasi vollbracht. Das Höhenmetersoll ist fast erfüllt. Falls jemand seine Etappen noch

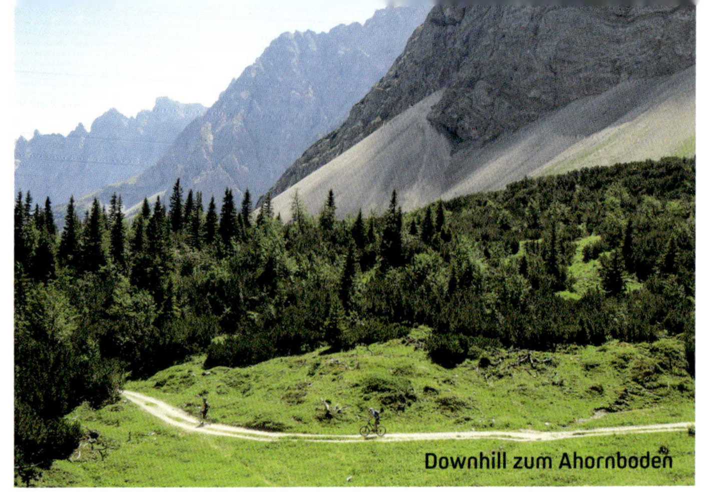
Downhill zum Ahornboden

gemütlicher einteilen und umso mehr die Bergwelt genießen möchte: In der benachbarten Krinner-Kofler-Hütte kann man nochmals im Karwendel übernachten. Vom Almplateau in Postkarten-Kulisse geht es fast nur noch bergab, zwar steil, aber auf festem Untergrund. Im Tal legen wir die letzten zwei Kilometer auf dem Isarradweg zurück, und Mittenwald hat uns wieder. Eine Traumtour und ein wahrer Mountainbike-Klassiker!

Über die Falkenhütte (1848 m)

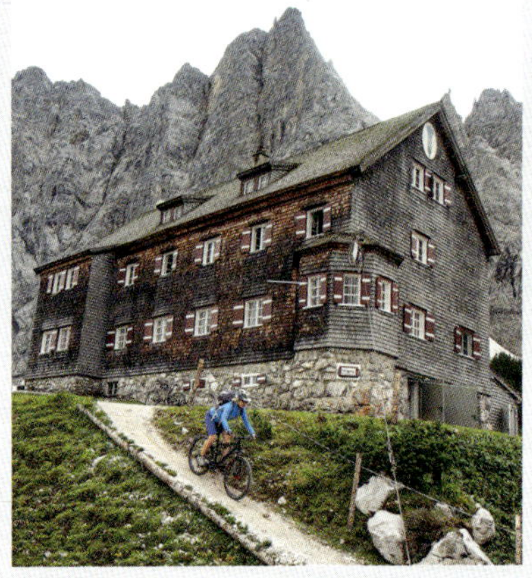

Die Alpenvereinshütte der DAV Sektion Oberland wurde 1923 am Fuße der gewaltigen Lalíderer Wände erbaut. In den Jahren 2017 bis 2020 wurde die Falkenhütte komplett renoviert und um einen Anbau erweitert.

Adresse: Tel. 0043-5245/245 (nur während der Saison!), Reservierungen nur telefonisch und online! www.alpenverein-muenchen-oberland.de/falkenhuette

Geöffnet: Ende Mai bis Mitte Oktober

Übernachtung: 131 Schlafplätze in Doppel- und Mehrbettzimmern sowie Matratzenlagern

Geld: Keine Kartenzahlung möglich!

Bike & Hike: Ladizkopf 1921 m – einfache Wanderung, Aufstieg 20 Min.;
Mahnkopf 2093 m – einfache Wanderung, Aufstieg ¾ Std.

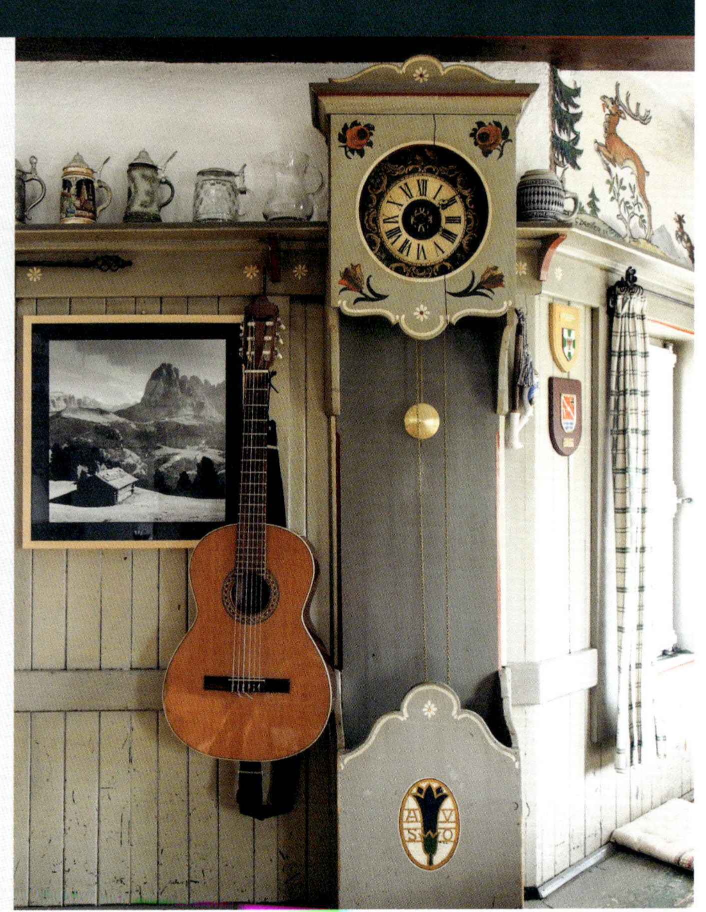

Info

Tag 1: 38,2 km – 1414 hm – MTB: 4:54 Std. E-MTB: 3:40 Std.
Tag 2: 42,9 km – 937 hm – MTB: 4:26 Std. E-MTB: 3:20 Std.

Charakter
Die große Karwendelrunde beginnt sanft auf guten Wald- und Bergwegen. Erst wenn das Karwendelhaus bereits sichtbar ist, wird der Weg steiler und ruppiger. Je dramatischer sich die Felskulisse zeigt, umso anspruchsvoller wird der Untergrund. Vor allem der Trail nach dem kleinen Ahornboden und die Steilauffahrt nach der Ladizalm zum Spielissjoch zwingt viele Biker kurzzeitig aus dem Sattel. Zwischen Hinterriß und Fereinsalm gilt es dann noch einen breiten Gebirgsbach zu durchqueren. Alle anderen Abschnitte lassen sich fast durchweg gut treten.

Tourstart
Mittenwald am Mountainbiker-Parkplatz an der Isar nahe der Karwendelbahn-Talstation

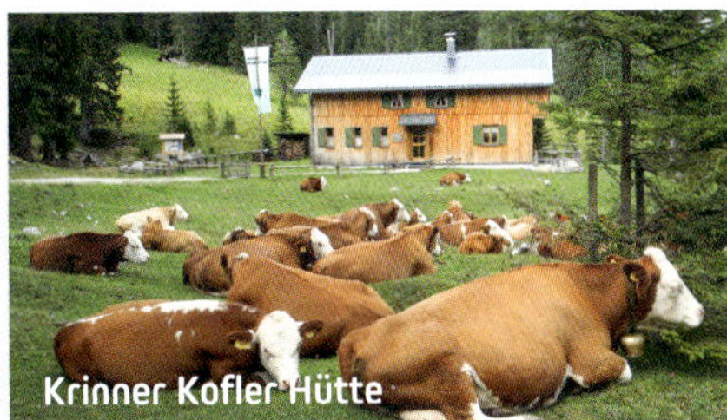
Krinner Kofler Hütte

Etappen
1,5 bis 2 Tage

Variante
Die Route kann man auch in entgegengesetzter Richtung fahren, allerdings sind dann die Anstiege zur Falkenhütte und zum Karwendelhaus konditionell und fahrtechnisch spürbar anspruchsvoller.

Bikeshop
BikerBahnhof Mittenwald (Service und Bike-Verleih), Bahnhofplatz 12, 82481 Mittenwald, Tel. 08823/2764, www.bikerbahnhof.com

Bike-Hotel
Hotel Garni Drachenburg,
Im Kreuth 7, 82481 Mittenwald,
Tel. 08823/92300,
www.hotel-drachenburg.de

Anreise
Mit dem Auto von München auf der A95 bis Eschenlohe und weiter auf der Bundesstraße über Garmisch-Partenkirchen nach Mittenwald. Anreise mit der Bahn stündlich ab München.

Landkarten
Kompass-Karte Nr. 26 Karwendelgebirge, 1:50 000

Bike-Info
www.alpenwelt-karwendel.de/mountainbiken-oberbayern

Tourist-Info
Alpenwelt Karwendel,
Dammkarstraße 3,
82481 Mittenwald,
Tel. 08823/33981,
www.alpenwelt-karwendel.de.

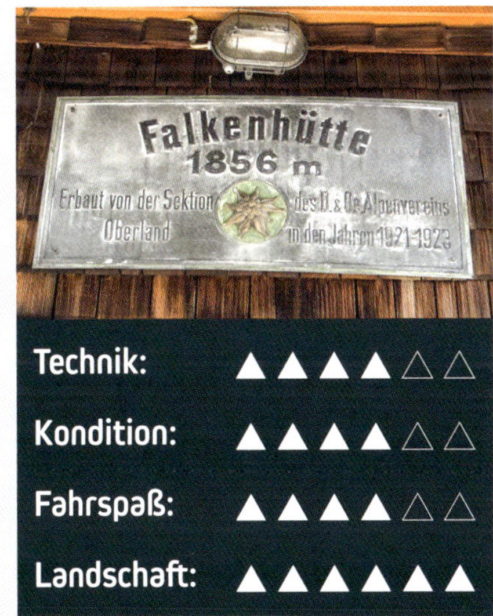

Technik:	▲▲▲▲△△
Kondition:	▲▲▲▲△△
Fahrspaß:	▲▲▲▲△△
Landschaft:	▲▲▲▲▲▲

Höhenprofil Asphalt 8,6 km · asphaltierter Radweg 2,4 km · Schotter 67,7 km · Waldweg 0,0 km · Trail 2,5 km · Schieben 0,0 km

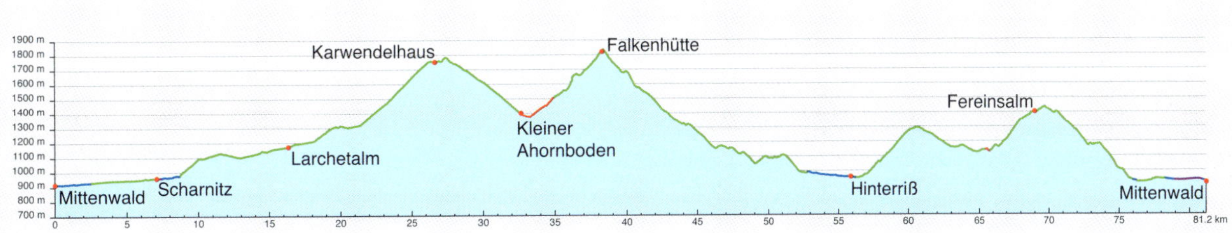

7 Gufferthütte

Eine große Schleife um die Guffertspitze und den Unnütz

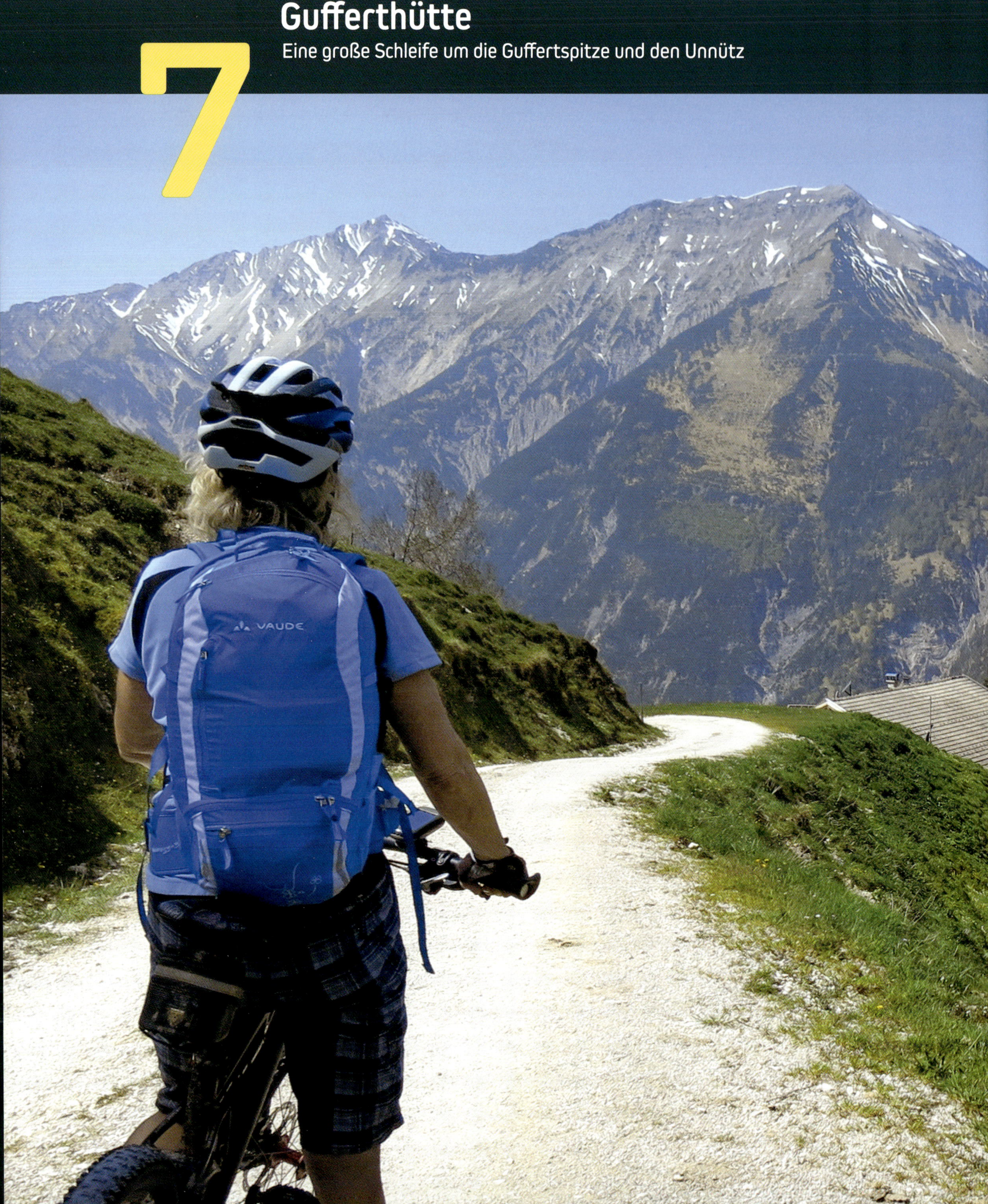

Schwierigkeitsgrad: leicht | Höhendifferenz: 1900 hm | Zeit MTB: 8:18 Std. | Zeit E-MTB: 6:14 Std. | Länge: 65,8 km

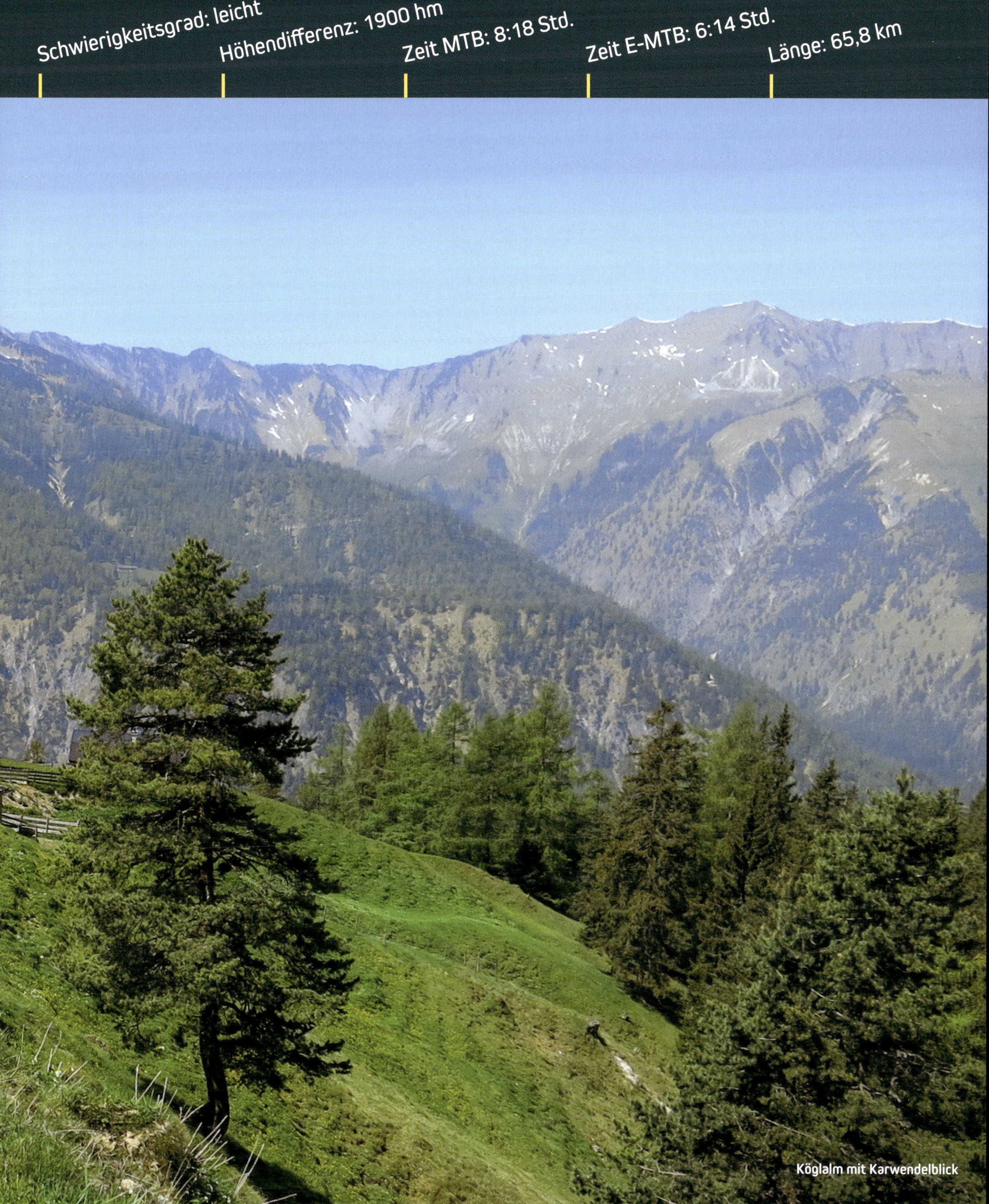

Köglalm mit Karwendelblick

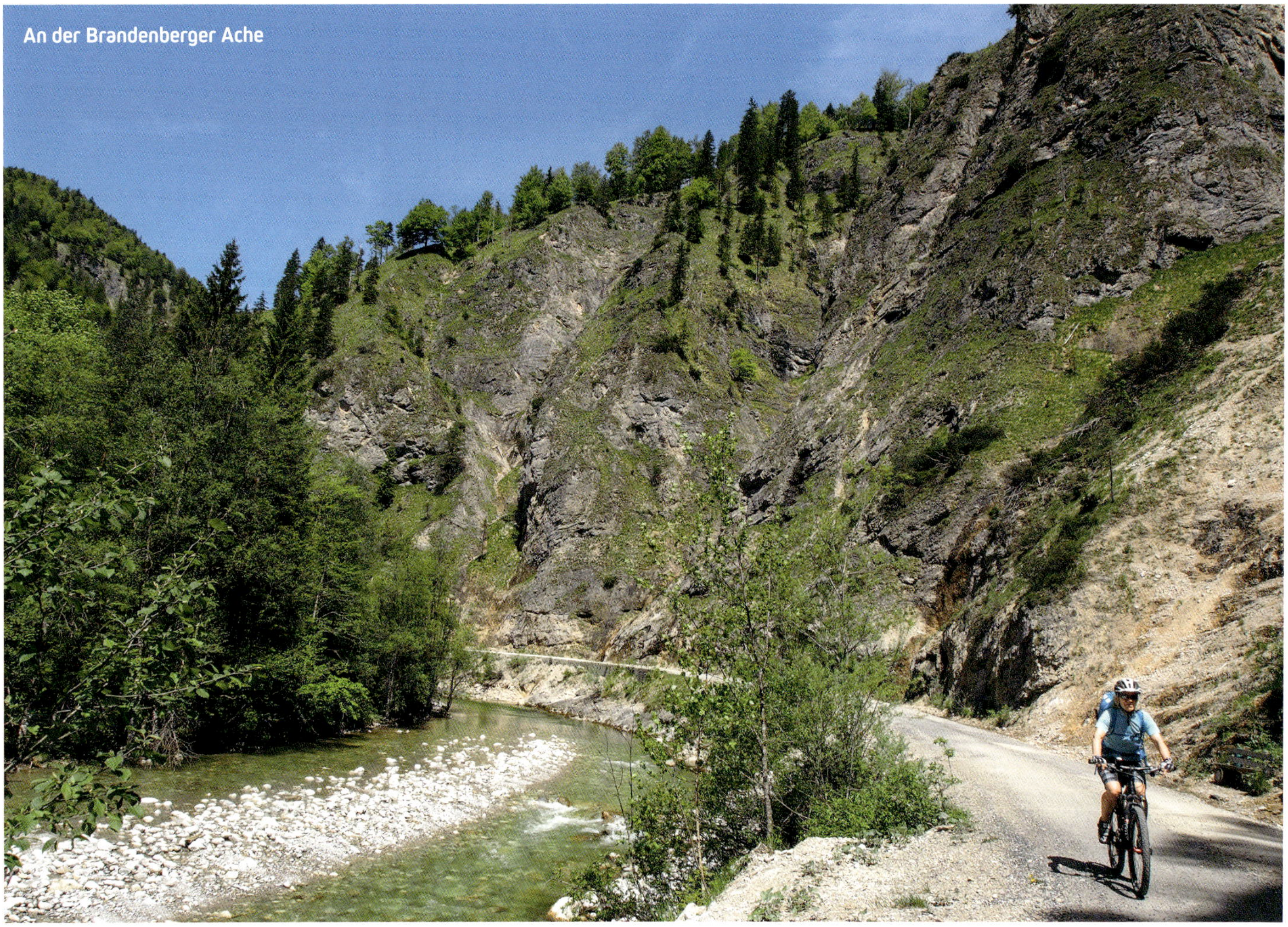

An der Brandenberger Ache

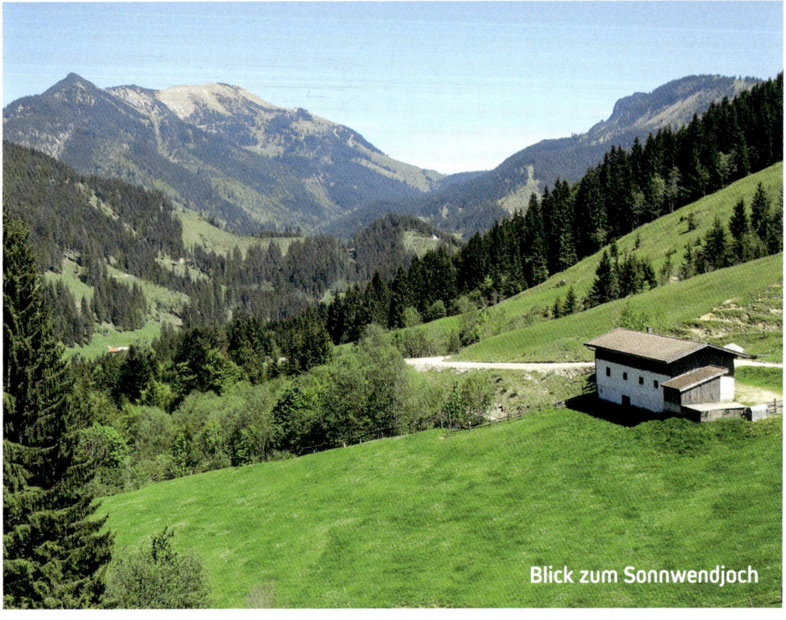
Blick zum Sonnwendjoch

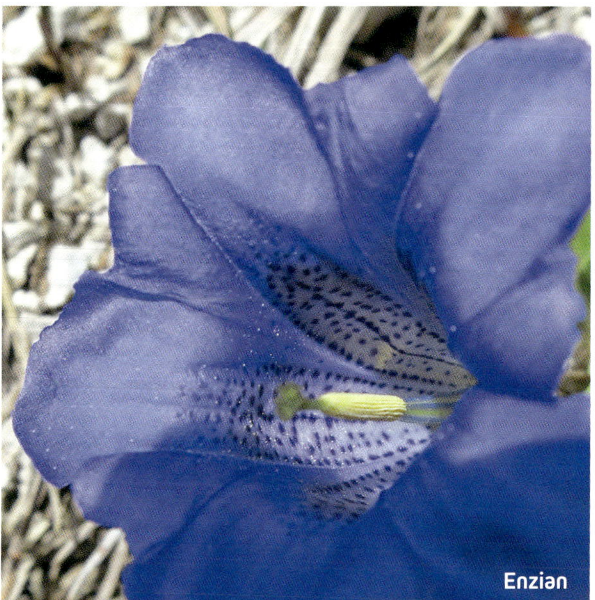
Enzian

Vom Rofan in die Blauberge und wieder zurück – eine große Acht um die Guffertspitze und den Unnütz. Nicht allzu schwierig, aber mit Highlights wie die Kaiserklamm und das Felsental der Brandenberger Ache.

Als wuchtiger Kalksteinklotz ragt der Guffert hinter den Blaubergen in die Höhe. Da er mit seinen 2194 Meter Höhe allein steht, ragt er deutlich über die Vorberge hinaus und ist bis weit ins nördliche Alpenvorland rund um den Tegernsee sichtbar. Unser Tourziel Gufferthütte liegt auf 1475 m Höhe im Rofangebirge zwischen Halserspitze und Guffert, umgeben von Pferde- und Kuhalmen, mit freiem Blick auf die Nordwände ihres Namensgebers.

Die Hüttentour, die in einer großen Schleife um den Guffert und das Unnützmassiv herumführt, starten wir in Steinberg am Rofan. Das Tiroler 300-Seelen-Dorf bezeichnet sich selbst als „schönstes Ende der Welt". Zu Recht! Häuser und Bauernhöfe sehen aus wie liebevoll hingestreut auf die saftigen Bergwiesen. Keine Seilbahn, kein Hotelkomplex, kein Riesenparkplatz verschandelt das Bild. An einem kleinen Wanderparkplatz mitten im Ort steigen wir aufs Bike und halten uns Richtung Kaiserhaus. Nach ausgedehntem Panorama mit Rofan-Gebirge taucht der Weg in den Wald hinein. Tief unten gurgelt die Steinberger Ache. Eigentlich ist dieser Waldweg sogar eine offizielle Verbindungsstraße zwischen Steinberg und Pinegg, allerdings mit halbstündlich wechselndem Einbahnverkehr. Für unerfahrene Lenker größerer Pkws absolut nicht zu empfehlen. Mit dem Bike kurvt es sich gemütlich bergab zur Brandenberger Ache, wo wir zum Kaiserhaus abbiegen. Seit 500 Jahren steht hier direkt an der Ache ein Forsthaus, dessen Lage schon Kaiser Franz-Joseph I. beeindruckte. Heute kommen die Gäste zum Wildessen oder um hier ihre Wanderungen zu starten. Zum Beispiel zur nahen Kaiserklamm. Wer

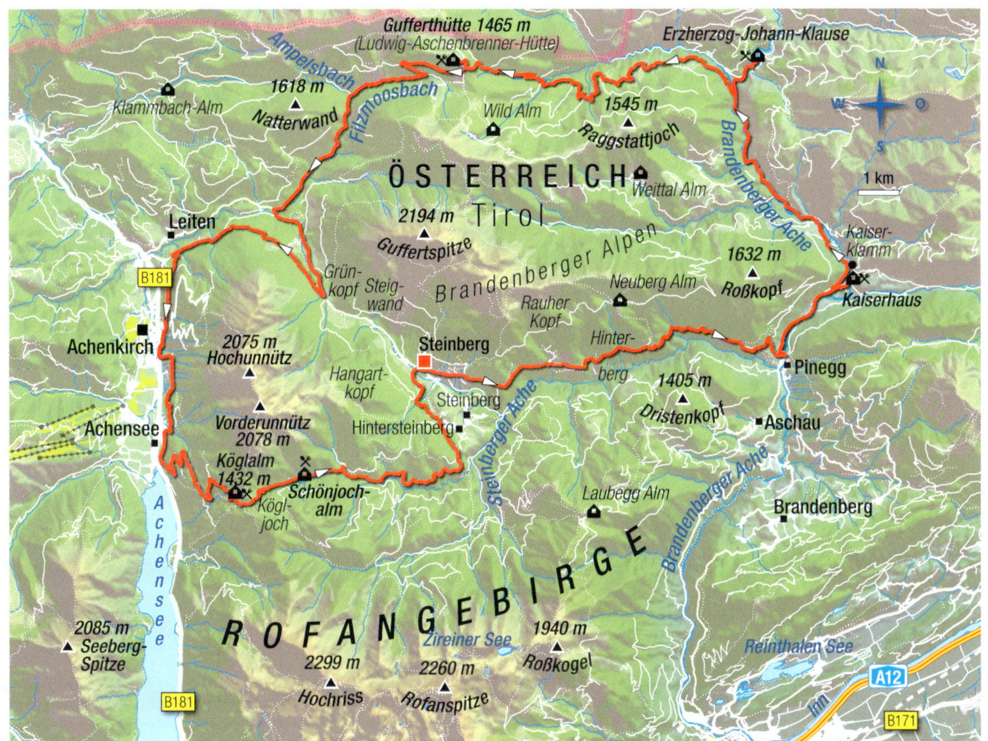

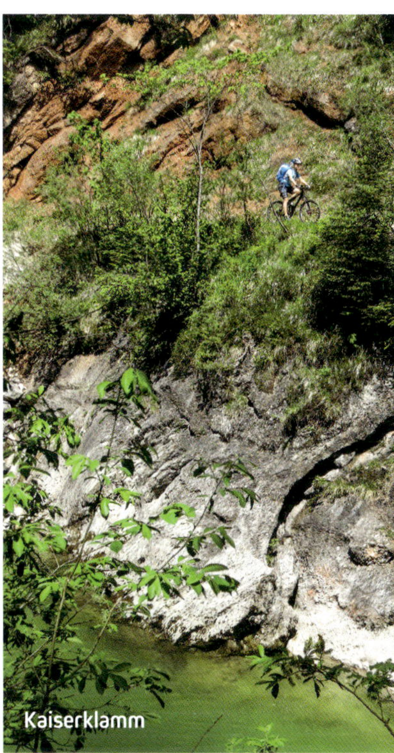
Kaiserklamm

ein Fahrradschloss dabei hat, sollte am Eingang das Bike abstellen und sich ansehen, wie kunstvoll sich das Wasser durch den Fels geschliffen hat. Auf dem Bike peilen wir danach die Erzherzog-Johann-Klause an. Kilometer um Kilometer schrauben wir uns zwischen Gebirgsfluss und hohen Felswänden in die Berge. Hier könnte man auch gut Szenen für einen Wildwestfilm drehen. Das Tal ist nicht steil, aber lang. Bevor der Weg in die Höhe steigt, biegen wir zur Klause ab. Der Berggasthof und die hölzerne Hubertuskapelle stehen oberhalb der Klause, die im 19. Jh. zur Holztrift gebaut wurde. Ein wunderbar abgelegenes Plätzchen mit bodenständiger Bewirtung – außer mittwochs. Nach so viel Naturgenuss und relativ sanftem Biken stellt sich die bange Frage: Wann kommen eigentlich die Höhenmeter zur Hütte? Bald! Noch ein paar hundert Meter der Ache entlang zurückrollen, über die Brücke, dann geht's kontinuierlich bergauf. Supersteile Rampen sind nicht zu befürchten, aber auf dem langen Weg durch den Bergwald und zu einsamen Almen schaltet so mancher freiwillig aufs kleinste Ritzel. Vor allem nach langen Regenperioden lockert der Schotterbelag gern tückisch auf und fordert dann Fahrtechnik und Kondition. Wenn schließlich links die Felswände des Guffert ins Blickfeld rücken, taucht rechts zwischen hohen Nadelbäumen die Gufferthütte auf. Seit vielen Jahren ist sie ein beliebtes Ziel bei Wanderern, Kletterern und Mountainbikern. Bei Hüttenwirtin Anita wird auch leidenschaftlich und engagiert gekocht, denn das 68-Betten-Haus nimmt am Alpenvereinsprogramm „So schmecken die Berge" teil. Also stehen auf der Speisekarte weit mehr als Erbsensuppe und Würstel,

Über die Gufferthütte (1475 m)

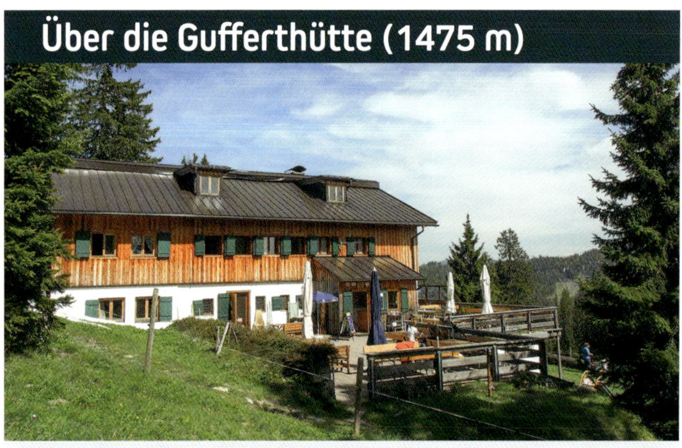

Alpenvereinshütte der DAV-Sektion Kaufering. Das erste Haus, das 1957 abbrannte, wurde 1926 von der DAV-Sektion München gebaut.
Die neu errichtete Hütte wurde 1997 an die Sektion Kaufering verkauft und umfassend renoviert, www.dav-kaufering.de.

Adresse: Hüttenwirtin Anita Hartmann, Aschau 83, A-6234 Brandenberg, Tel. 0043-676/6292404, www.gufferthuette.at, E-Mail: info@gufferthuette.at

Geöffnet: Anfang Mai bis Ende Oktober

Übernachtung: 30 Schlafplätze in Zwei- und Mehrbettzimmern, 38 im Matratzenlager.
Reservierung online beim DAV unter www.alpsonline.org/reservation/calendar?hut_id=148

Bike & Hike: Mittelschwere Rundwanderung zum Schneidjoch in 3,5 Stunden; der Aufstieg zur Guffertspitze (2194 m) füllt einen kompletten Tag aus und erfordert alpine Erfahrung und Schwindelfreiheit.

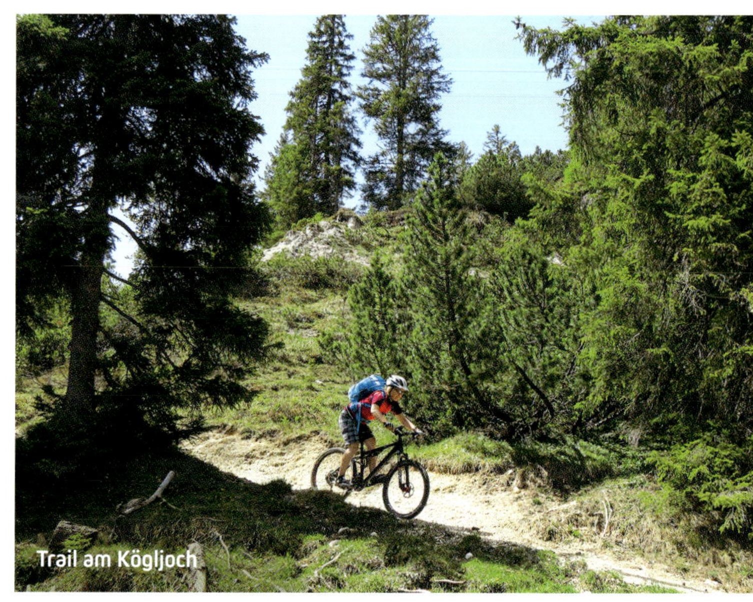

Trail am Kögljoch

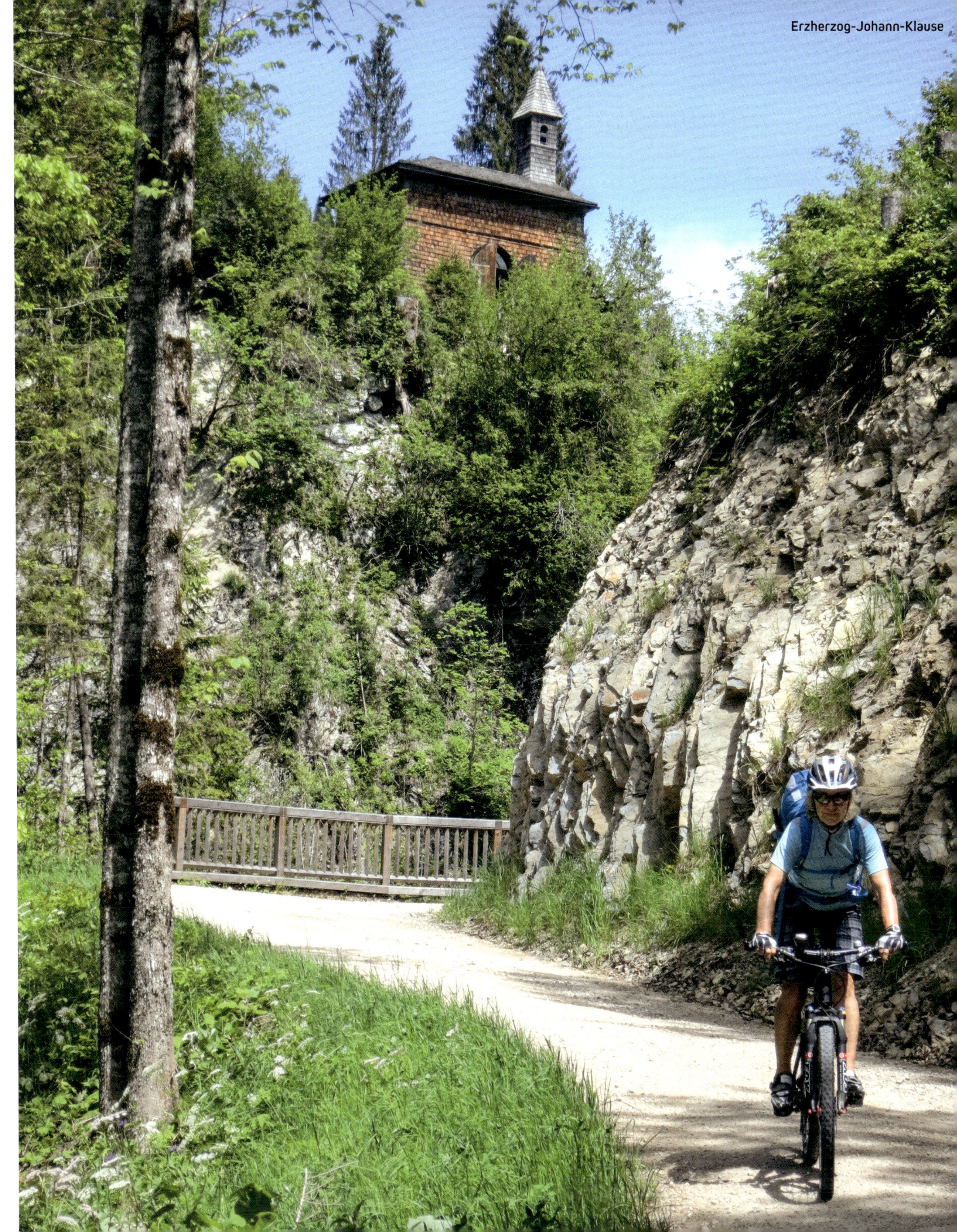

Erzherzog-Johann-Klause

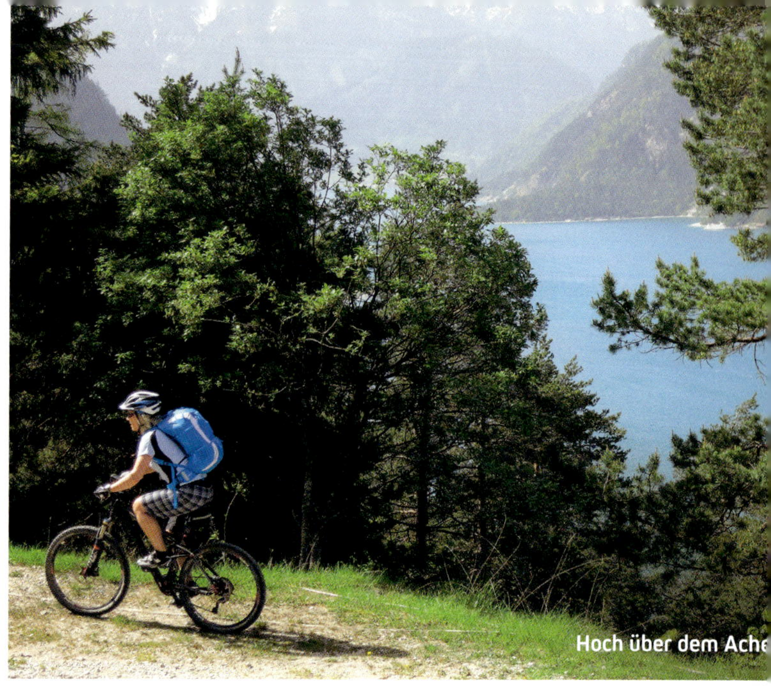

sondern z. B. Käse von Almschaf und Almziege mit Apfel-Feigen-Chutney und als Aperitif ein „Kir Alpin" mit Prosecco und Preiselbeerlikör. Der Abend ist also gerettet, denn die Hüttenwirtin serviert zudem einen guten Rotwein und Bier aus Bayern. Am nächsten Morgen muss sich der Biker erst mal warm bremsen. Die Route führt einige Kilometer bergab ins Ampelsbachtal. Eine kleine Reise durch die Erdgeschichte, denn in der langen Schluchtpassage sieht man links oder auch mal rechts die aufgefalteten Gesteinsschichten aus Jahrmillionen – alles schön erklärt auf Schautafeln am Wegesrand. Am Köglboden führt die Route auf die Landstraße, um wenige hundert Meter darauf wieder im Bergwald zu verschwinden, auf den alten Weg von Steinberg hinunter nach Achenkirch. Kurz vor der finalen Abfahrt ins Dorf biegen wir scharf links ab und schlängeln uns im Wald oberhalb des Ortes Richtung Süden. In Sichtweite des Achensee wird's wieder ernst. An den Hängen des Unnütz – der Berg heißt wirklich so – schrauben wir uns Serpentine um Serpentine zum Kögljoch hinauf. Kurz vor dem Pass darf man sich getrost eine Pause gönnen – bei Apfelschorle auf der Terrasse der Köglalm (1432 m) mit unverbautem Karwendelblick. Trotz Stärkung in der Alm werden wohl die letzten Meter zum Pass für Motorlose zur Schiebestrecke. Diese Steilrampe packen nur die Harten und die guten E-Mountainbiker. Den anschließenden Trail hinunter ins Schönjochtal dürfen allerdings auch Einsteiger getrost im Sattel testen. Eine ideale Strecke, um etwas die Fahrtechnik auf schmalen Rumpelserpentinen zu trainieren. Denn selbst bei kleinen Umfallern passiert hier in der Regel nicht allzu viel. Kurz vor der Schönjochalm (1287 m) verbreitert sich der Trail wieder zum schottrigen Bergweg. Wer noch keinen Pausenstopp eingelegt hat, sollte in der einfachen Alm den selbst gemachten Bergkäse probieren. Danach folgt nur noch ein ausgedehntes Workout ohne Anstrengung – weiter hinunter ins Schönjochtal und mehr oder weniger flach hinaus ins Bergdorf Schönberg. Und schon bald sind wir wieder am „schönsten Ende der Welt".

Geo-Lehrpfad am Ampelsbach

Auf dem Weg von der Gufferthütte zum Köglboden haben der Ampelsbach und der Filzmoosbach eine eindrucksvolle Schlucht hinterlassen. Im Verlauf der Schlucht wird der innere Schichtenaufbau einer Faltenstruktur sichtbar, der normalerweise durch jüngere geologische Schichten verdeckt ist. Wer auf dem Geo-Lehrpfad wandert, kann Gesteinsschichten betrachten, die über einen Zeitraum von etwa 110 Mio. Jahren im Erdmittelalter in der Trias-, Jura- und Kreide-Zeit abgelagert wurden. Die Formationen sind teilweise vom Bike aus an der Abfahrt zum Köglboden zu sehen.

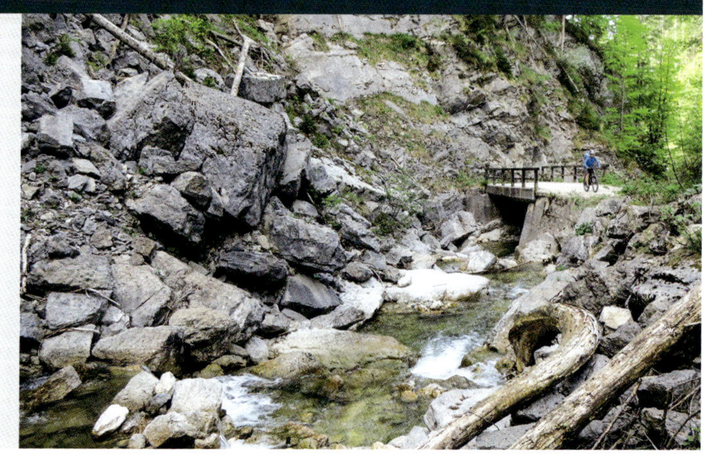

Info

Tag 1: 31,2 km – 1046 hm – MTB: 3:50 Std. E-MTB: 2:53 Std.
Tag 2: 34,6 km – 854 hm – MTB: 4:28 Std. E-MTB: 3:21 Std.

Charakter
Die lange Mountainbike-Tour um die Massive von Guffert und Unnütz führt meistens über mehr oder wenige steile Alm- und Forstwege. Eine ordentlich steile Rampe wartet kurz vor dem Kögljoch, die wohl einige aus dem Sattel zwingt. Danach folgt gleich ein herrlicher, gut fahrbarer Trail hinunter ins Schönjochtal.

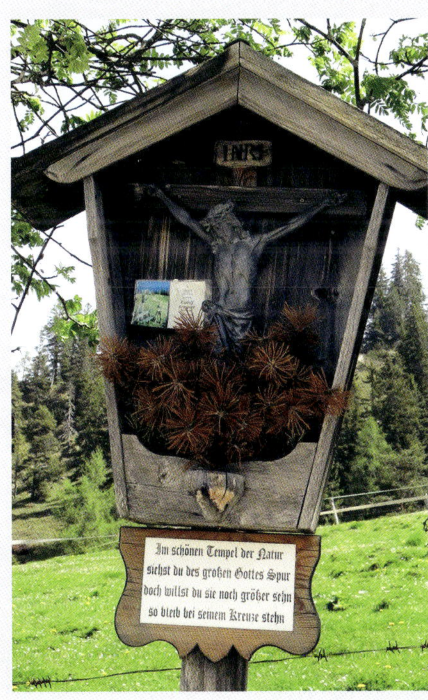

Tourstart
Steinberg am Rofan (kleiner Parkplatz beim Café Waldhäusl)

Etappen
1,5 bis 2 Tage

Variante
Von der Gufferthütte zur Blaubergalm – ein nicht allzu langer Abstecher, bei dem man nach rund 200 zusätzlichen Höhenmetern in Achenkirch wieder auf die ursprüngliche Route trifft.

Bikeshop
Sport Bußlehner, Achenkirch 185, A-6215 Achenkirch, Tel. 0043-5246/6316, www.busslehner-sports.com

Einkehrtipps
Kaiserhaus – Traditionsgasthaus an der Brandenberger Ache bei der Kaiserklamm, Tel. 0043-5331/5271, www.kaiserhaus.eu;
Schönjochalm – einfache, urige Jausenstation der Familie Moser im stillen Schönjochtal, Tel. 0043-650/2406737

Bike-Hotel
Gasthof Waldhäusl, Steinberg am Rofan 31, A-6215 Steinberg am Rofan, Tel. 0043-5248/206

Anreise
Mit dem Auto auf der A8 von München bis zur Ausfahrt Holzkirchen, weiter Richtung Tegernsee und Achensee. In Achenkirch links bergauf nach Steinberg am Rofan.

Landkarten
Kompass-Karte Nr. 28 „Vorderes Zillertal" 1:50 000

Tourist-Info
Achensee Tourismus, Im Rathaus 387, A-6215 Achenkirch, Tel. 0043-5-95300-0, www.achensee.info

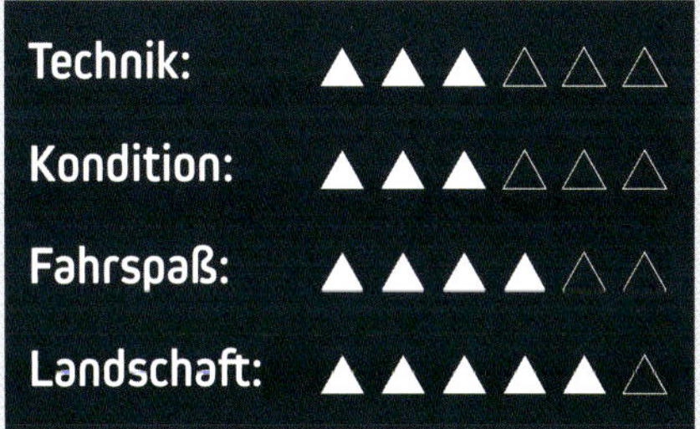

Höhenprofil Asphalt 8,7 km · asphaltierter Radweg 0,0 km · Schotter 55,4 km · Waldweg 0,0 km · Trail 1,7 km · Schieben 0,0 km

Steinberg am Rofan – Pinegg – Kaiserhaus – Erzherzog-Johann-Klause – Gufferthütte – Köglalm – Schönjochalm – Steinberg am Rofan

1500 m, 1400 m, 1300 m, 1200 m, 1100 m, 1000 m, 900 m, 800 m, 700 m, 600 m, 500 m, 400 m
0, 5, 10, 15, 20, 25, 30, 35, 40, 45, 50, 55, 60, 65.8 km

8 Rotwandhaus

Urige Tour durchs bayerische und Tiroler Mangfallgebirge

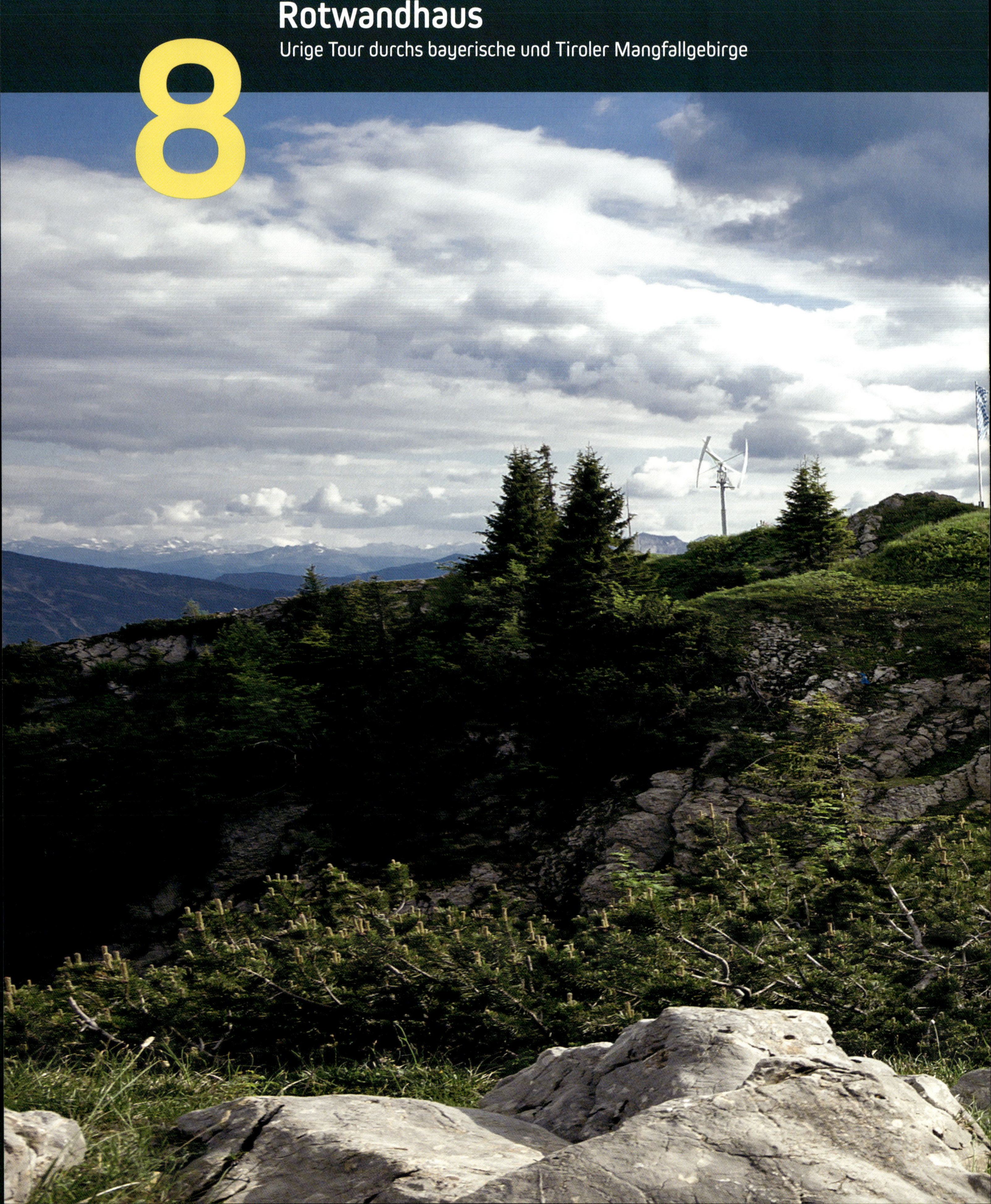

Schwierigkeitsgrad: mittel | Höhendifferenz: 2248 hm | Zeit MTB: 8:08 Std. | Zeit E-MTB: 07 Std. | Länge:66,1 km

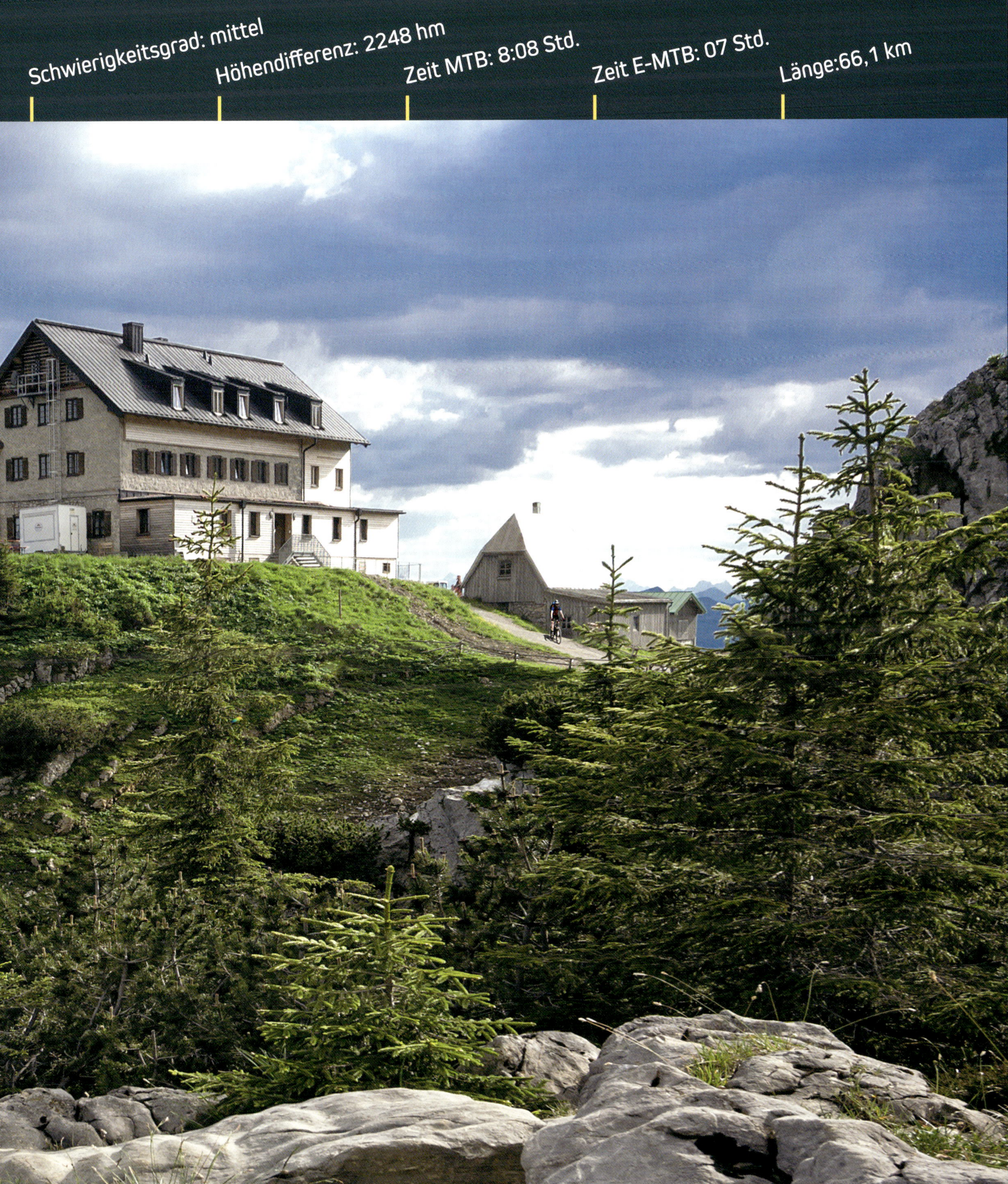

Der idyllische Soinsee

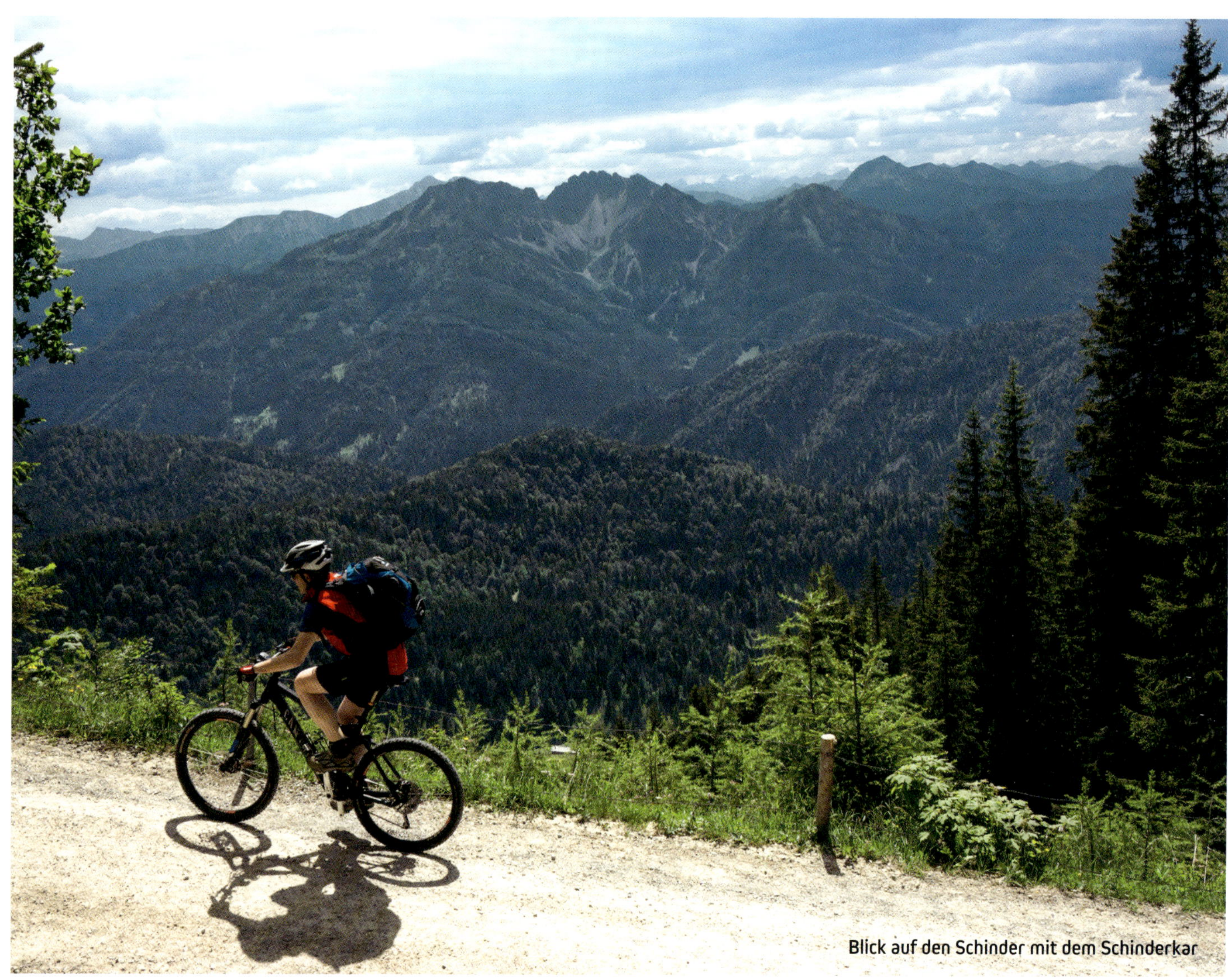

Blick auf den Schinder mit dem Schinderkar

Am Tegernsee und am Spitzingsee tobt das Freizeit-Leben. Aber je höher man ins Gebirge hinauf fährt, umso ruhiger zeigt sich die Bergwelt. Und ab und zu stolziert dort sogar ein seltener Auerhahn über den Bergweg.

Die „Münchner Hausberge" sind ein geflügelter Begriff. Hier wandern seit jeher die Familien aus der Landeshauptstadt und anderen süddeutschen Städten. Auch wir haben hier als Kinder in karierten Hemden und Lederhosen unsere ersten Gehversuche im Gebirge unternommen und wurden von den Eltern mit spannenden Erzählungen über Flora, Fauna, Geologie und Meteorolgie an die Bergwelt herangeführt. Wenn dann wieder ein Stocknagel am selbstgeschnitztem Wanderstock hinzukam, waren wir Kinder glücklich. Das Rotwand-Gebiet hoch über dem Spitzingsee ist so ein Sehnsuchtsort der Kindheit, an den man immer wieder gern zurückkehrt.

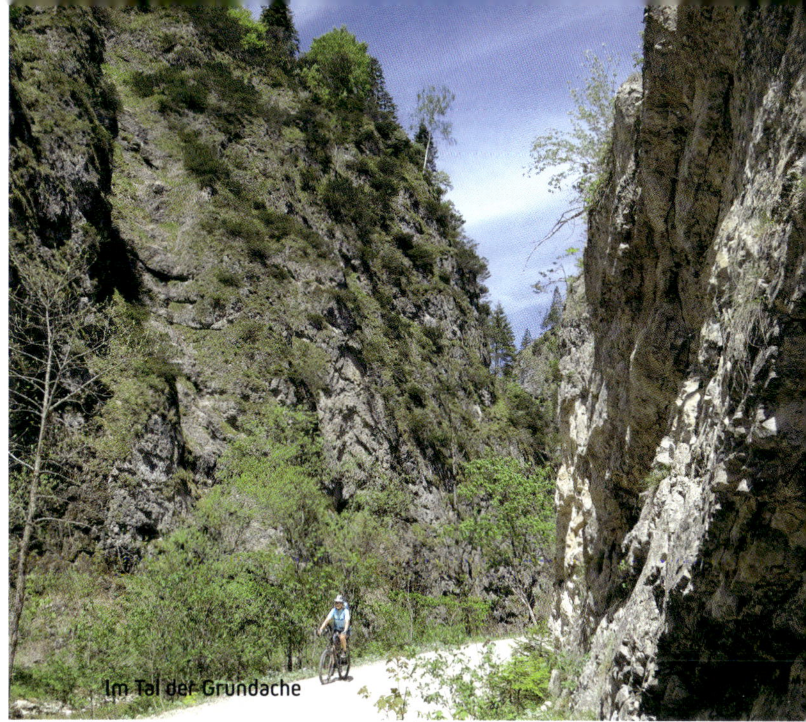
Im Tal der Grundache

Unsere Tour startet südlich vom Tegernsee in Enterrottach kurz vor der Mautstation der Straße nach Valepp. Ein paar hundert Meter auf Asphalt müssen zum Warmrollen reichen. Dann geht's auch schon eine knackige Forststraße bergauf. Zwischendurch wird es mal etwas flacher, die letzten fahrbaren Meter zur Freudenreichalm sind wieder steil und technisch anspruchsvoll auf felsigem Untergrund. Ab der kleinen bayrischen Almhütte beginnt eine mühsame, etwa 15-minütige Schiebe- und Tragepassage hinauf auf den Freudenreichsattel. Am Sattel geht's wieder in den selbigen, und nach ein paar Metern bergab rollen wir an der Oberen Firstalm ein. In der Küche wird gerade eine Sau zerlegt. Trotz des ungewohnten Anblicks hat man das gute Gefühl, eine ordentliche Mahlzeit serviert zu bekommen. Die Suppe mit Kaspressknödel schmeckt köstlich. Die nur 50 Höhenmeter zur Unteren Firstalm überbrückt ein kurzer passabler Trail. Hier ist am Wochenende schon mal Slalomfahren um die vielen Wanderer angesagt. Nach der Abfahrt durch den Firstgraben auf Asphalt ist der Spitzingsee erreicht. Den Uferweg überlassen wir den Spaziergängern und fahren auf der Straße in den gleichnamigen Ort. Der größte Hochgebirgssee Bayerns liegt eingebettet zwischen den bekannten Wandergipfeln des Mangfallgebirges wie Brecherspitz, Stümpfling, Bodenschneid, Jägerkamp, Taubenstein und Rotwand. Unterhalb ihres Gipfels liegt das Rotwandhaus – unser Übernachtungsziel.

Ein Asphaltsträßchen verläuft in mäßiger Steigung durch den Bergwald. Nach der Bergwachthütte zieht die Steigung nun auf Schotter merklich an. Weiter oben ist Schieben oft die kraftsparendere Alternative. Während einer Verschnaufpause genießt man den Blick über die urige Weidachhütte auf den Risserkogel mit seinem Nachbarn, den markanten kleinen Zacken des Blankensteins, den Schinder und weit hinein in die Blauberge.

Wenn das Rotwandhaus bereits am Horizont auftaucht, wird der Anstieg wieder etwas flacher. Die gesparte Kraft sollte man – zumindest bei guter Sicht – nutzen, um vor dem Abendessen in einem halbstündigen Fußmarsch noch die 1884 Meter hohe Rotwand zu besteigen. Von ihrem Gipfel eröffnet sich ein unglaubliches Bergpanorama.

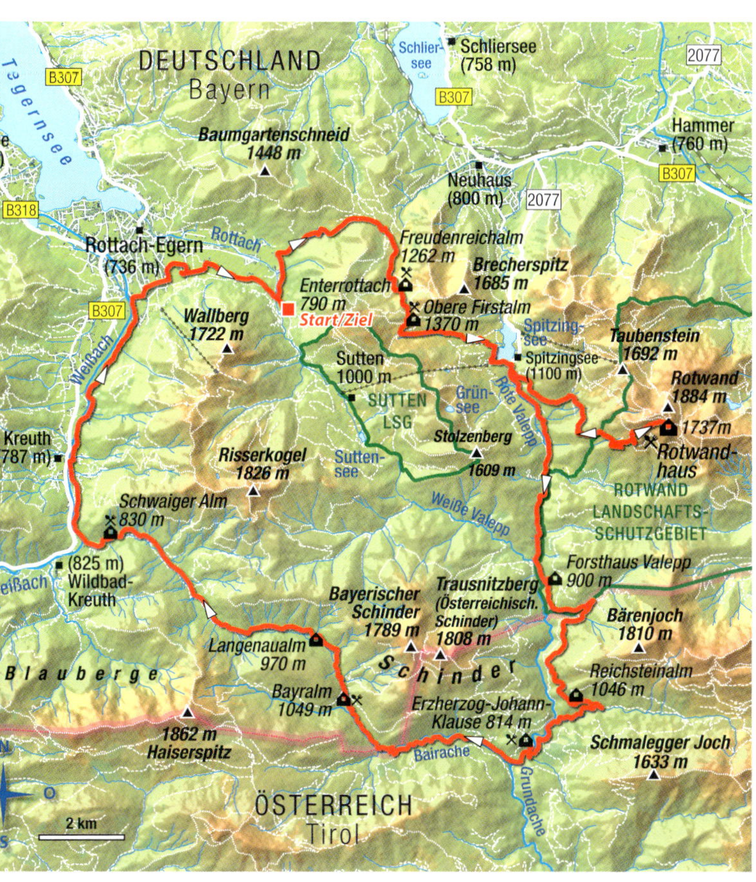

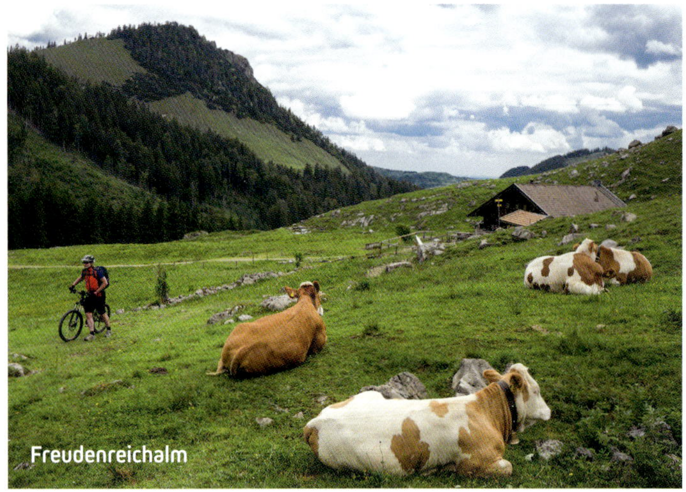

Im Norden sieht man weit ins Alpenvorland, im Westen zur Zugspitze und im Südosten glänzen die weißen Spitzen von Großglockner und Großvenediger vor dem stahlblauen Himmel. Nach der Dusche geht's in die warme Stube. Die ist einfach und nüchtern, aber das Essen erinnert fast an ein Gourmetrestaurent. Hüttenwirt Peter Weihrer aus Österreich ist ein begeisterter Koch, der seine Gerichte mit frischen regionalen Produkten zubereitet und mit viel Hingabe anrichtet.

Der zweite Tag beginnt mit einer langen, steilen Abfahrt zurück zum Spitzingsee und weiter durchs liebliche Tal der Roten Valepp. Erst hinter dem Forsthaus Valepp beginnen wieder ernst zu nehmende Höhenmeter. Schade, dass das stattliche Waldhaus seit Jahren ohne Nutzung etwas vor sich hin gammelt. Hoch über der Schlucht der Grundache kurbeln wir zur einsam gelegenen Reichsteinalm, mittlerweile befinden wir uns schon auf Tiroler Gebiet. Hier ist uns auf früheren Touren sogar schon mal ein Auerhahn über den Almweg spaziert. Allerdings sollte man sich mit den streng geschützten Tieren nicht anlegen. Sie zeigen sich ziemlich wehrhaft. Zur Erzherzog Johann Klause, wo einst im Wasser das gesägte Holz gesammelt wurde, rollen wir wieder durch lichten Bergwald bergab. Die altehrwürdige Jausenstation mit kleiner Holzkapelle gönnen wir uns als Kaffeestopp. Oberhalb der rauschenden Ache sitzt man einfach so gemütlich. Mit Koffeinschub geht es schließlich über die Grundache ins enge, tief eingeschnittene Tal der Bairache. Der Weg verjüngt sich immer mehr zum Singletrail und endet schließlich an einer schmalen Eisenbrü-

Über das Rotwandhaus (1737 m)

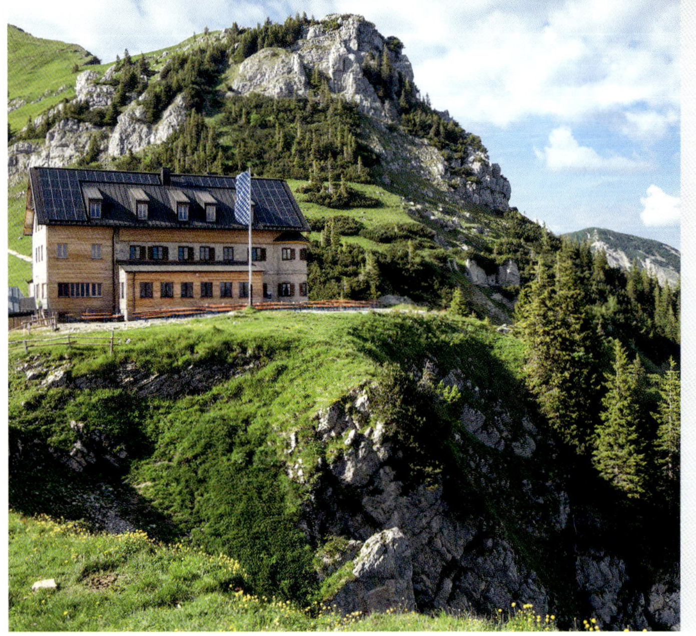

Das erste Rotwandhaus wurde 1891 von der Alpenvereinssektion Turner-Alpen-Kränzchen München unterhalb des Rotwandgipfels erbaut. Seit 1907 steht das heutige Haus. Es wurde stetig erweitert und vergrößert. Das Rotwandhaus ist sommers wie winters ein beliebter Standort für Wanderer, Mountainbiker und Skitourengeher.

Adresse: Hüttenwirt Peter Weihrer, 83727 Schliersee-Spitzingsee – Rotwandhaus, Tel. 08026/3959880, www.rotwandhaus.de

Geöffnet: ganzjährig geöffnet

Übernachtung: 37 Schlafplätze in Mehrbettzimmern, 38 in Matratzenlagern

Bike & Hike: Rotwand 1884 m, Aufstieg 30 Min., Auerspitz 1811 m, Aufstieg 1 Std., Ruchenköpfe 1805 m, Aufstieg 2,5 Std. (Kletterrouten)

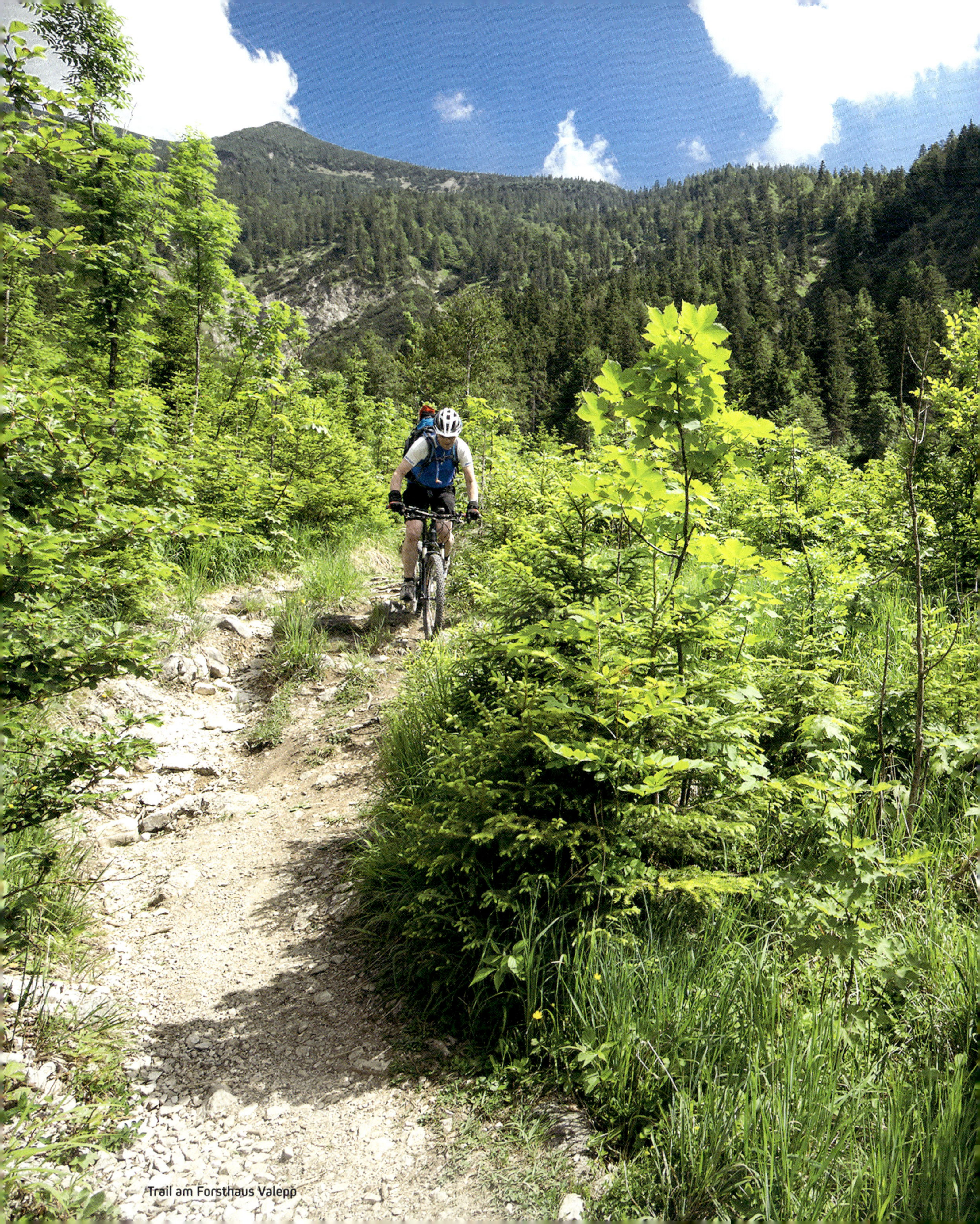

Trail am Forsthaus Valepp

cke über den Gebirgsbach. Hier ist auch erst mal Schluss mit radeln. Schieben um zwei, drei steile Serpentinen ist angesagt. E-Biker sollte hier eine ordentliche Schiebehilfe am Rad haben. Aber nach wenigen Minuten ist die Schinderei schon wieder zu Ende und wir radeln durch dichten Wald mit charmanten Lichtungen, wie an der Bayralm und der Langenaualm. Hinter der Langenaualm beginnt schließlich die spaßige Schlussprüfung unserer Zwei-Tage-Tour: der mehr als fünf Kilometer lange Bay SF-Trail. Auf und ab, über Wurzeln und durchs Unterholz hoppeln wir schwungvoll talauswärts. Eine gute Fahrtechnik kann hier nicht schaden, auch wenn der Trail nicht wirklich schwierig ist. Am Trailende erwartet uns die Schwaiger Alm zur späten Mittagsrast bei Käsespätzle mit Tegernseer Almkäse. Nach dem Verdauungs-Espresso rollen wir in Ruhe der Weißach entlang Richtung Kreuth und Rottach-Egern. Und kurz ums Eck liegt dann auch schon unser Startort in Enterrottach.

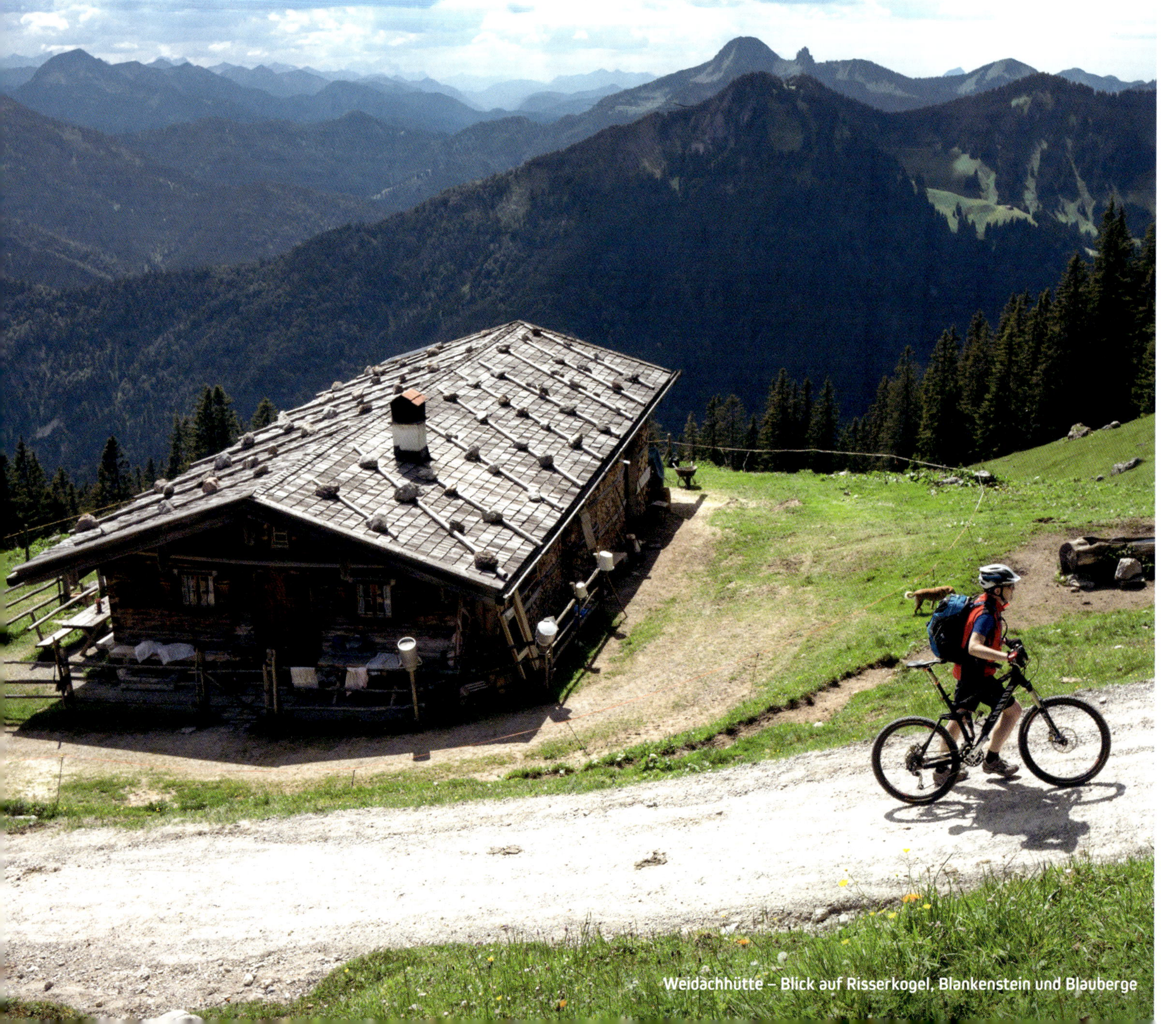

Weidachhütte – Blick auf Risserkogel, Blankenstein und Blauberge

Info

Tag 1: 17,6 km – 1284 hm – MTB: 3:18 Std. E-MTB: 2:29 Std.
Tag 2: 48,5 km – 964 hm – MTB: 4:50 Std. E-MTB: 3:38 Std.

Charakter

Mittelschwere Tour im Mangfallgebirge und um Schinder und Wallberg. Teilweise steilere Schotterauffahrten. Schiebe-/Tragepassagen auf den Freudenreichsattel und an der Bairache. Rund 5 km langer Trail bei der Langenaualm, der umfahren werden kann.

Tourstart

Wanderparkplatz Enterrottach vor der Mautstation Richtung Valepp.

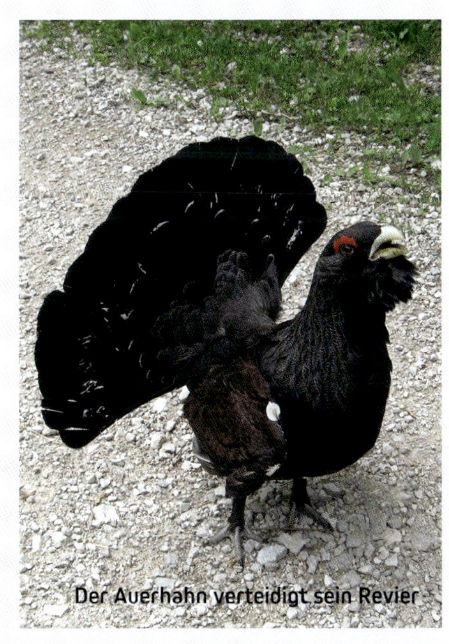

Der Auerhahn verteidigt sein Revier

Etappen

1,5 bis 2 Tage

Bikeshop

Bertl's Bikeshop, Kalkofen 7, 83700 Rottach-Egern, Tel. 08022/65428, www.bertls-bikeshop.de
Verkauf und Verleih von Mountainbikes, mit kleinem Café

Einkehrtipps

Obere Firstalm – beliebter Berggasthof oberhalb des Spitzingsees, Tel. 08026/7302, www.firstalm.de;
Erzherzog Johann Klause, Jausenstation mit kleinem alten Kirchlein, schön gelegen oberhalb der Grundache, Tel. 0043-664/4217659.
Schwaiger Alm in Wildbad Kreuth, schöner Ausflugsgasthof im Bergwald am Trailende des Bay SF, Tel. 08029/272, www1.schwaigeralm.de

Bike-Hotel

Hotel Gasthof zur Post, Lindenplatz 7, 83707 Bad Wiessee, Tel. 08022/86060, www.hotel-zur-post-bad-wiessee.de

Anreise

Mit dem Auto von München über die Autobahn A8, Ausfahrt Holzkirchen. Richtung Tegernsee, weiter über Gmund, Tegernsee nach Rottach-Egern. Im Ort in die Valepper Straße bis Enterrottach.

Landkarten

Kompass-Karte Nr. 8 „Tegernsee, Schliersee, Wendelstein" 1:50 000

Bike-Info

www.tegernsee-schliersee.de/die-besten-mountainbike-touren

Tourist-Info

Alpenregion Tegernsee Schliersee e. V. Hauptstr. 2, 83684 Tegernsee, Tel. 08022/92738-0, www.tegernsee-schliersee.de

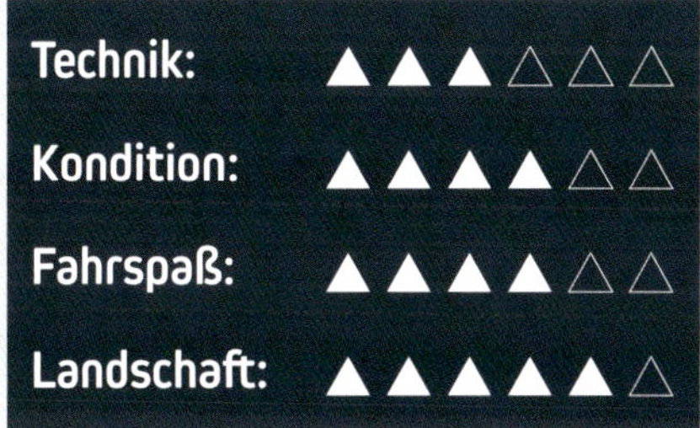

Höhenprofil Asphalt 7,0 km · asphaltierter Radweg 14,2 km · Schotter 38,3 km · Waldweg 0,0 km · Trail 6,1 km · Schieben 0,7 km

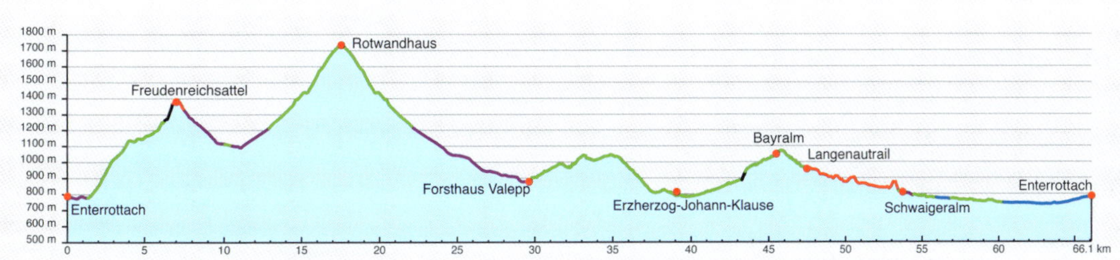

9 Spitzsteinhaus

Schwungvolles Auf und Ab in den Chiemgauer Alpen

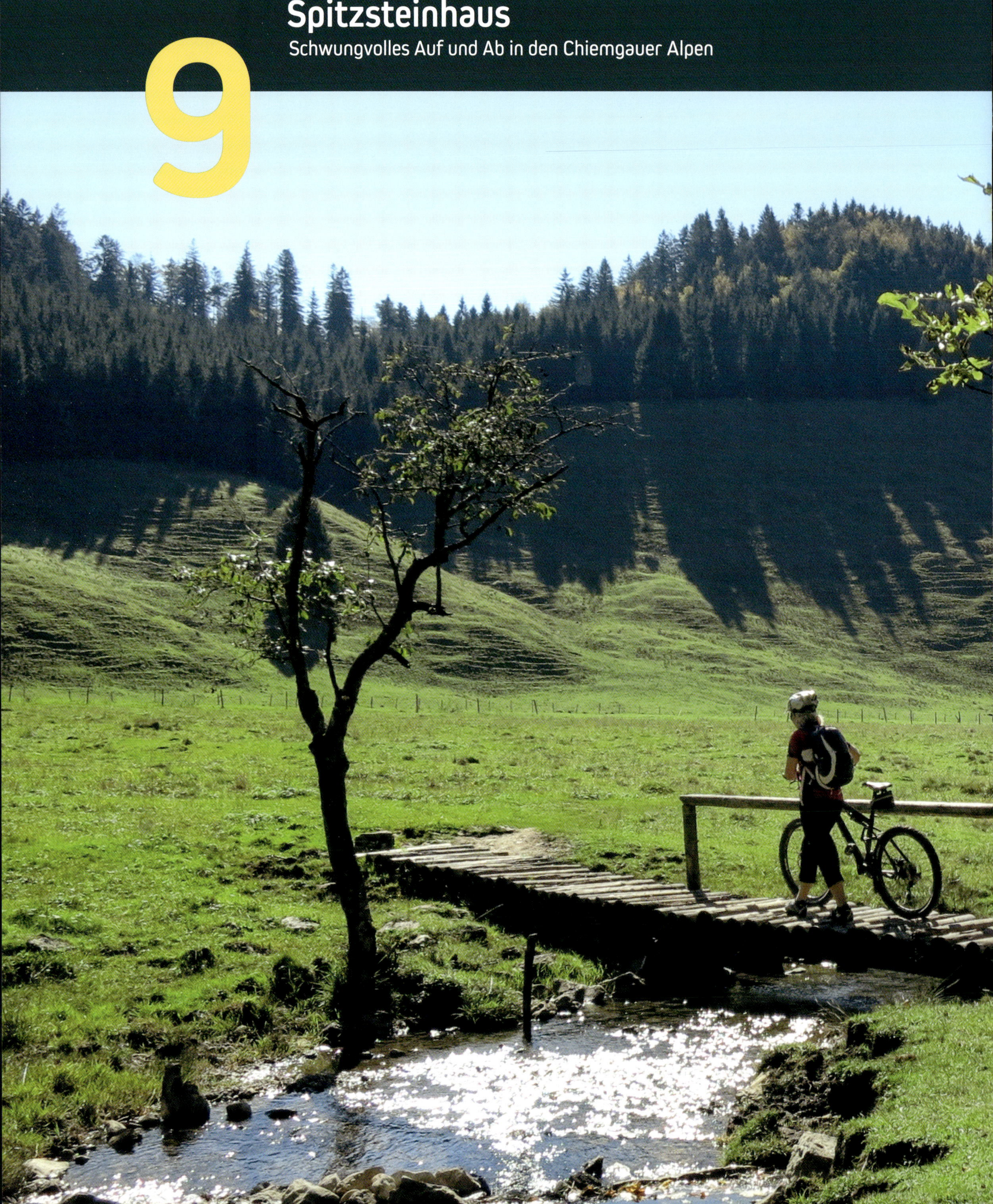

Schwierigkeitsgrad: leicht/mittel
Höhendifferenz: 1666 hm
Zeit MTB: 5:32 Std.
Zeit E-MTB: 4:09 Std.
Länge: 41,3 km

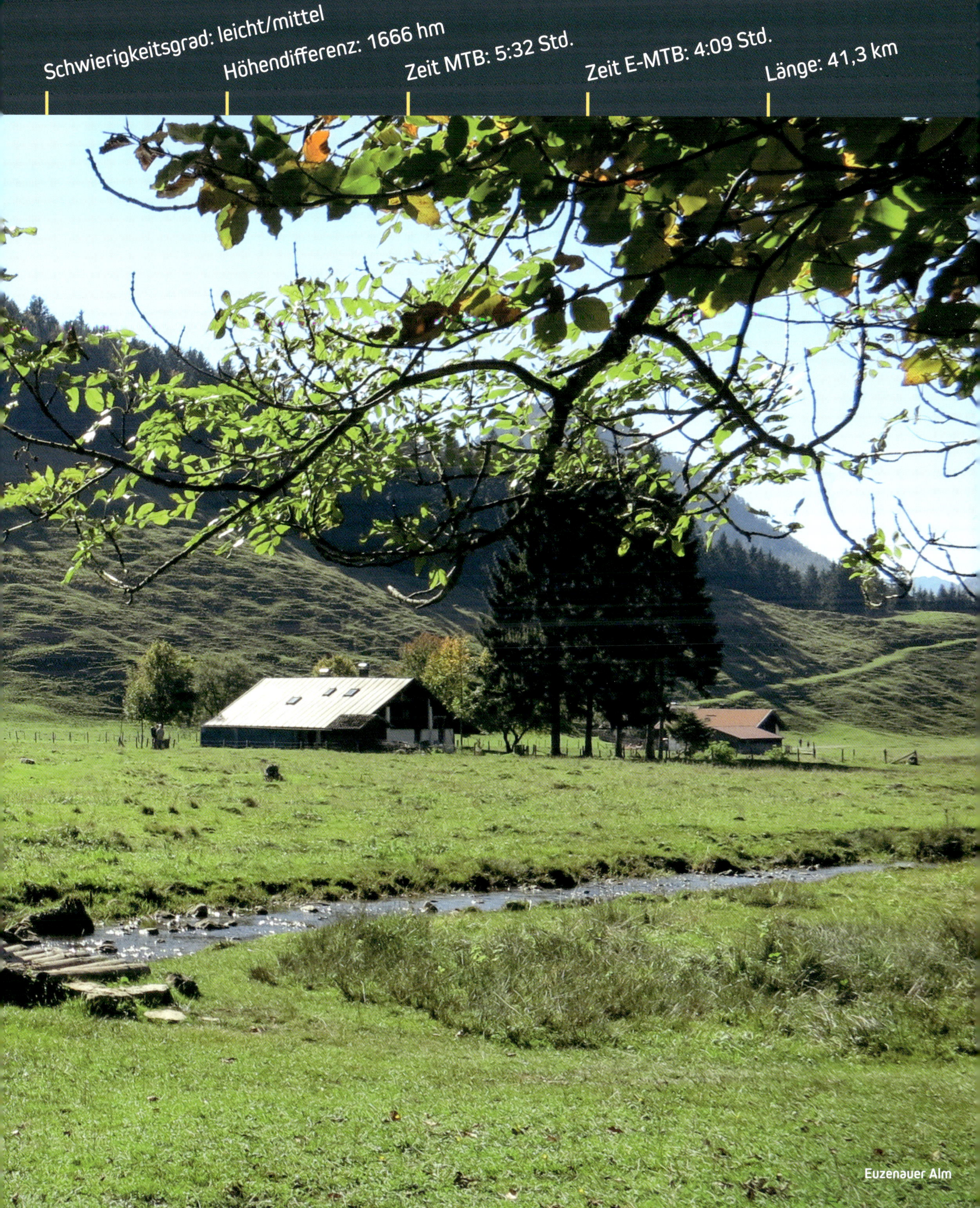

Euzenauer Alm

Schon von der Inntalautobahn wandern sehnsüchtige Blicke hinauf in die Chiemgauer Berge. Dort oben windet sich unsere Bike-Runde auf und ab zwischen den Gipfeln von Hochries, Heuberg und Spitzstein.

Der Name deutet es schon an. Das Spitzsteinhaus steht an den Südabhängen des Spitzsteins quasi auf der Grenze von Deutschland und Österreich, hoch über dem kleinen, aber feinen Tiroler Festspielort Erl. Der Clou am Spitzsteinhaus: Es hat quasi ganzjährig geöffnet ohne Ruhetag. Nur vor Weihnachten gönnt sich das engagierte Familienteam um Wirt Tobias Bachmann zuweilen eine kleine Auszeit. So kann man warm eingepackt nach schneearmen Wintern bereits früh im Jahr Biketouren dort hinauf unternehmen oder bis weit hinein in einen goldenen Spätherbst.

Wir starten unsere Hüttentour auf der bayrischen Seite in Nußdorf am Inn. Schon von Weitem kann man sich bei der Anfahrt auf die Berge freuen, wenn sich Rosenheims Hausberg, die Hochries, und der Heuberg ins Bild drängen. Dort hinauf soll's gehen. Am kleinen Wanderparkplatz mitten im Ort an der Neubeuerer Straße werden die Bikes klargemacht. Die ersten flachen Kilometer am Mühlbach entlang bringen die Muskeln schön langsam auf Betriebstemperatur. Früh am Morgen lässt einen das feuchte Flusstal fast etwas Frösteln. Fotofans unter den Bikern machen ihren ersten Stopp gleich bei der historischen Wassermühle. Bereits im Mittelalter war der Mühlbach Lebensader in Nußdorf. Zu seiner Blütezeit arbeiteten 15 verschiedene Betriebe mit der Wasserkraft. Heute wird damit Strom erzeugt. Dann verlassen wir das Mühlthal Richtung Berggasthof Duftbräu. Auf Feldwegen schraubt sich

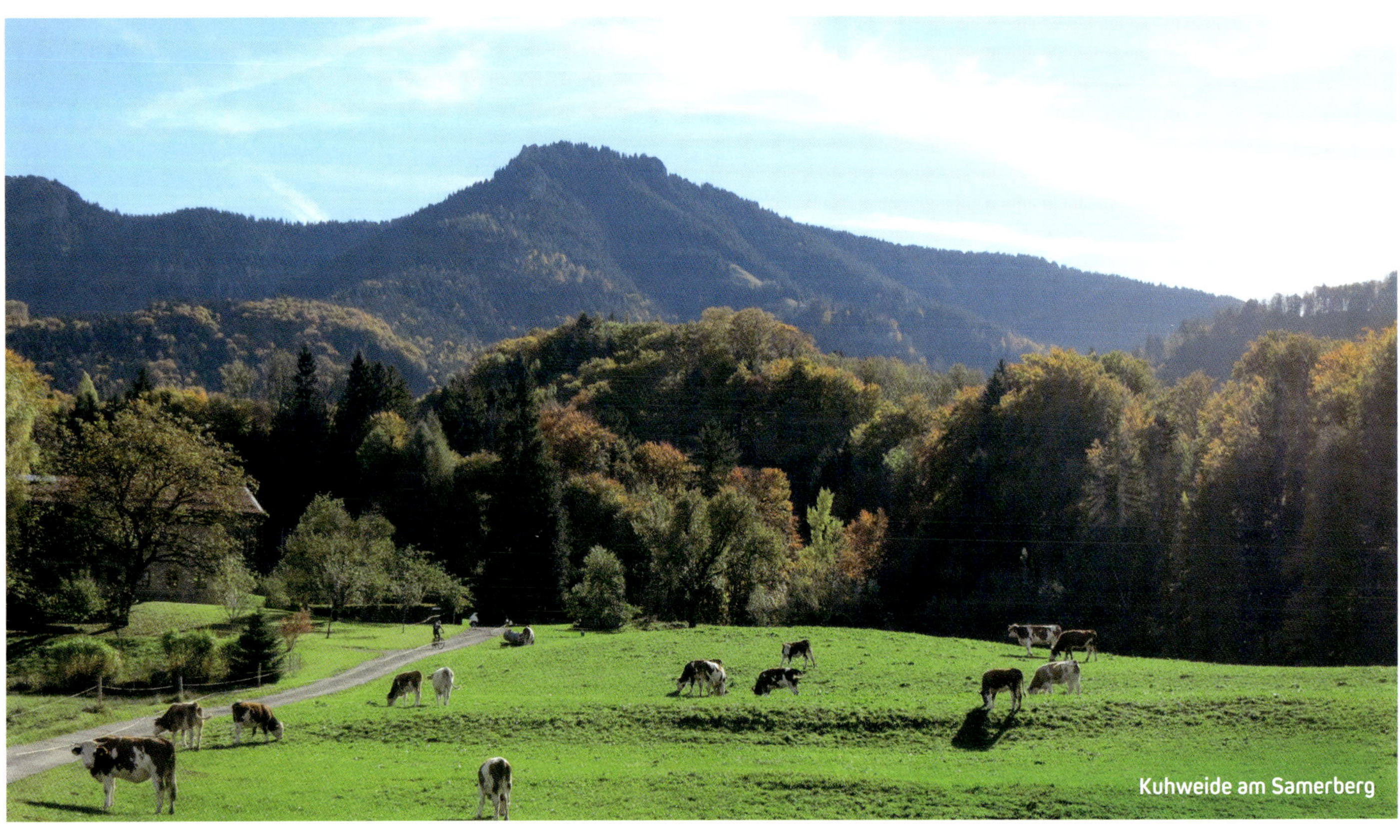

Kuhweide am Samerberg

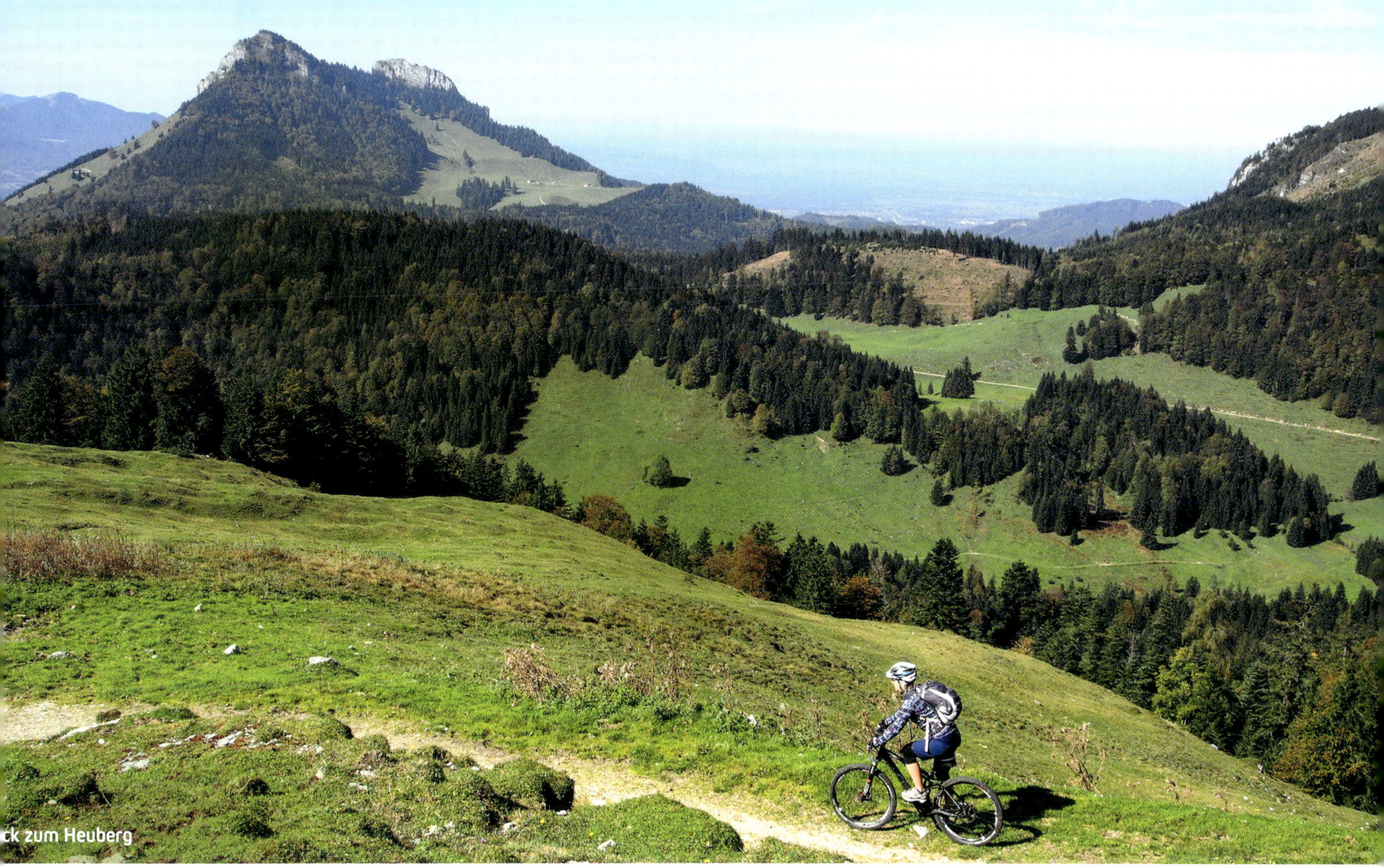

ck zum Heuberg

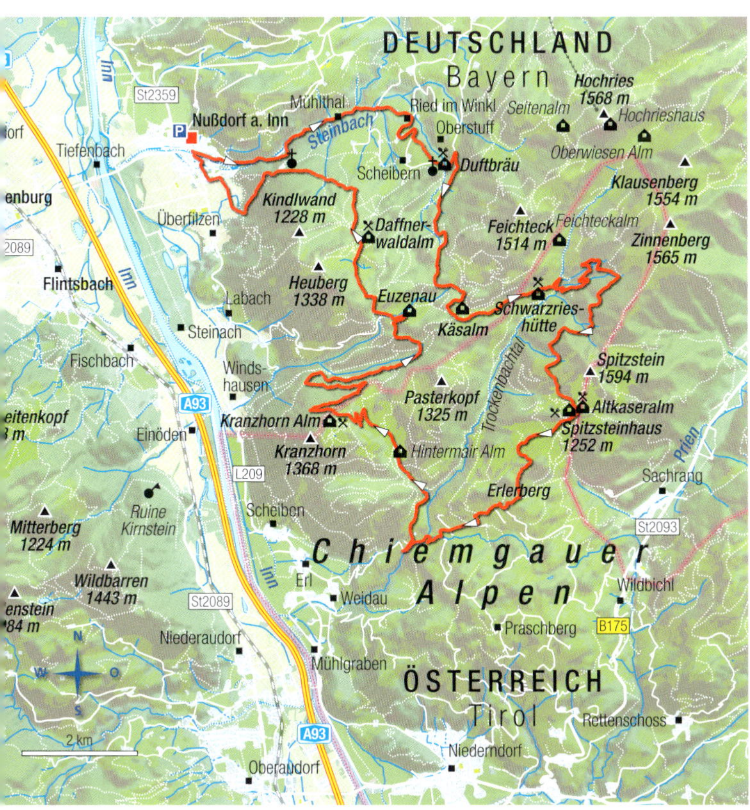

die Route durch eine bayrische Bilderbuchlandschaft den Samerberg hinauf: saftige Bergwiesen mit Kühen, Marterl am Wegesrand und dazwischen schön herausgeputzte Bauernhöfe. Hinter dem Duftbräu, einem beliebten Alpengasthof mit herrlicher Aussicht, verschwindet der Weg im Bergwald. Am Wochenende wird hier die Tour zum kurzzeitigen Slalom zwischen Wanderern und Parkplatz suchenden Autos. Aber da an den Hochries-Hängen so viele attraktive Almen liegen, verlieren sich alsbald die Wandergruppen. Gut so, denn im Bergwald muss sich der Biker immer mal wieder auf bissige Rampen konzentrieren. Die Steilstücke sind zwar nicht allzu lang, aber bringen den normal Konditionierten und Motorlosen schon ordentlich ins Schwitzen. An der Käsalm ist der nördliche Kamm der Chiemgauer Alpen überwunden, denn die Tour führt hier durch eine Senke zwischen Heuberg und Feichteck hindurch Richtung Tirol. Österreichisches Gebiet schiebt sich im Terrain rund ums Trocken-

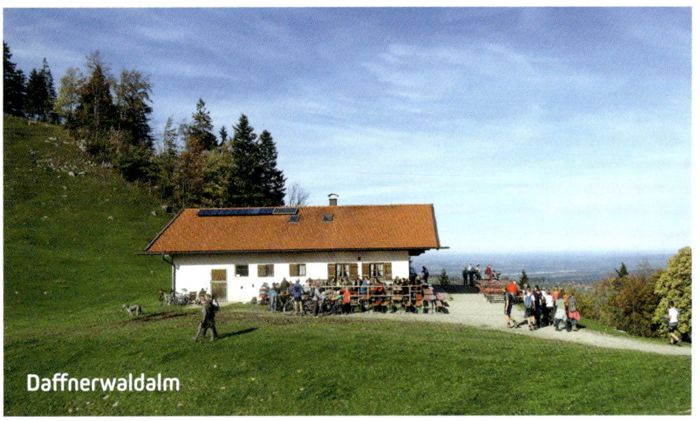
Daffnerwaldalm

bachtal wie eine kleine Halbinsel nach Norden. Bis heute ist der Weg über die unsichtbare Grenze wohl deshalb nur ein Karrenweg und kurzer Trail. Bevor es auf der Ostseite des Trockenbachtales wieder ordentlich bergauf geht, darf gern ein Päuschen sein. Am besten in der Schwarzrieshütte. Bei Wirtin Anita stehen nicht nur Tiroler Schmankerl wie Speckbrot und Kaminwurzen auf der Speisekarte, sondern auch mal Flammkuchen und Spinatknödel. Und wem es besonders gut gefällt, der kann im privaten Berghaus auch in Mehrbettzimmern übernachten. Unsere Hüttenroute windet sich in weiten Kurven den Bergwald hinauf bis zu einem kurzen Trail am Waldrand. Dort bleibt vielen nur Schieben, da es noch weiter bergauf zu saftigen Almwiesen geht. Wie auf einem riesigen, begrünten Aussichtsbalkon mit Rundblick zu Hochries, Heuberg, Kranzhorn und später auch ins Inntal kurven wir wieder etwas gemütlicher an der Nesselbrandalm vorbei Richtung Süden. Vor dem höchsten Punkt der Tour wartet noch ein kurzer Kraftakt auf holprigem Bergweg. Aber jeder Schweißtropfen hinauf zur Altkaser Alm ist es wert, erstens wegen der grandiosen Aussicht zum Kaisergebirge und zweitens wegen der selbst gebackenen Kuchen bei der Familie Haselsberger. Nicht zu vergessen der würzige Bergkäse. Die letzten Meter hinunter zum Spitzsteinhaus verlau-

Über das Spitzsteinhaus (1252 m)

Alpenvereinshütte der DAV-Sektion Bergfreunde München. Das erste Spitzsteinhaus wurde bereits 1904 erbaut, es brannte aber 1980 bis auf die Grundmauern nieder.
Das heutige Berghaus wurde ganz in der Nähe komplett neu gebaut und in den vergangenen Jahren umfangreich renoviert. Die schöne Lage unterhalb des Spitzsteingipfels (1596 m), bereits auf Tiroler Gemarkung, erlaubt einen herrlichen Blick auf Kufstein, Inntal und das Kaisergebirge, bei klarer Witterung sogar bis in die Zillertaler Alpen und zu den Hohen Tauern.
Mit großem Engagement beteiligt sich Hüttenwirt Tobias Bachmann an der Initiative „So schmecken die Berge" des Alpenvereins und kocht nur mit regionalen, möglichst ökologisch erzeugten Produkten. Unbedingt probieren: Kaspressknödel und Kaiserschmarrn, auch wenn der ein bisschen dauert.

Adresse: Hüttenwirt Tobias Bachmann, Almen 47, A-6343 Erl, Tel. 0043-5373/8330, www.spitzsteinhaus.de

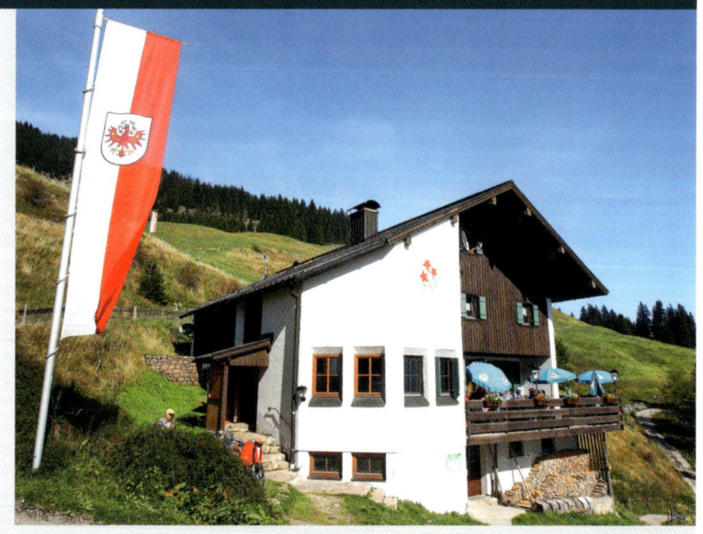

Geöffnet: ganzjährig; kein Ruhetag

Übernachtung: 28 Betten in Doppel- und Mehrbettzimmern, 25 Betten im drei Matratzenlagern

Bike & Hike: leichte Bergwanderung zum Spitzstein (1596 m) in ca. 1 Stunde; zum Brandelberg (1516 m) in ca. 1,5 Stunden (Trittsicherheit erforderlich!)

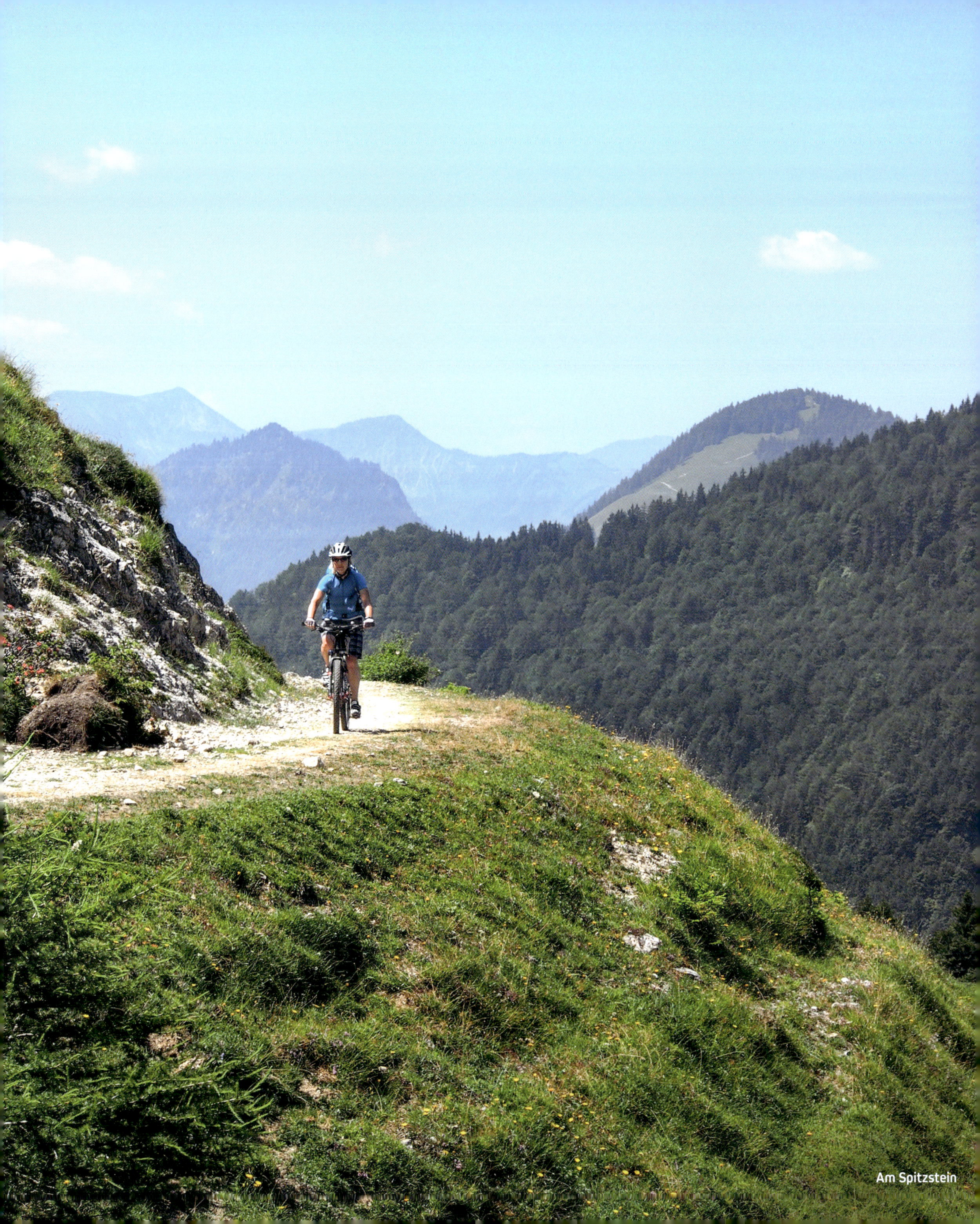
Am Spitzstein

fen dann auf einem ausgetretenen Trail, der etwas Fahrtechnik oder Schieben erfordert. Wer früh genug ankommt und keine Pause braucht, kann sich vor dem Abendessen noch zu Fuß auf den Weg zum Spitzstein machen. In rund einer Stunde lässt sich der Gipfel erwandern. Der Ausflug lohnt sich nicht nur zum Sonnenuntergang.

Am nächsten Morgen heißt es erst mal Bremsen checken. Denn die ersten Meter führen steil bergab zu den Bauernhöfen am Erlerberg. Nach dem Kurvensurfen erreicht man wieder das Trockenbachtal, wo wir den Weg hinauf Richtung Kranzhorn einschlagen. Wer sportlich unterwegs ist, macht einen Abstecher auf den rumpeligen Schotterserpentinen bis zur Kranzhornalm. Achtung, auch hier sind am Wochenende viele Wanderer unterwegs! Unsere Hüttenroute taucht zuvor in einer Kurve tief in den Bergwald ein. Auf einem breiteren Waldpfad rollt man in weiten Kehren bergab, muss aber bald wieder in den Bergmodus umschalten. Erst an der Euzenaualm wird's wieder für kurze Zeit licht. Der letzte knackige Anstieg der Hüttenrunde steht noch bevor. Vor allem der feuchte, steinige Trail hinauf zur Daffnerwaldalm fordert nochmals Kondition und Fahrtechnik – oder auch Schieben. Nach dem Belohnungsbier mit Bergblick in der Almwirtschaft geht's nur noch bergab. Ein kilometerlanger Downhill fast bis an den Ortsrand von Nußdorf.

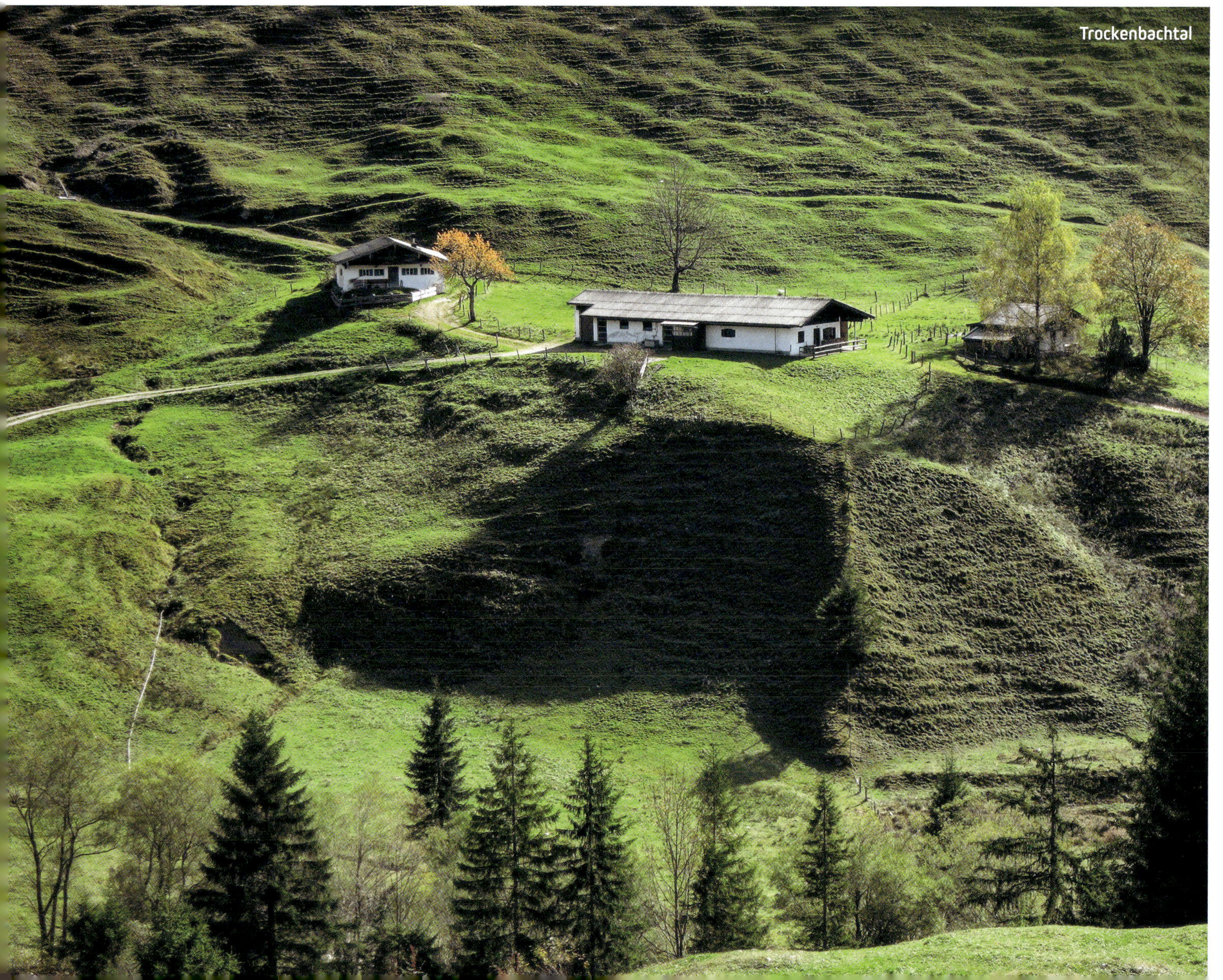
Trockenbachtal

Info

Tag 1: 18,7 km – 965 hm – MTB: 2:52 Std. E-MTB: 2:09 Std.
Tag 2: 22,6 km – 701 hm – MTB: 2:40 Std. E-MTB: 2:00 Std.

Charakter
Die Chiemgauer Alpenrunde verläuft meistens auf Forst- und Almwegen mit unterschiedlich gutem Schotterbelag. Kleine Trails zwischendurch – alle überwiegend gut fahrbar – erhöhen den Fahrspaß. Steile Abschnitte warten im Schlussanstieg zur Kranzhornhütte.

Tourstart
Nußdorf am Inn (Parkplatz Ortsmitte an der Neubeuerer Straße)

Etappen
1,5 Tage

Variante
Wer am zweiten Tag keine Kraft oder keine Lust mehr hat, rollt einfach vom Spitzsteinhaus hinunter nach Erl und fährt flach auf dem Innradweg zurück nach Nußdorf.

Bikeshop
Red Bike, Am Inn 4,
83131 Nußdorf,
Tel. 08034/90 99 570,
www.red-bike.de

Einkehrtipps
Duftbräu – Berggasthof mit schönem Ausblick am Samerberg, www.duftbraeu.de;
Schwarzrieshütte – private Berghütte im Trockenbachtal, www.schwarzries.at;
Altkaser Alm – Almwirtschaft in grandioser Aussichtslage kurz oberhalb des Spitzsteinhauses, www.altkaseralm.at;
Kranzhornalm – private Berghütte unterhalb des Kranzhorngipfels, www.kranzhorn.at

Bike-Hotel
Gasthof Schneiderwirt, Hauptstr. 8,
83131 Nußdorf am Inn,
www.schneiderwirt.de

Anreise
Mit dem Auto auf der Autobahn A8 bis Inntal-Dreieck, dort weiter Richtung Kufstein bis zur Ausfahrt Nußdorf am Inn.

Landkarten
Kompass-Karte Nr. 10 „Chiemsee – Chiemgauer Alpen“ 1:50 000

Tourist-Info
Chiemsee Alpenland,
Infocenter Felden 10,
83233 Bernau am Chiemsee,
Tel. 08051/96555-0,
www.chiemsee-alpenland.de

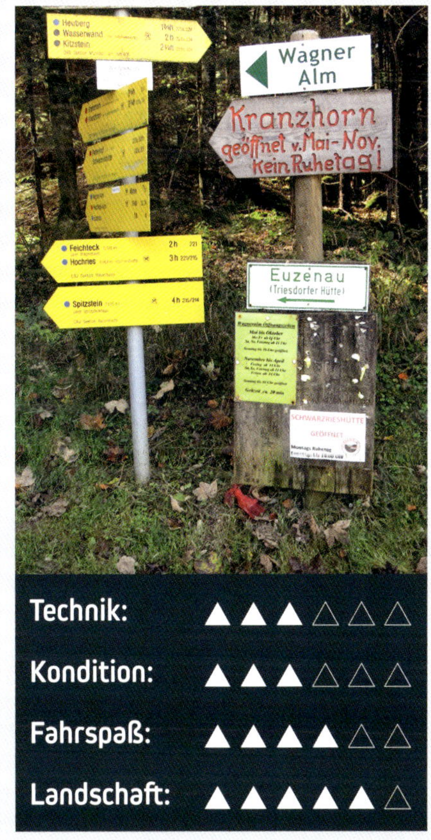

Höhenprofil Asphalt 9,7 km | asphaltierter Radweg 7,3 km | Schotter 17,8 km | Waldweg 0,0 km | Trail6,6 km | Schieben 0,0 km

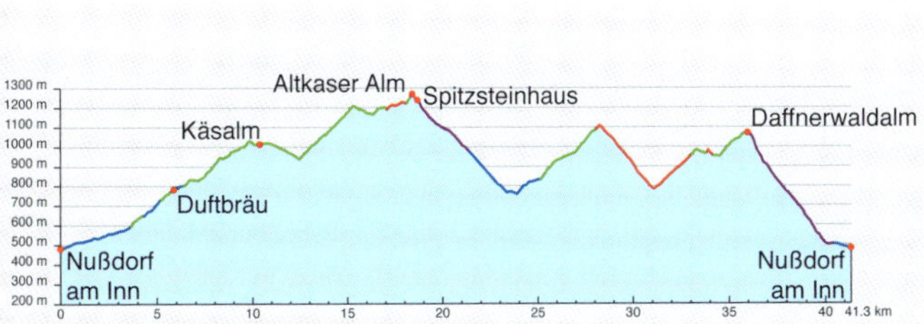

10 Carl-von-Stahl-Haus

Weite Schleife in den Berchtesgadener Alpen durch Bayern und das Salzburger Land

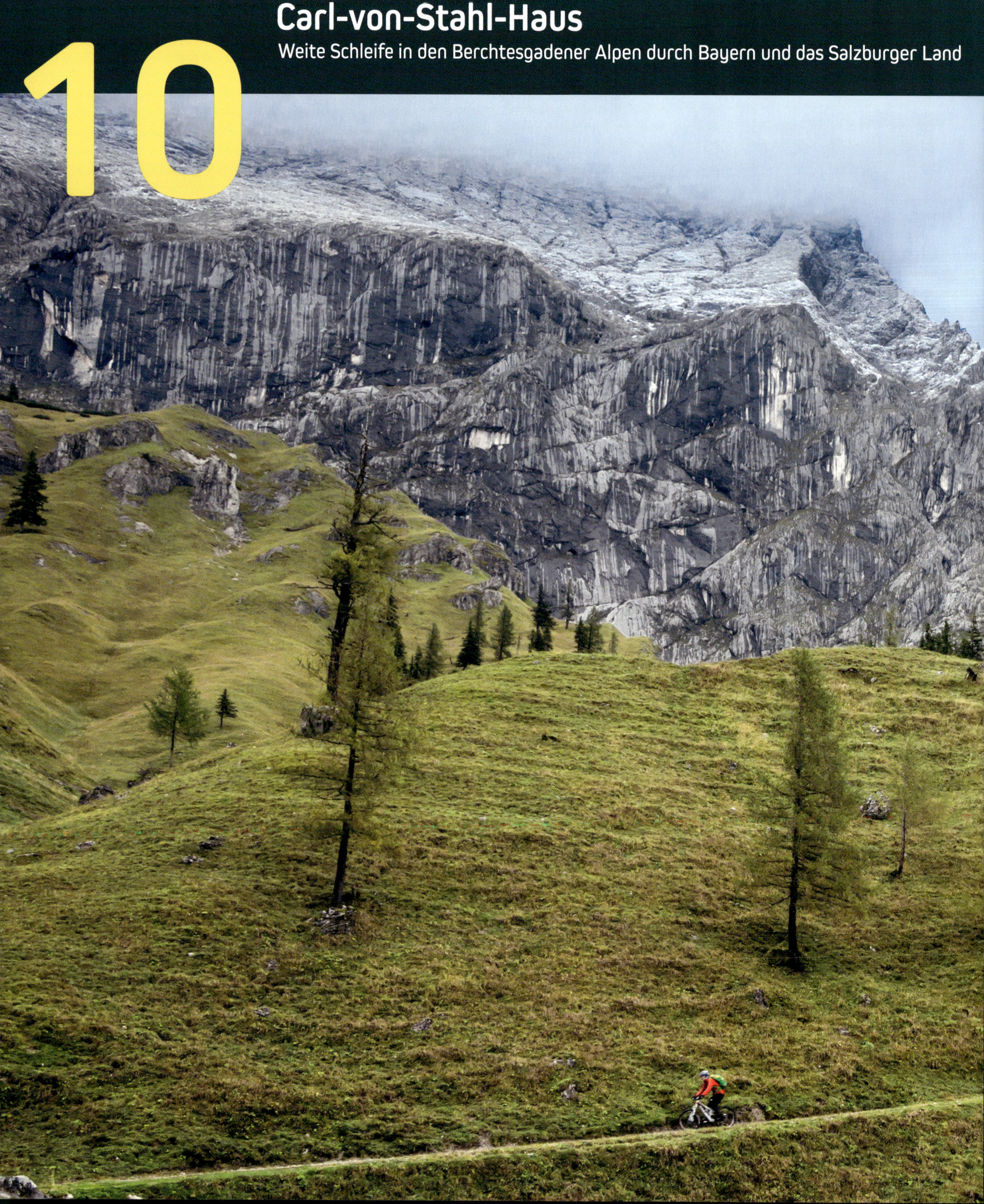

Schwierigkeitsgrad: schwer | Höhendifferenz: 2989 hm | Zeit MTB: 9:50 Std. | Zeit E-MTB: 7:23 Std. | Länge: 72,4 km

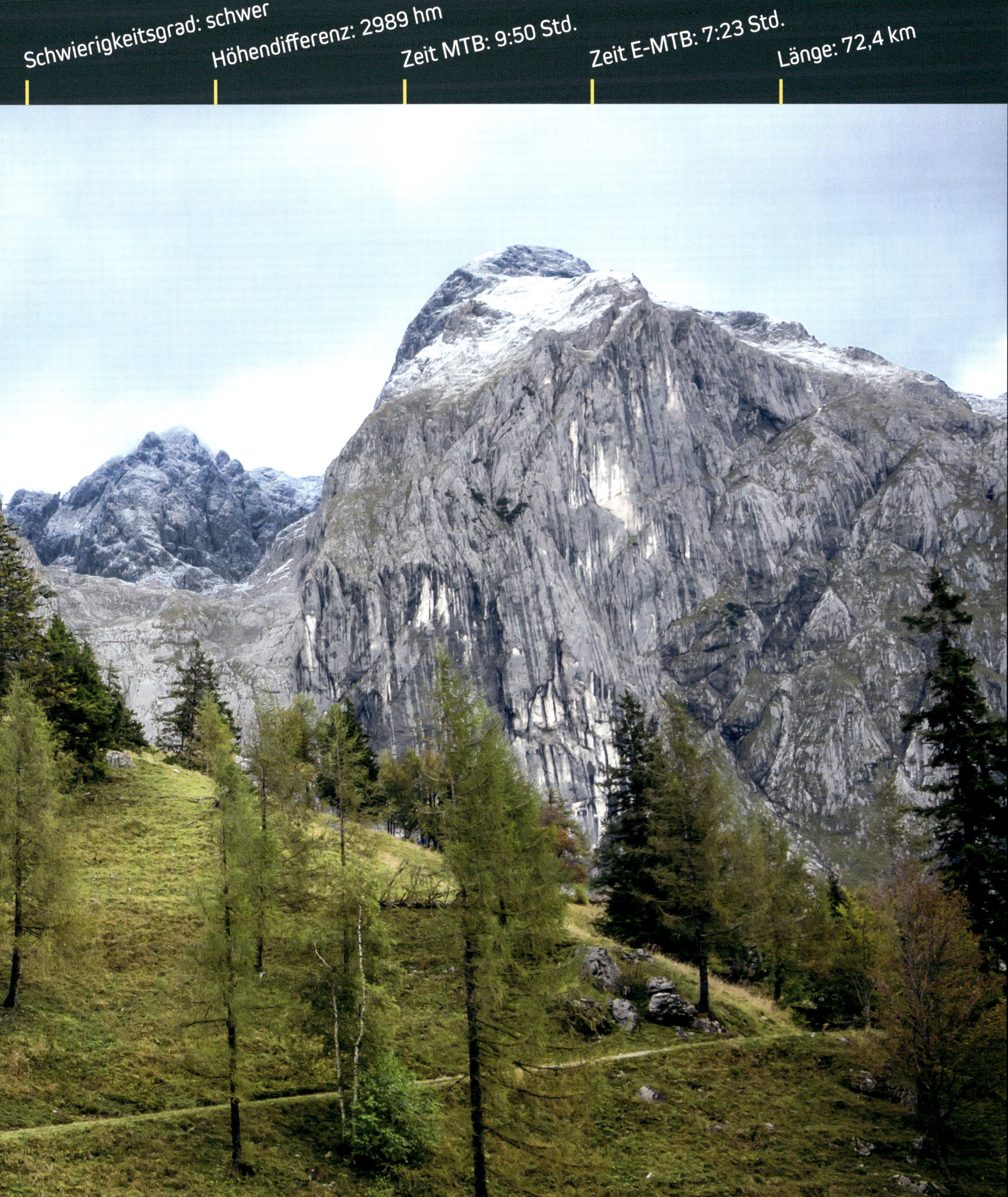

Abfahrt ins Bluntautal vor dem Göllstock

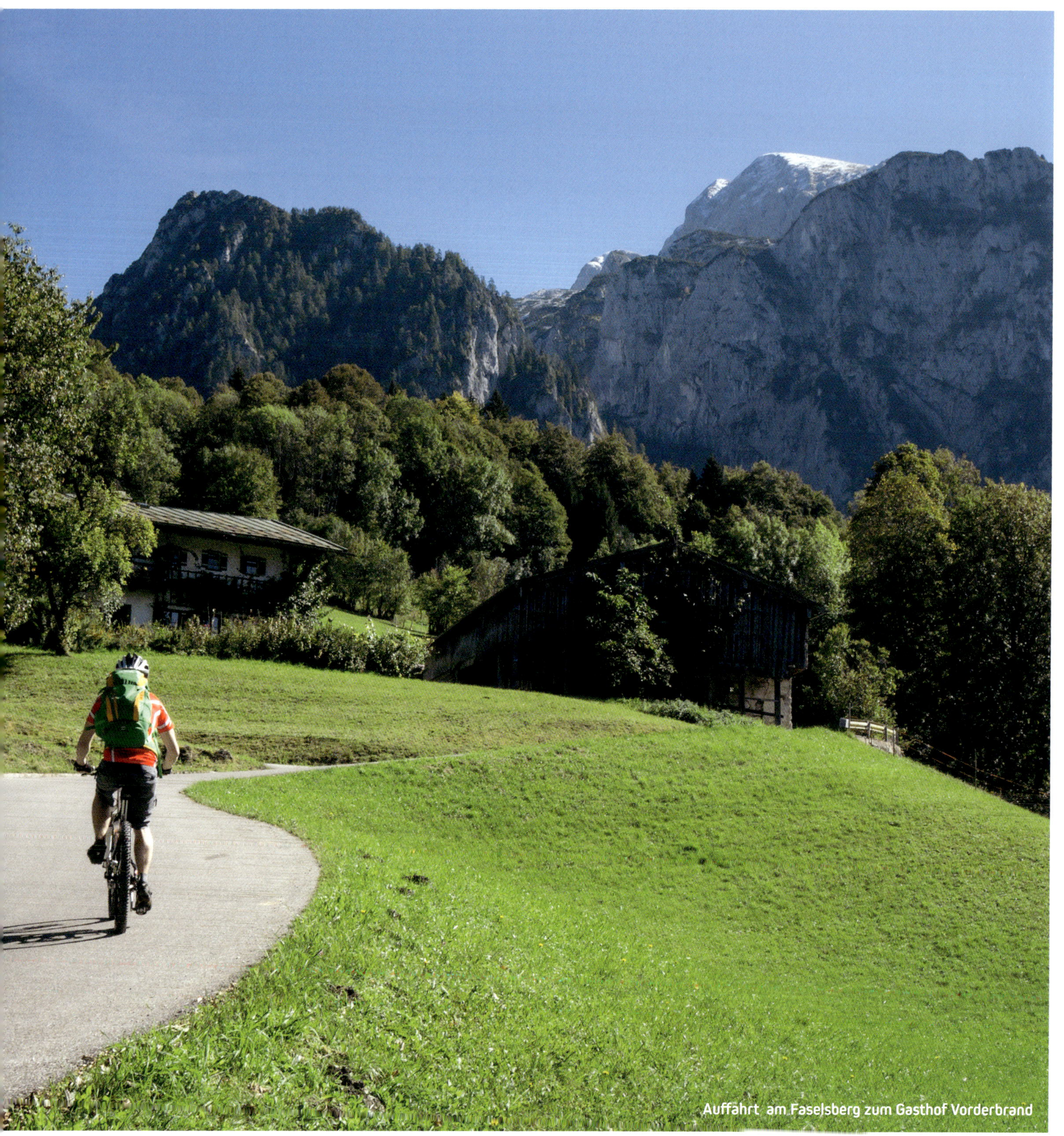

Auffahrt am Faselsberg zum Gasthof Vorderbrand

Als mächtiger Klotz baut sich der Hohe Göll zwischen Berchtesgaden und Salzachtal auf. Seine Umrundung erfordert auch mächtig viel Kondition. Aber schönere Blicke auf Watzmann und Königssee gibt's kaum irgendwo.

Jedes Kind kennt den Watzmann. Der „Schicksalsberg", an dessen Wänden schon über 100 Bergsteiger den Tod fanden, ist das Wahrzeichen des Berchtesgadener Landes. Viele halten den 2713 Meter hohen Berg wegen seiner markanten Form sogar für den schönsten der Welt. Der ebenso berühmte Königssee zu seinen Füßen macht das Idyll einer Traumlandschaft perfekt. Daher stürmen auch jedes Jahr Bergbegeisterte und Touristen aus aller Herren Länder die Wanderpfade am Königssee und am Watzmann-Massiv. Es gibt auch für Mountainbiker eine Tour zur schönen Kührointalm an der Watzmann-Flanke. Die muss aber oft mit Horden von Wanderern geteilt werden. Warum also nicht den Watzmann links (besser: rechts) liegen lassen und sich an dem weit weniger bekannten Göll-Massiv abarbeiten. Die Umrundung des Hohen Göll (2522 m) bietet zudem auch ein paar wunderschöne Watzmann- und Königssee-Blicke. Kurz nach dem Start am Bahnhof Berchtesgaden trennen sich die Fraktionen und schon bei der ersten Auffahrt am Faselsberg ist der Biker fast für sich. Die kleine Asphaltstraße zieht bald mächtig an. Bereits jetzt bekommt man einen Eindruck davon, dass die wenigen Kilometer zum Carl-von Stahl-Haus ein gehöriges Stück Arbeit werden können. Am Parkplatz Hinterbrand bietet die Querung der Jennerflanke (nun auf Schotter) etwas Zeit, sich zu erholen. Aber hinauf zur Königsbachalm geht's gleich wieder mächtig zur Sache. Viele werden sich über eine deftige Brotzeit und ein kühles Getränk freuen. Die Hartgesottenen verschieben ihre Pause und wagen einen Abstecher zur Gotzenalm. Über 700 Höhenmeter auf knapp 14 Kilometer zusätzlicher Strecke müssen einkalkuliert werden. Belohnt wird man für die Mühen in der Gotzenalm-Hütte mit einem leckeren Mittagessen. Vor allem aber mit dem Blick auf die Watzmann-Ostwand und – nach einem kurzen Fußweg zum Feuerpalfen – der grandiosen Aussicht auf den Königssee.

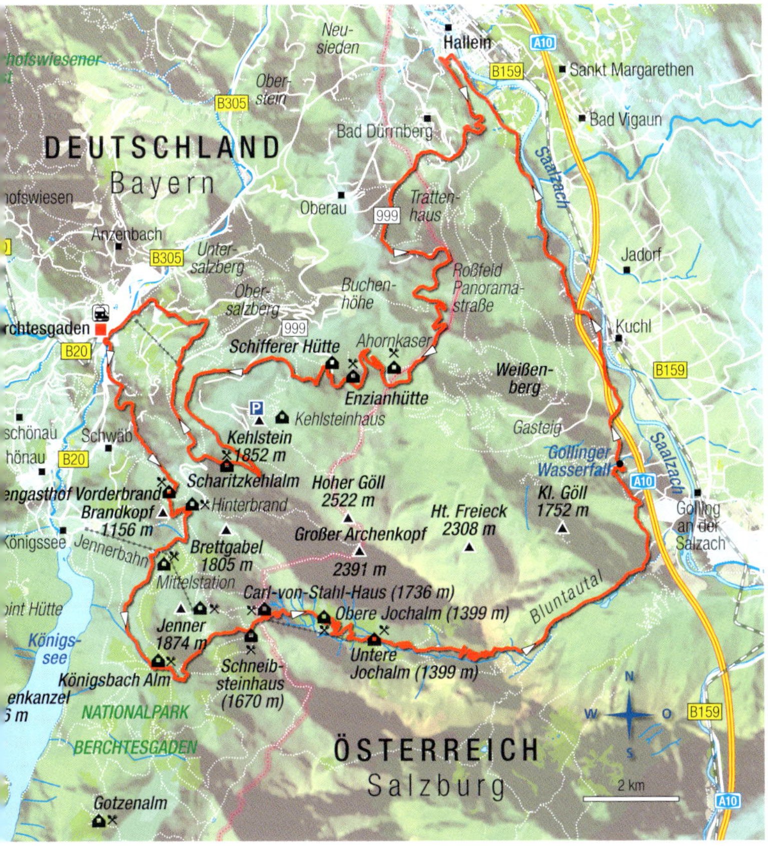

Die Auffahrt von der Königsbachalm über das Schneibsteinhaus zum Carl-von-Stahl-Haus werden nur die wenigsten ohne E-Bike komplett im Sattel absolvieren. Die knapp 500 Höhenmeter sind eine echte Schinderei. Viele Pausen bedeuten aber auch viele Blicke zurück, und die lohnen sich in dieser Landschaft. Das Übernachtungsziel liegt auf dem Torrener Joch direkt hinter der österreichischen Grenze. Ein idealer Spot mit Aussicht über zwei Täler in beide Länder.

Die exponierte Lage der Alpenvereinshütte bietet dem Wind leichtes Spiel und am nächsten Morgen beeilt man sich fröstelnd, um schnell ins Tal absteigen zu können. Richtig gelesen! Am Joch beginnt eine ausgewiesene Schiebestrecke über einen holprigen Pfad. Gute Biker könnten große Teile der Strecke bis zur Oberen Jochalm fahren, viele werden sich folglich an dem Bikeverbot nicht stören. Wenn der Weg wieder breiter und flacher wird, beginnt eine Traumabfahrt ins malerische Bluntautal. Überragt vom mächtigen Göllstock hebt sich beim Blick zurück noch lange das Carl-von-Stahl-Haus gegen den Horizont ab. Anfangs nur zwischen vereinzelten Lärchen und Tannen gelegen, windet sich der Forstweg in vielen Serpentinen später durch urigen Mischwald. Den etwas abseits gelegenen, türkisblauen Bluntausee übersieht man während der rasanten Abfahrt leicht. Im Salzachtal bei Golling angekommen, beginnt eine fast 16 Kilometer lange, genussvolle Fahrt bis nach Hallein. Wer den 75 Meter hohen Gollinger Wasserfall besichtigen möchte, muss sein Bike am Parkplatz im Ortsteil Torren abstellen und zehn Minuten dem Schwarzbach bergauf folgen.

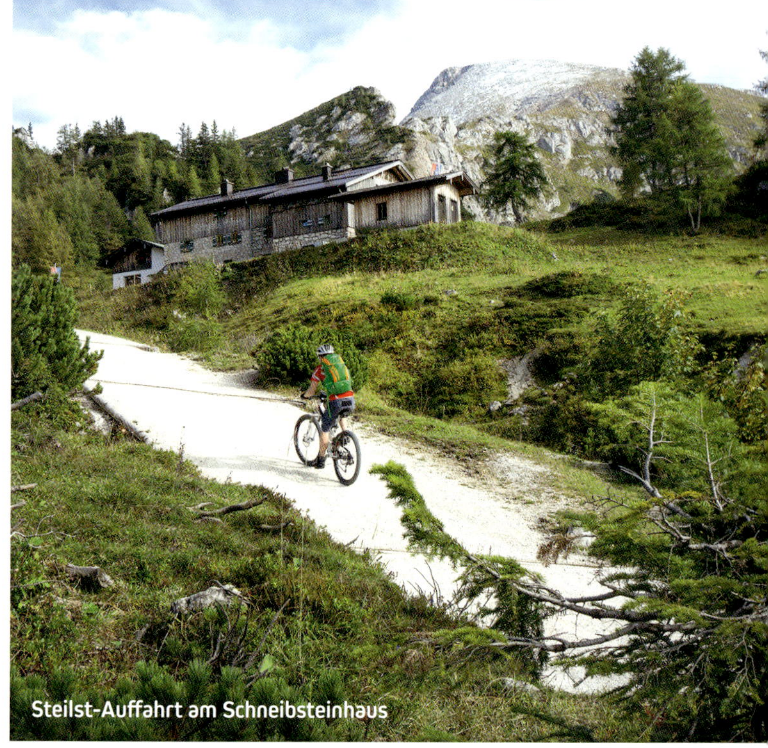
Steilst-Auffahrt am Schneibsteinhaus

In Hallein an der Salzach beginnt ein langer Anstieg – ab der Grenze bei Gmerk auf der Rossfeld-Panoramastraße – der erst nach über 1000 Höhen-

Über das Carl-von-Stahl-Haus (1736 m)

Das Stahl-Haus gehört der Sektion Salzburg des Österreichischen Alpenvereins. Sie liegt direkt an der Grenze zu Deutschland auf dem Torrener Joch unterhalb des Hohen Göll. Der industrielle Carl Stahl finanzierte den Bau, erlebte aber die Eröffnung „seiner“ Hütte 1923 nicht mehr. Der modern-funktional gestaltete Anbau wurde 2011 fertiggestellt.

Adresse: Hüttenwirt Peter Thomas Pruckner, Torren 69, A-5440 Golling, Tel. 08652/6559922

Geöffnet: ganzjährig; außer am 24.12.

Übernachtung: 44 Betten in Zwei- und Mehrbettzimmern, 58 Matratzenlager

Bike & Hike: Bergwanderung über das Hohe Brett und den Archenkopf auf den Hohen Göll ca. 3,5 Std. (Teilweise mit Seilsicherungen, Trittsicherheit erforderlich!); Unschwierige Bergwanderung auf den Schneibstein ca. 1,5 Std.

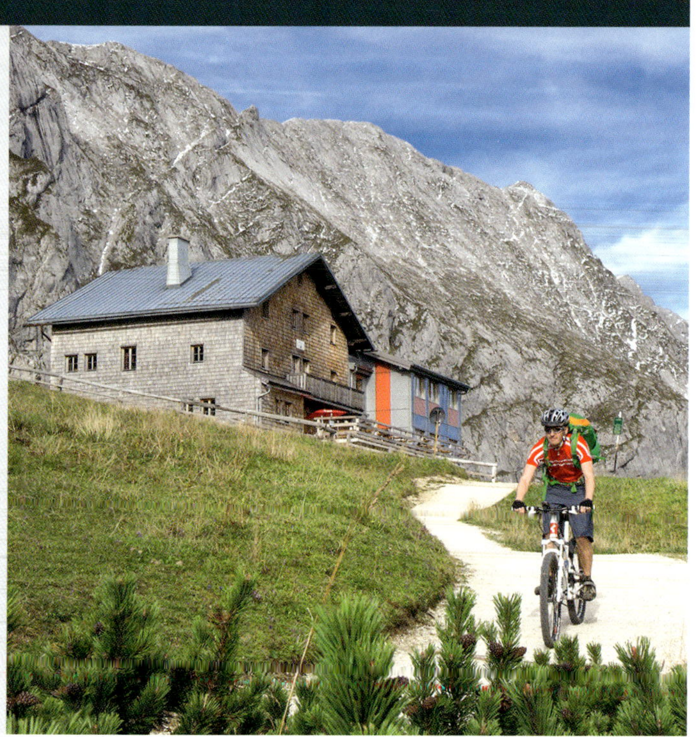

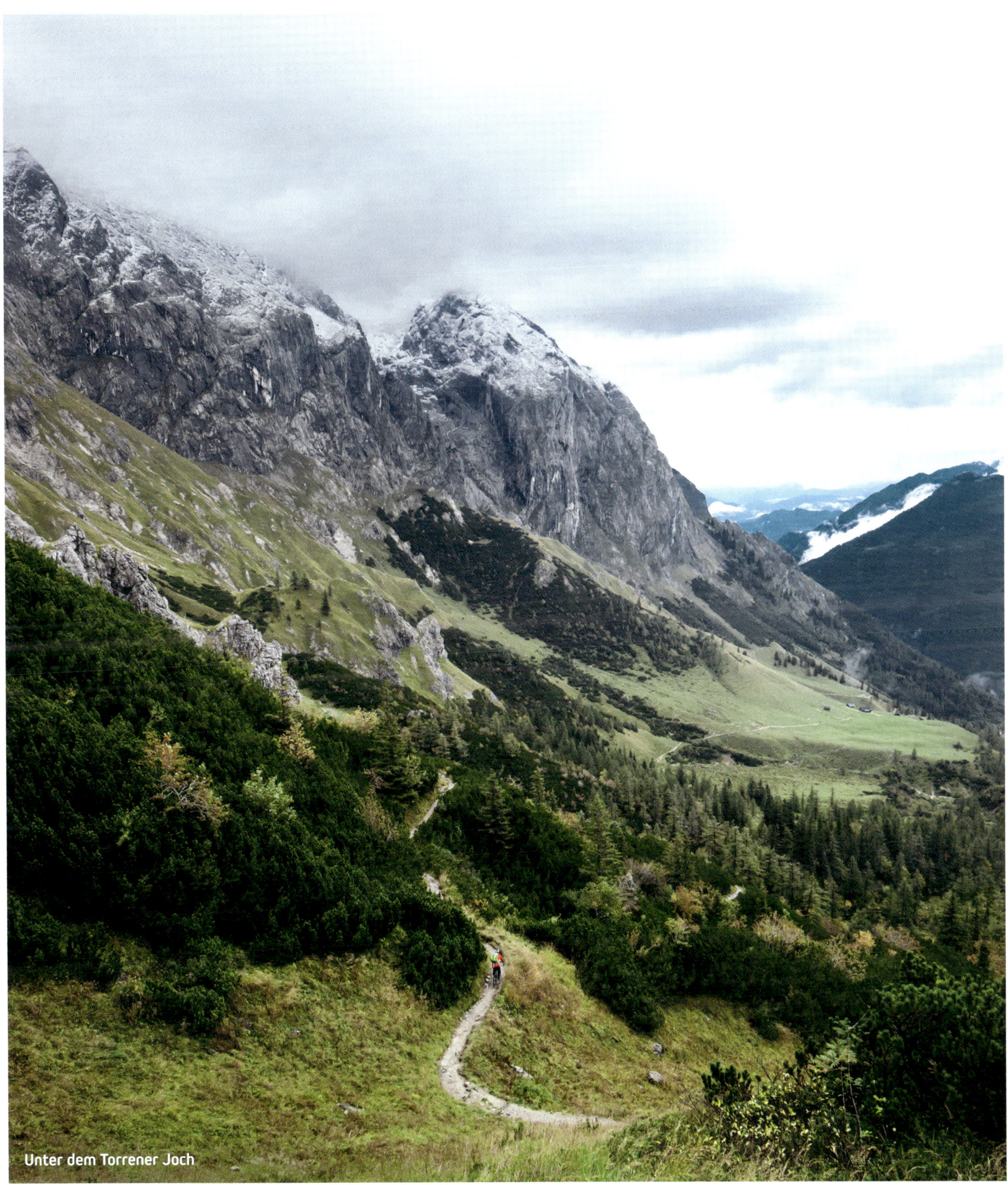
Unter dem Torrener Joch

metern am Hennenköpfl endet. Von den Nationalsozialisten 1937 als Abschlussschleife der Deutschen Alpenstraße vom Bodensee zum Königssee gebaut, ist sie heute eine beliebte Ausflugsstrecke mit Rundblicken auf die Nordseite des Göll-Massivs, auf das Dachstein-Gebirge, ins Salzburger- sowie ins Berchtesgadener Land. Ein kurzes Stück verläuft die Straße spektakulär über den Bergrücken, bevor sie hinter dem Ahornbüchsenkopf Richtung Obersalzberg langsam an Höhe verliert. Das Dokumentationszentrum an Adolf Hitlers Feriendomizil bietet die Gelegenheit, sich mit der Geschichte der nationalsozialistischen Diktatur auseinanderzusetzen. Die Tour führt auch nicht direkt am Dokumentationszentrum vorbei. Ein von den Nazis als Fluchtwege angelegtes Wegenetz führt auf und ab am Kehlstein entlang. Von der Scharitzkehlalm bietet sich noch einmal ein imponierender Blick auf die über 1000 Meter hohe Westwand des Göll. Ein Paradies für Klettertouren sämtlicher Schwierigkeitsgrade. Eine Brotzeit oder Kaffee und Kuchen in der gemütlichen Alm darf man sich am Ende der sportlichen Runde gönnen. Die letzte Abfahrt zurück nach Berchtesgaden verläuft ab der Bergstation der Obersalzbergbahn auf einer steilen und holprigen Naturrodelbahn.

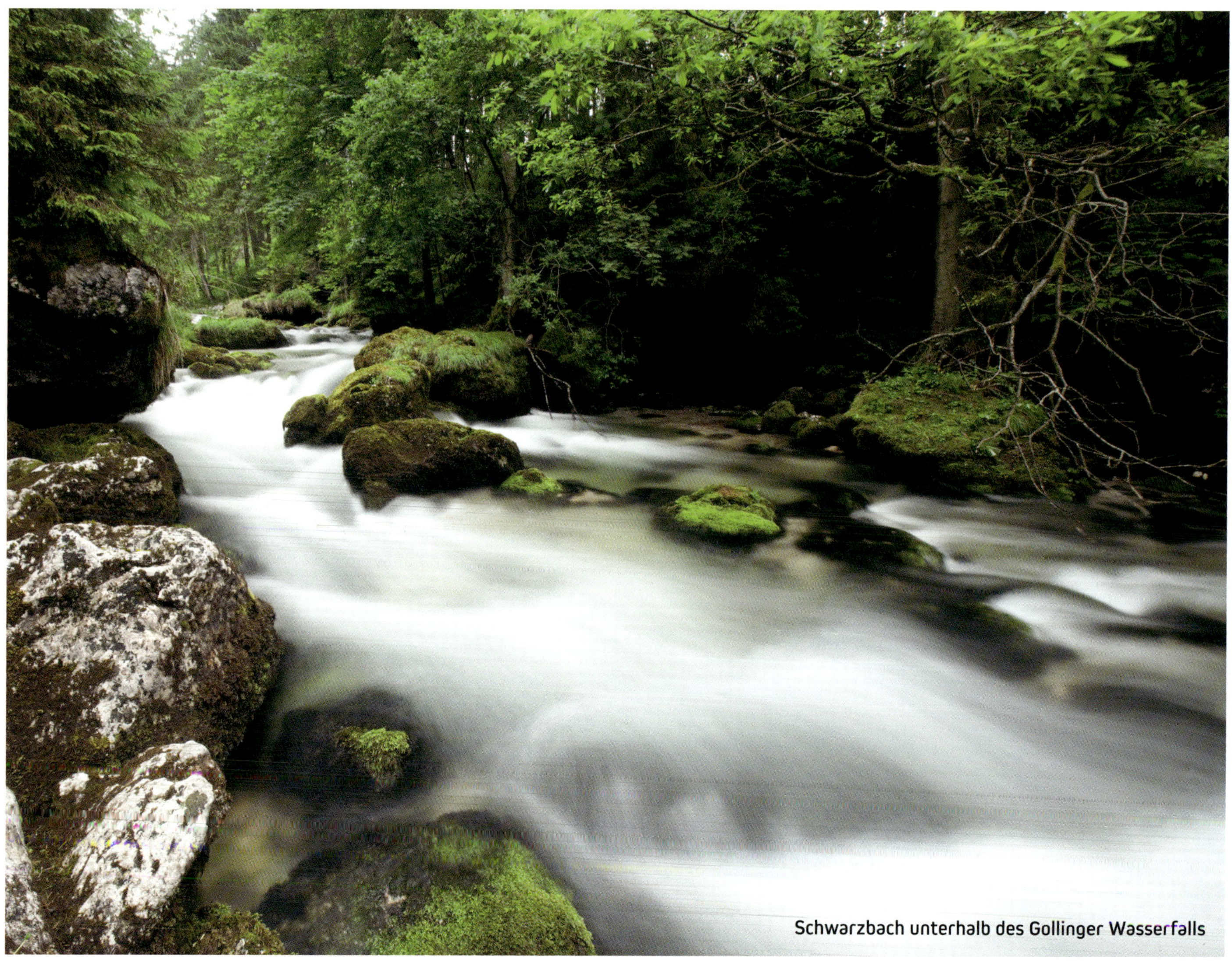

Schwarzbach unterhalb des Gollinger Wasserfalls

Info

Tag 1: 13,9 km – 1382 hm – MTB: 3:14 Std. E-MTB: 2:26 Std.
Tag 2: 58,6 km – 1618 hm – MTB: 6:36 Std. E-MTB: 4:57 Std.

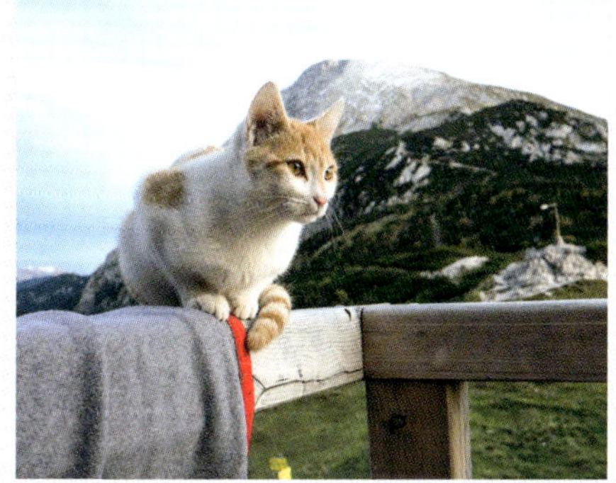

Charakter

Knackige Auffahrt mit zum Teil sehr steilen Abschnitten zum Carl-von-Stahl-Haus. Ausgewiesene Schiebestrecke, die aber von guten Bikern zum Teil gefahren werden könnte, zur Oberen Jochalm. Abfahrt auf Schotterwegen bis Golling. Flache, genussvolle Fahrt entlang der Salzach nach Hallein. Lange Asphaltauffahrt auf der Roßfeld-Panoramastraße mit Traumblicken. Zuletzt steil bergab nach Berchtesgaden.

Tourstart

Berchtesgaden Bahnhof

Etappen

1,5 bis 2 Tage

Variante

Wer den ersten Tag verlängern möchte, kann von der Königsbachalm einen Abstecher zur Gotzenalm fahren. Von dieser Hochalm hat man einen großartigen Blick auf die Watzmann-Ostwand.

Bikeshops

Berchtesgaden: Radl-Laden Rasp, Rathausplatz 16, www.radl-laden-rasp.de; Hallein: Grundtner, Metzgergasse 2, https://grundtner.com

Einkehrtipps

Königsbachalm (1190 m) – kleines Berggasthaus mit einfachen Brotzeiten, www.königsbachalm.de; Scharitzkehlalm (1050 m) – wunderschön gelegen vor den steilen Wänden des Hohen Göll, www.scharitzkehlalm.com

Bike-Hotel

Hotel Georgenhof,
Modereggweg 21,
83471 Schönau a. Königssee,
Tel. 08652/9500,
www.hotel-georgenhof.de

Anreise

Mit dem Auto von München kommend über die A8 bis Knoten Salzburg, weiter auf der A10 bis Gröding und auf B160 und B305 bis Berchtesgaden Bahnhof.

Landkarten

Kompass-Kartenset WK 291 „Salzburg und Umgebung" Set 1:50 000

Bike-Info

www.berchtesgaden.de/rad-bike/mountainbike

Tourist-Info

Tourist-Information Berchtesgaden,
Maximilianstr. 9,
83471 Berchtesgaden,
Tel 08652/6565050,
www.berchtesgaden.de

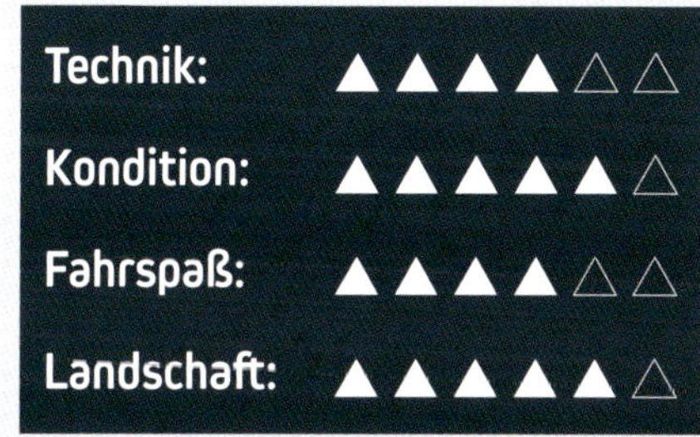

Höhenprofil Asphalt 19,1 km | asphaltierter Radweg 25,4 km | Schotter 25,9 km | Waldweg 0,0 km | Trail 0,0 km | Schieben 2,1 km

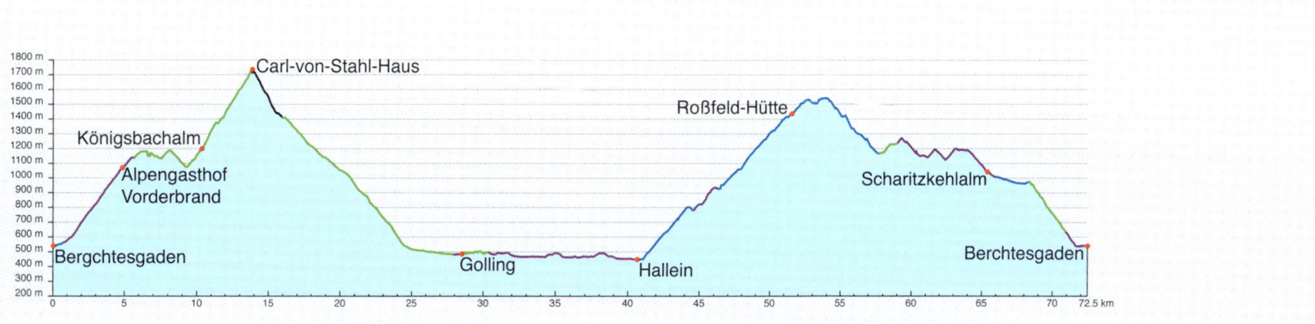

11 Wildkogelhaus

Aussichtsreiche Tour durch die Kitzbüheler Alpen

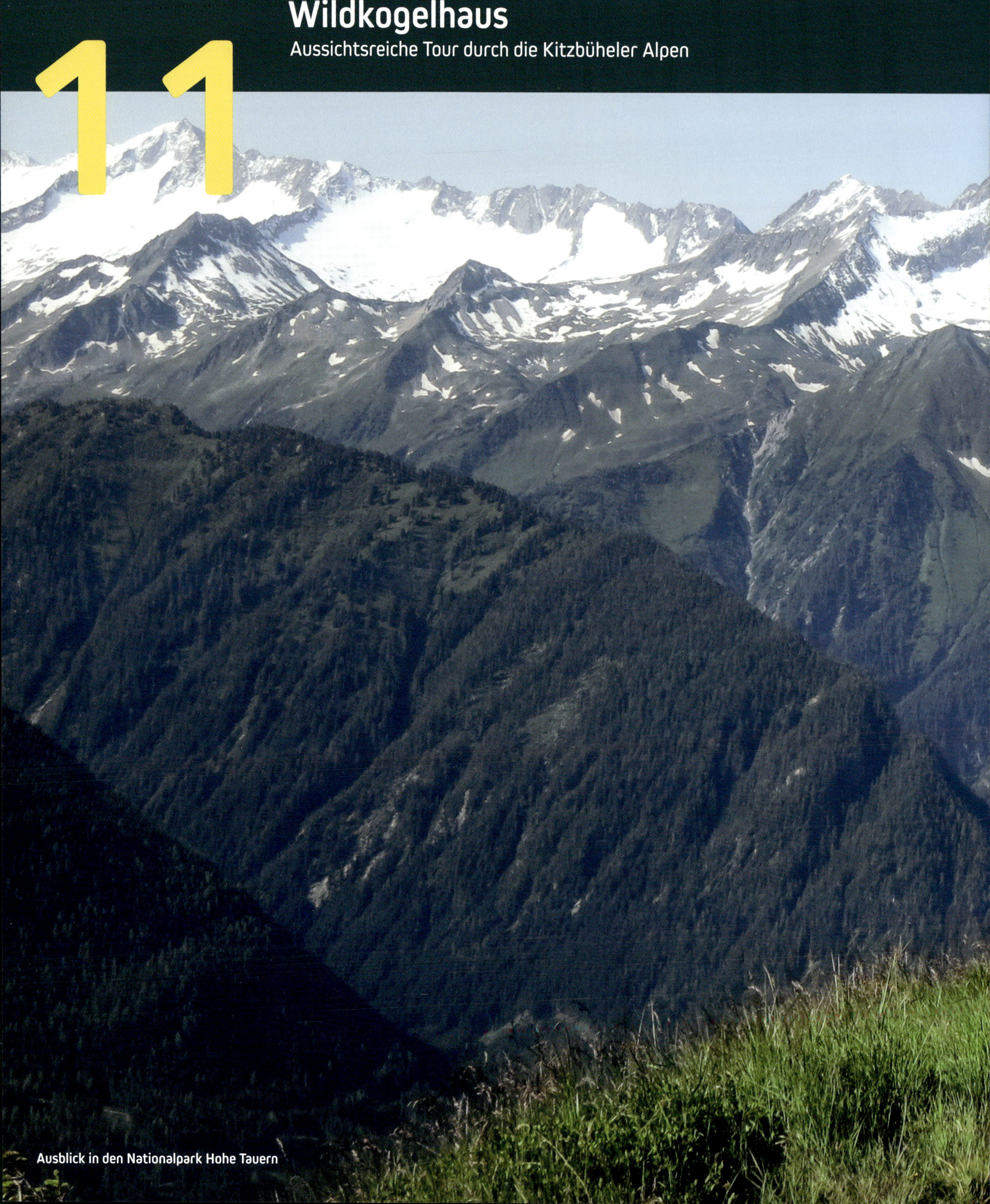

Ausblick in den Nationalpark Hohe Tauern

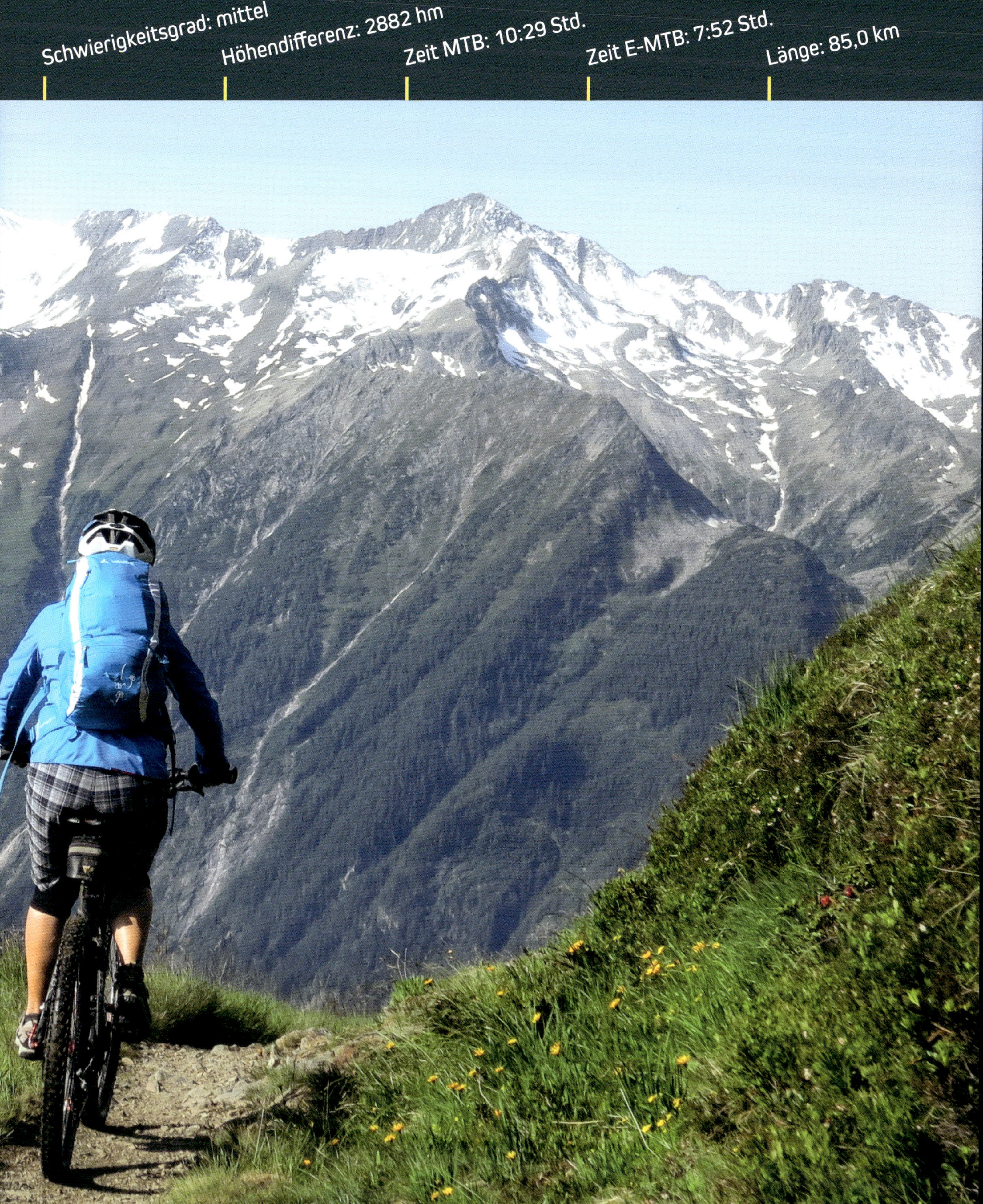
Schwierigkeitsgrad: mittel
Höhendifferenz: 2882 hm
Zeit MTB: 10:29 Std.
Zeit E-MTB: 7:52 Std.
Länge: 85,0 km

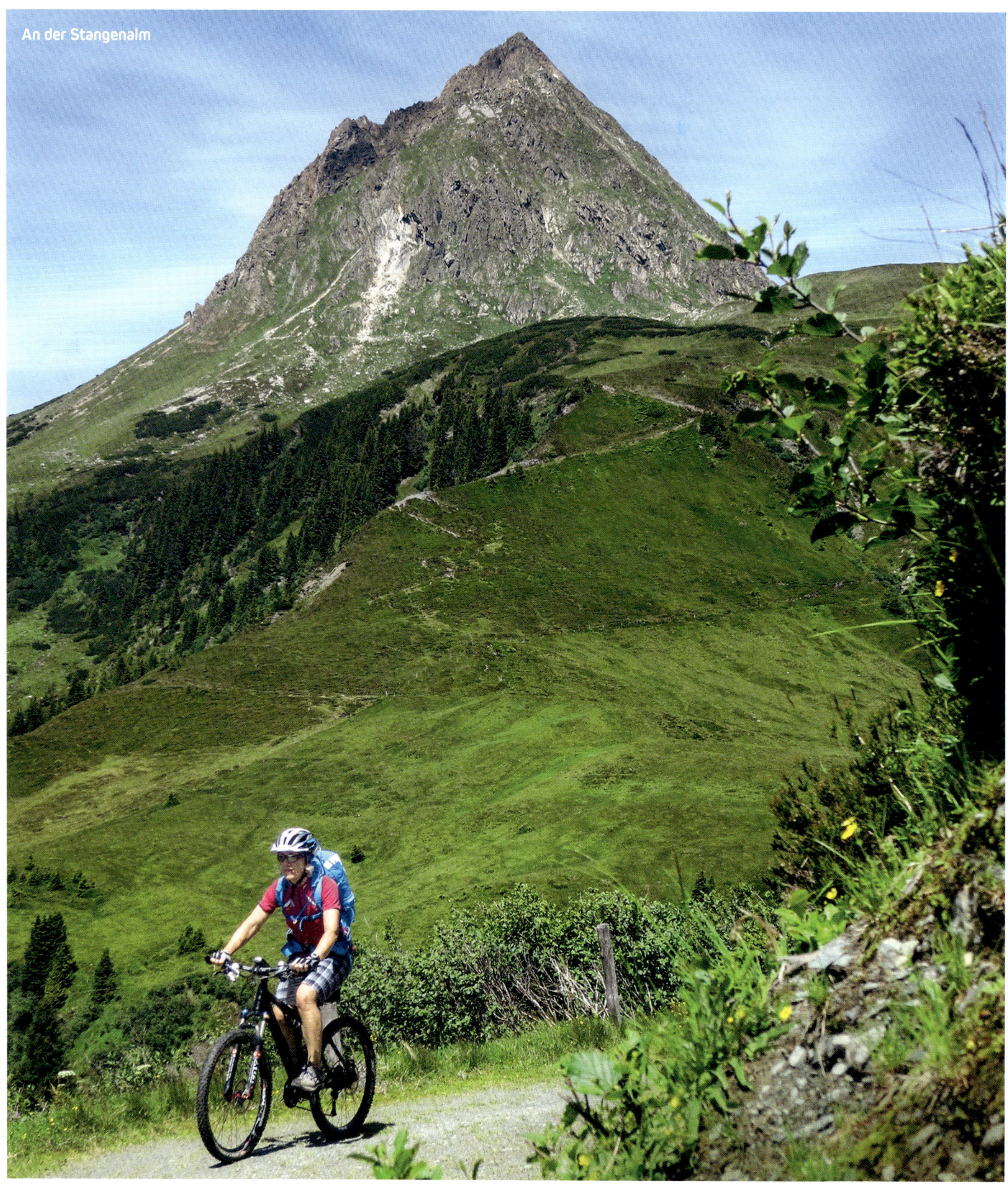
An der Stangenalm

Der große Landschaftsgenuss. Das grandiose Panorama am Wildkogelhaus dominieren die Gipfel der Hohen Tauern. Aber schon zuvor führt die Route abwechslungsreich durch die Kitzbüheler Alpen über kleine Pässe vorbei an urigen Almen.

Das Wildkogelhaus auf ziemlich genau 2000 Meter Höhe zählt zu den Orten, die man gern als Naturkino bezeichnet. Vor der großen Holzterrasse der ehemaligen Alpenvereinshütte breiten sich wie im Breitwand-Cinema die Bergmassive der Hohen Tauern aus und tief unten das liebliche Salzachtal. Je nach Tages- und Jahreszeit, je nach Witterung und Vegetation ändert sich die bombastische Szenerie mit Gletschern und Felsriesen. Stundenlang könnte man hier sitzen und einfach nur ins Gebirge schau'n. Kein Wunder, dass sich in dieser Umgebung hin und wieder Künstler zur ihren Arbeiten mit Holz, Speckstein oder mit dem Farbpinsel auf der Leinwand inspirieren lassen. Mountainbiker lassen sich eher dazu inspirieren, vor dieser Kulisse auf den Almwegen kilometerweit ins Salzachtal hinunter zu surfen.

Wir beginnen die Wildkogel-Anfahrt in Kirchberg in Tirol, der Nachbarort des illustren Kitzbühel. Aber auch in Kirchberg ist so manches geboten im Sommer, vor allem für Mountainbiker. Für unsere große Nord-Süd-Runde durch die Kitzbüheler Alpen benötigen wir die Seilbahn- und Freeride-Infrastruktur allerdings gar nicht. Unsere Zwei-Tages-Tour startet langsam an der Aschauer Ache entlang gen Süden zu ihrem Namensgeber Aschau. Kein klassisches Dorf, sondern eher eine Ansammlung von gemütlichen Weilern und Bauernhöfen. Es folgen erfrischende Feldwegkilometer in den Flussauen am Fuß von Gampenkogel (1957 m) und Brechhorn (2023 m), sanft ansteigend hinauf nach Gründau und Hinteraschau, vorbei an Bauernhöfen, die aussehen wie aus einem Alpenbildband.

Wildkogel-Arena

Die Wildkogel-Arena war mal berühmt als Pionier-Region für Mountainbike-Trails. Der Bekannteste, der Wildkogel-Trail, begann direkt am Wildkogelhaus und schlängelte sich zuerst durch steile Almwiesen am Bergrücken entlang, bevor er in den Bergwald Richtung Neukirchen verschwand. Trails sind zwar jetzt eher weniger zu finden, aber dafür immer noch eine große Auswahl an aussichtsreichen, lohnenden Bike-Touren rund um den Wildkogel-Gipfel oder südlich des Salzachtales in den langen Bergtälern des Nationalparks Hohe Tauern mit seinen Almen und Wasserfällen.
www.wildkogel-arena.at

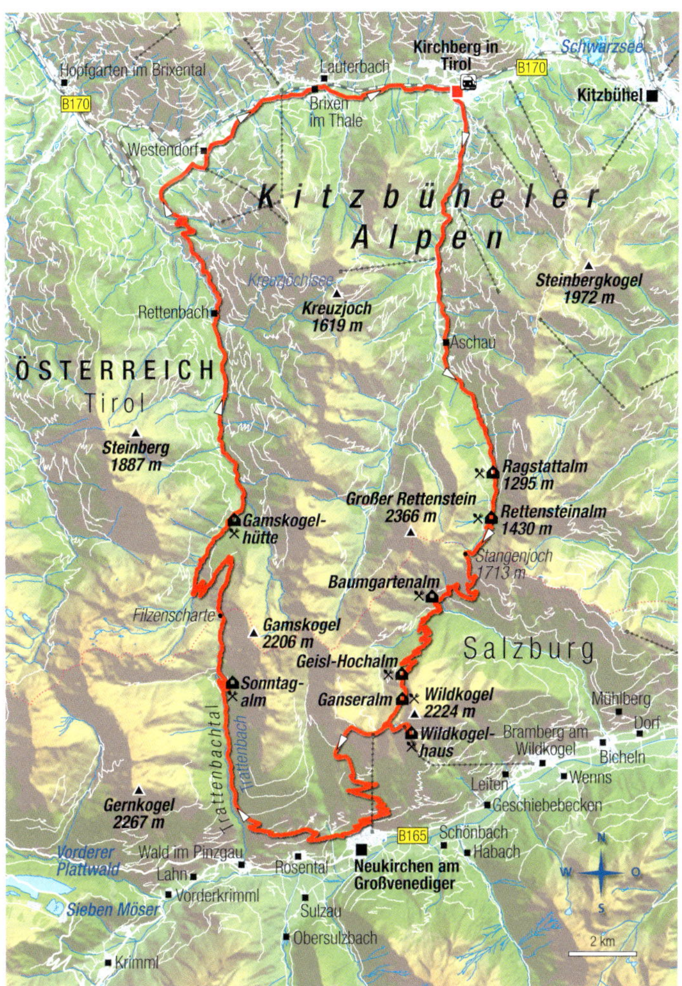

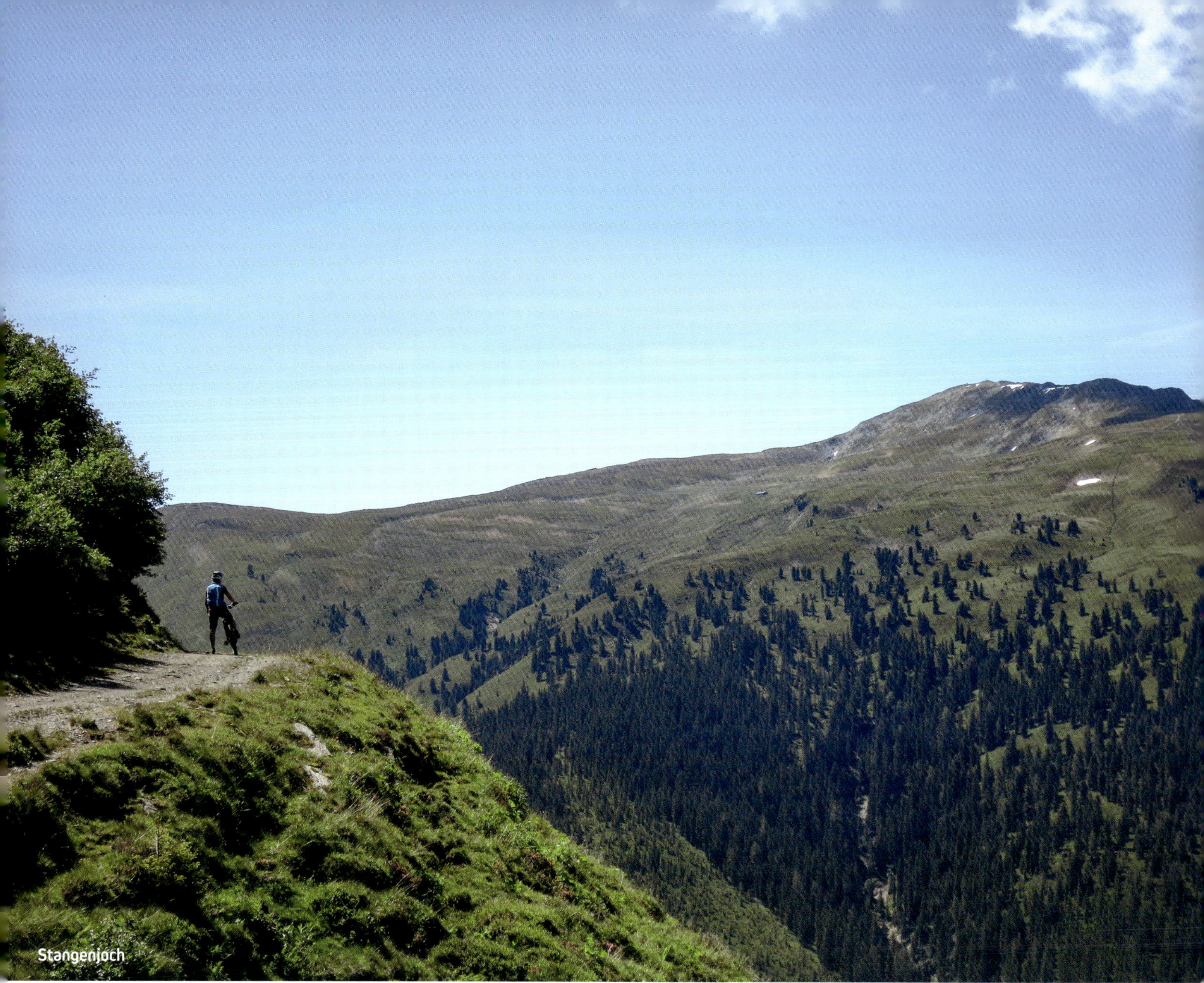
Stangenjoch

Danach biegen wir ab hinauf in den Oberen Grund, immer an der Ache entlang zwischen steilen Wiesen, die sich bis zum Bergkamm empor ziehen. Die Steigungen bleiben moderat im einstelligen Prozentbereich, und wer hier schon Hunger verspürt, macht gleich mal Halt in der Klooalm (1220 m) oder weiter oben in der Rettensteinalm (1420 m). Die anschließenden ruppigen Serpentinen und die Schiebestrecke zum Stangenjoch (1713 m; Landesgrenze zwischen Tirol und Salzburger Land) lassen dann einige der zugeführten Kalorien schnell wieder verbrennen. Die Verschnaufpause am Joch verschönt der herrliche Rundblick: hinten die Felsbastion des Wilden Kaisers, rechts der Große Rettenstein, vorne der Wildkogel, links die Schneegipfel der Hohen Tauern. Bis zur empfohlenen Mittagsrast an der Baumgartenalm (1402 m) geht's mitten durch die Stangenalm und auf ordentlichen Almwegen nur noch bergab ins Mühlbachtal. Ein kulinarischer Tipp für die Mittagspause: der selbstgemachte Bio-Bergkäse oder Pinzgauer. Zur Verdauung schenkt der Wirt übrigens gern noch ein Gratis-Schnapserl aus. Der Selbstgebrannte wirkt sich für die nun folgende Auffahrt allerdings eher

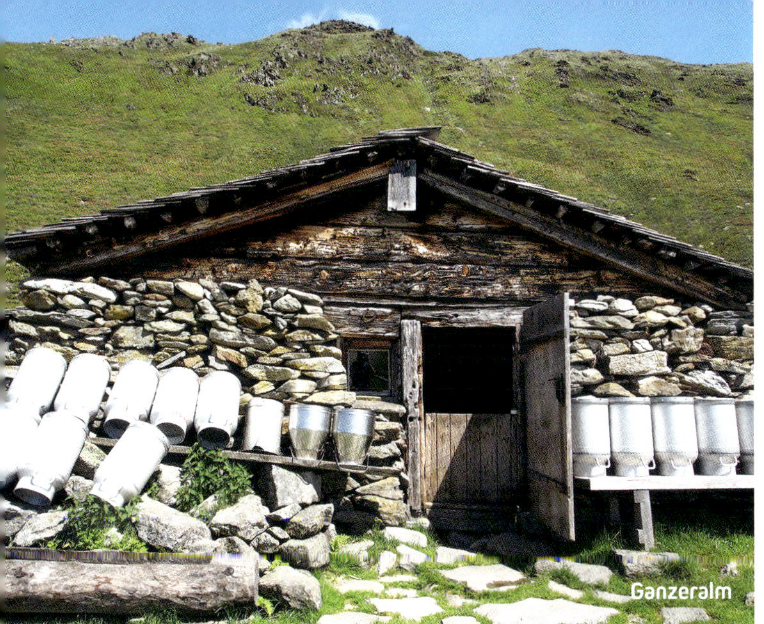

Ganzeralm

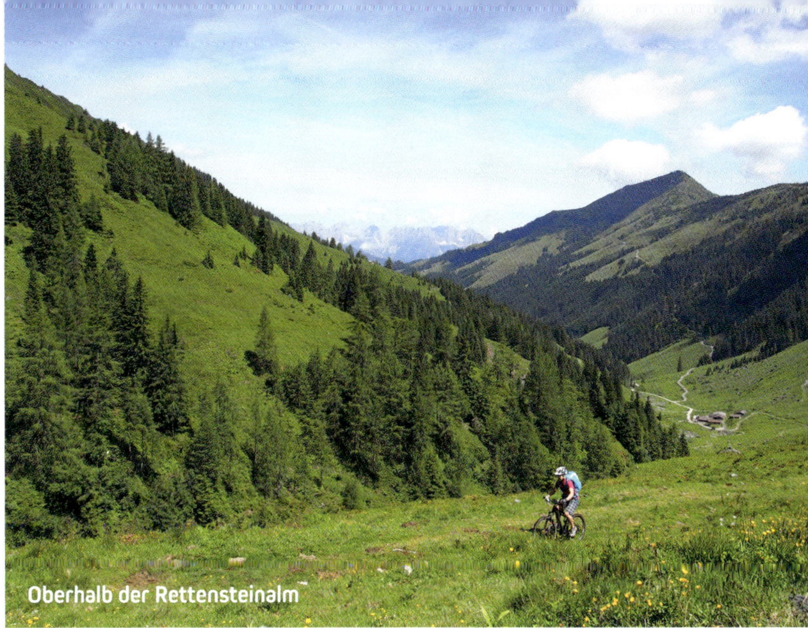

Oberhalb der Rettensteinalm

lähmend aus. Serpentine um Serpentine schrauben wir uns durch Hänge voller Almrausch Richtung Wildkogel, vorbei an der Geisl Hochalm (1904 m) und der Ganzeralm (1957 m). Dort machen (fast) alle einen Fotostopp, um die uralten Steinhäuser der Alm im Bild festzuhalten oder gleich zu posten. An der Wildkogelscharte (2094 m) ist schließlich der höchste Punkt der Tour erreicht. Wie eine Fototapete breiten sich die Hohen Tauern vor uns aus. Zum Wildkogelhaus, etwa 90 Höhenmeter tiefer, braucht man von da nur noch drei Minuten lenken und bremsen. Beim Kaffee oder Abendessen sitzen die Biker zwischen Bergwanderern und Sommerfrischlern an rustikalen Holztischen und genießen den grandiosen 180-Grad-Ausblick in die Hohen Tauern. Das altehrwürdige Wildkogelhaus, erbaut 1898, war einst eine Alpenvereinshütte und ist heute beliebtes Berggasthaus.

Der Start in den Bergmorgen fordert gleich den ganzen Biker: Da der legendäre Wildkogel-Trail jetzt den Wanderen vorbehalten ist, geht es nämlich gleich wieder hinauf Richtung Wildkogelalm. Aber nach 100 Höhenmetern wird es schon wieder lockerer und aussichtsreich. Nochmal ausgiebig dieses Super-Panorama aufsaugen! An der Bergstation der Wildkogelbahn vorbei surfen wir in vielen Kehren hinunter nach Neukirchen am Großvenediger. Vom Ort bekommen wir allerdings nur einige

Über das Wildkogelhaus (2005 m)

Privat geführtes Berggasthaus und ehemalige Alpenvereinshütte, erbaut im Jahre 1898 unterhalb des Wildkogel-Gipfels (2224 m). Beeindruckend wie Bergfilmkino ist das Panorama hoch über dem Salzachtal, vor allem die grandiose Kulisse der schneebedeckten Hohen Tauern mit dem Großvenediger (3666 m), dem fünfthöchsten Berg in Österreich.

Adresse: Ingo Willich, Leiten 18, A-5733 Bramberg, Tel. 0043-6565/6672-24, www.wildkogelhaus.com

Geöffnet: (Sommer-Saison) Mitte Juni bis Anfang Oktober

Übernachtung: Rund 50 komfortable Schlafplätze in Doppel- und Mehrbettzimmern. Zimmer mit Dusche und WC. Sauna und Dampfbad

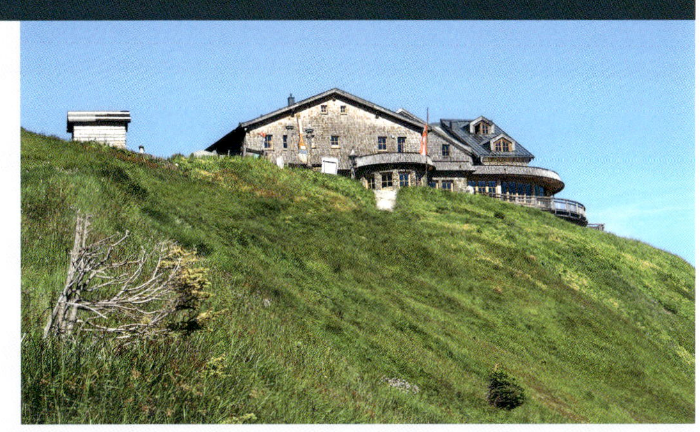

Bike & Hike: kleine Bergwanderung in rund 30 bis 40 Minuten zum Wildkogel (2224 m)

Straßen am Rande mit, da sich die Route schon wieder hinaufschlängelt Richtung Tattenbachtal, vorbei an großen Bergbauernhöfen mit Gastbetrieb, wie der Venedigerhof und der Rechtegghof. Dann verschwindet der Weg hinauf zur Filzenscharte (1686 m) und zurück in Tiroler Gefilde im dichten Bergwald. Vor der letzten Rampe und anschließenden Schiebestrecke kommt die Sonntagalm wie gerufen – ein uriger Holzbau idyllisch auf einer Lichtung gelegen. Biker-Bergkost gibt's dort unter anderem in Form von würziger Kaspressknödelsuppe. Nach der nicht allzu langen Schiebestrecke am Schreier Bründl (1658 m) zur Filzenscharte geht's erst mal durch etliche Serpentinen lange bergab ins Windautal. Anschließend rollen wir mit sanftem Gefälle vorbei an der beliebten Gamskogelhütte (1109 m) hinaus Richtung Rettenbach und Westendorf – meist akustisch begleitet vom Rauschen der Windauer Ache.

In Westendorf empfängt uns wieder die moderne Tourismuswelt der Kitzbüheler Alpen mit Kabinenseilbahn und großen Souvenirläden. Der flache Radweg über Brixen im Thale zurück nach Kirchberg bietet zum Finale das geeignete und sanfte Workout für stark beanspruchte Mountainbiker-Beine.

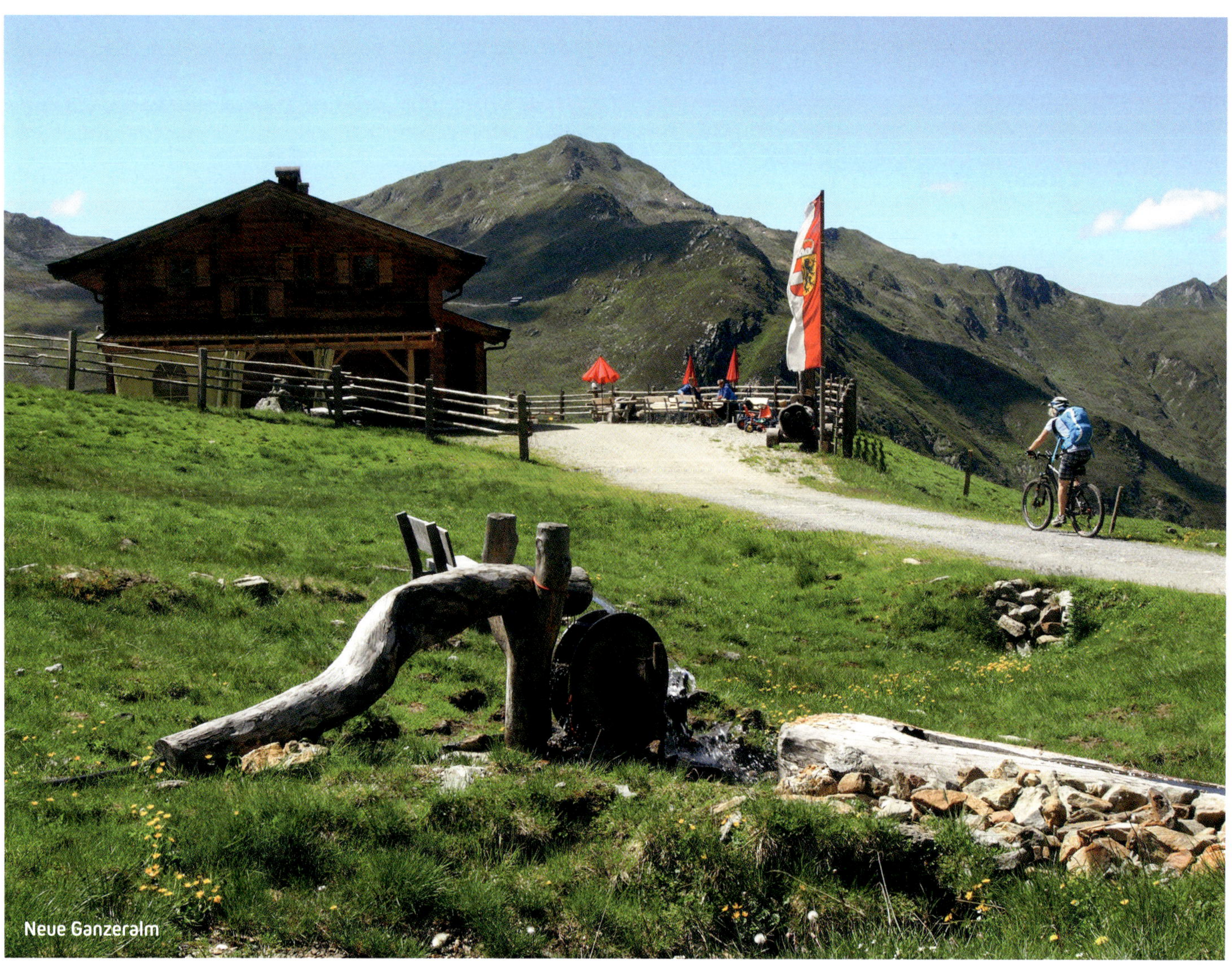
Neue Ganzeralm

Info

Tag 1: 29,5 km – 1686 hm – MTB: 4:47 Std. E-MTB: 3:35 Std.
Tag 2: 55,5 km – 1196 hm – MTB: 5:42 Std. E-MTB: 4:17 Std.

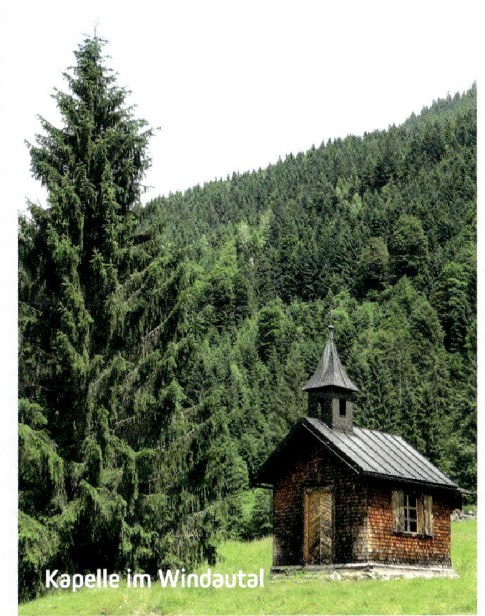

Kapelle im Windautal

Charakter

Fast alles drin, was das Mountainbiken so bietet: packende Almauffahrten, zwei kurze Schiebe-/Tragestrecken und das überwältigende Panorama mit den 3000er-Bergriesen der Venediger-Gruppe.

Tourstart

Kirchberg in Tirol

Etappen

1,5 bis 2 Tage

Bikeshop

Tonis Proshop, Bahnhofstraße 2, A-6365 Kirchberg in Tirol, Tel. 0043-5357/2447, www.tonis-proshop.at

Einkehrtipps

Baumgartenalm (Grundalm) – gemütliche Alm mit Schaukäserei auf 1402 m im Mühlbachtal, http://haslachhof.at; Sonntagalm (1650 m) – ruhig gelegenes Berghaus kurz vor der Filzenscharte, www.sonntagalm.at

Bike-Hotel

Bike-Hotel Klausen, Klausen 8, A-6365 Kirchberg in Tirol, Tel. 0043-5357/2128, www.klausen.at, Bike Academy mit Testcenter, Shop, Verleih und Service-Station im Hotel.

Anreise

Mit dem Auto auf der Autobahn A8 von München bis Inntaldreieck, weiter Richtung Kufstein bis zur Ausfahrt Kiefersfelden. Mautfrei auf der Landstraße durch Kufstein und weiter auf B173/178 nach Going, dort rechts Richtung Reith und Kirchberg.

Landkarten

Kompass-Karte Nr. 29 „Kitzbüheler Alpen" 1:50 000

Bike-Info

www.kitzbueheler-alpen.com/de/sommer/radfahren-mountainbiken/mountainbiken.html

Tourist-Info

www.kitzbueheler-alpen.com, www.wildkogel-arena.at/de

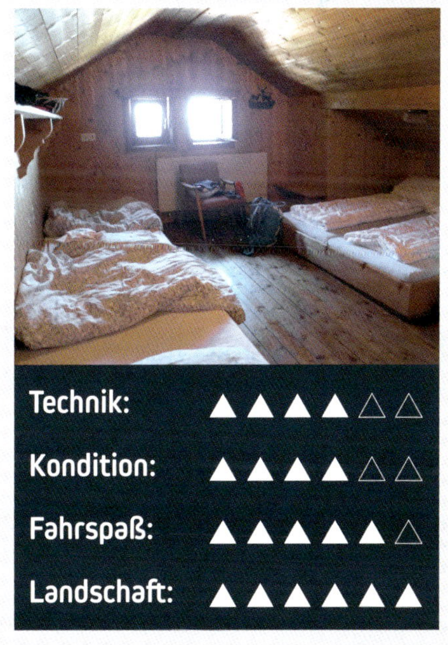

Technik:	▲▲▲▲△△
Kondition:	▲▲▲▲△△
Fahrspaß:	▲▲▲▲▲△
Landschaft:	▲▲▲▲▲▲

Höhenprofil ■ Asphalt 14,8 km ■ asphaltierter Radweg 14,0 km ■ Schotter 55,4 km ■ Waldweg 0,0 km ■ Trail 0,4 km ■ Schieben 0,4 km

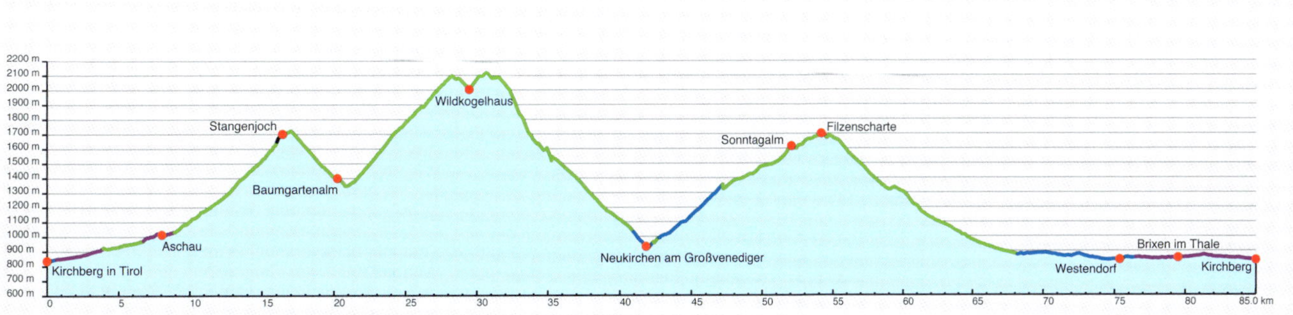

12 Anna-Schutzhaus & Lienzer Hütte

Bergerlebnis zwischen Lienzer Dolomiten und Hohen Tauern

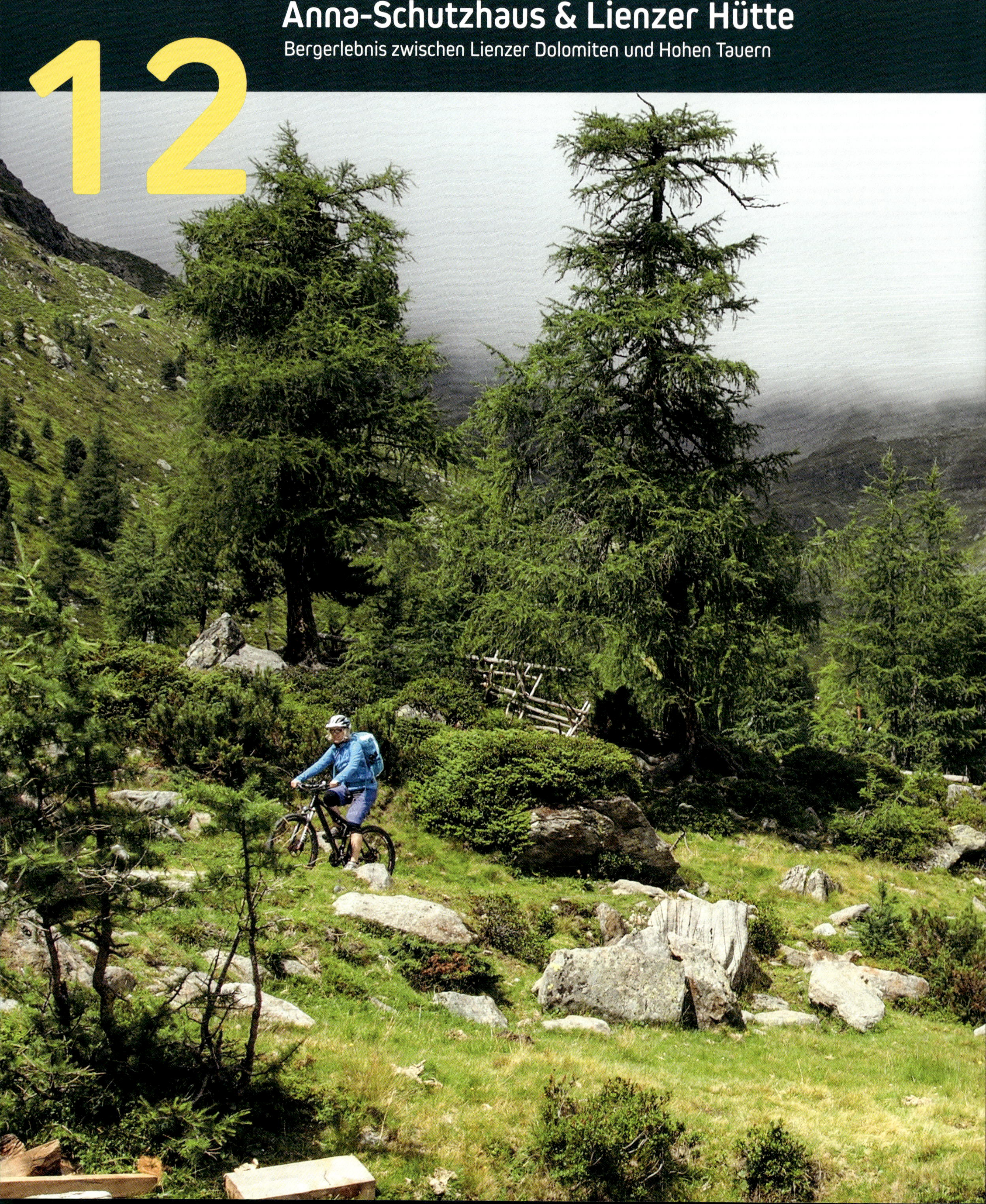

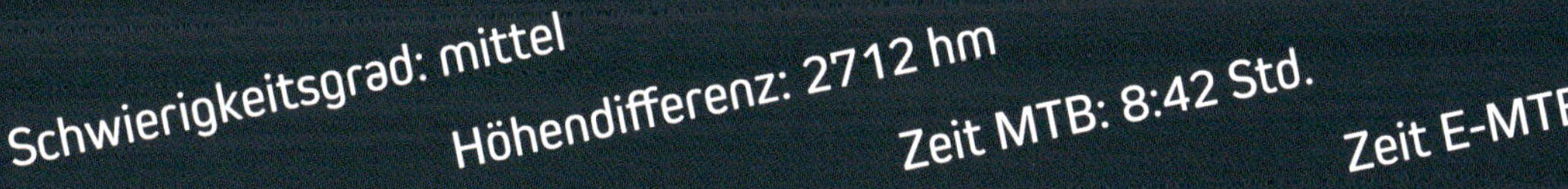

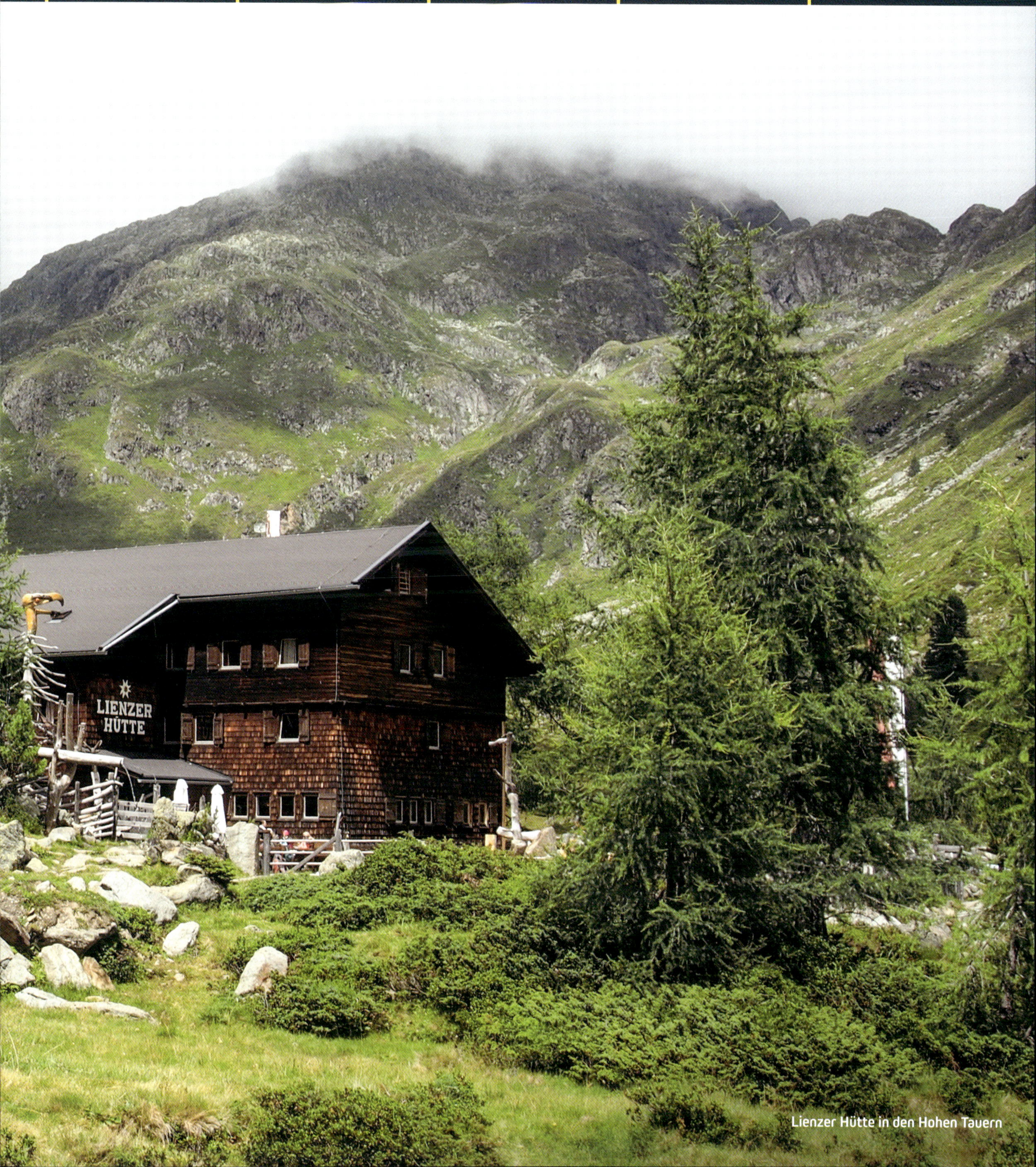

Lienzer Hütte in den Hohen Tauern

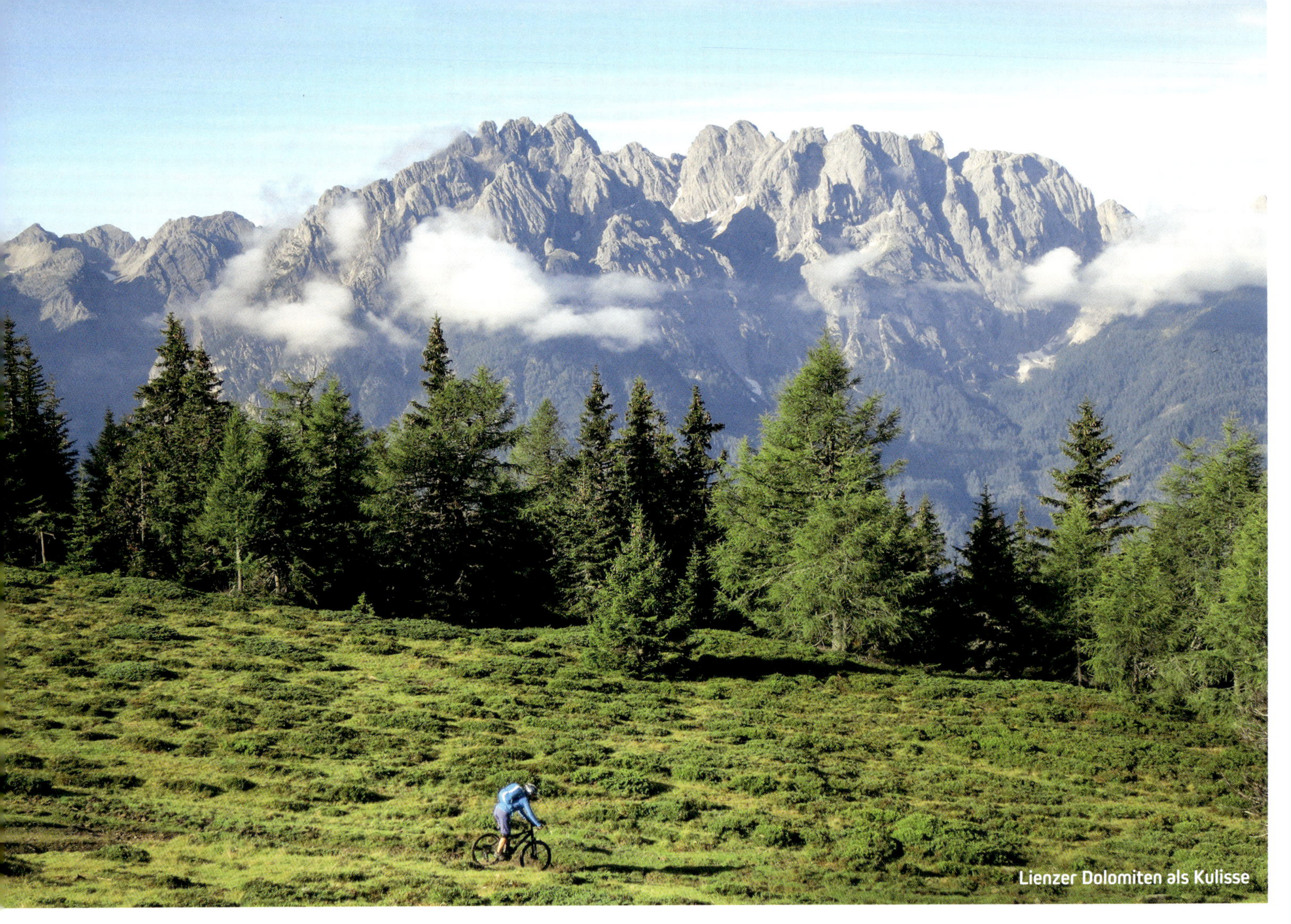

Lienzer Dolomiten als Kulisse

Bilderbuch-Ambiente in Osttirol. Das Anna-Schutzhaus hoch über Lienz und Drautal steht exemplarisch für eine urig-gemütliche, knorrige Berghütte in grandioser Umgebung zwischen Lienzer Dolomiten und Hohen Tauern.

In Lienz liebt man das Leben. Durch die kleine Metropole Osttirols weht schon unverkennbar ein Hauch Italien, südliches Flair zeigt sich an vielen Ecken der schmucken Altstadt. Nichtsdestoweniger verzichten wir erst mal auf den Cappuccino am Hauptplatz und orientieren uns Richtung Osten den Berg hinauf. Dorthin, wo der berühmte Maler Franz von Defregger als Bergbauernsohn geboren wurde und später noch viele seiner Motive fand, vor allem Alltagsszenen aus dem Tiroler Bauernleben. Auf fast 2000 Meter Höhe ließ er 1882 für sich und seine Frau Anna eine einfache Berghütte mit Malersitz bauen, die er wenige Jahre später dem Österreichischen Touristenklub schenkte.

An der Drau entlang fahren wir uns langsam warm, nehmen Anlauf für den Anstieg Richtung Ederplan – so heißt der Zweitausender gleich hinter der Annahütte. Etwa 1300 Höhenmeter am Stück wollen getreten werden. Mit vielen Flachstücken ist kaum zu rechnen, wissen wir vom Hörensagen. Zuvor wird uns noch klar, warum Lienz so ein interessanter Startort für Biketouren ist. In allen Himmelrichtungen stehen markante Bergmassive: die Lienzer Dolomiten, die Villgrater Berge, die Hohen

Tauern, die Karnischen Alpen, und wir haben die Kreuzeckgruppe im Visier, die sich hinüber nach Kärnten erstreckt.
Nach wenigen Radwegkilometern verlassen wir die Flussauen. Gelbe Schilder weisen den Weg Richtung Anna-Schutzhaus und Ederplan. Noch ein paar Pedalumdrehungen durch die Dörfchen Gödnach und Görtschach, dann hat uns die Bergnatur im Griff, besser gesagt, der steile Bergweg. Auf der anderen Seite des Drautales drängen sich majestätisch die Felsen der Lienzer Dolomiten ins Blickfeld. Nach Linkskurven steuern wir auf die Hohen Tauern zu. Der Bergweg ist nicht schlecht, aber ziemlich steil. So gönnen wir uns an den aussichtsreichen Stellen gern mal eine Verschnaufpause. Lienz und das Drautal liegen uns zu Füßen. Der Schlussanstieg vorbei an lieblichen Almhäuschen fordert nochmal alles, zumal der Weg auf den letzten Metern recht ruppig wird. Aber die Neuankömmlinge werden herzlich empfangen. Irgendwie gehört man schnell zur Hüttengemeinde, auch wenn man nicht mit dem Hüttenteam bekannt oder verwandt ist. Das Anna-Schutzhaus ist ein beliebtes Ziel der Einheimischen. Kein Wunder, präsentiert sie sich doch genau so, wie man sich klischeehaft eine urige Berghütte vorstellt: alles aus Holz, etwas windschief und mit grandiosem Ausblick. In den 1990er-Jahren wurde das Haus komplett renoviert und mit Holz von 15 ausgedienten Almhütten erweitert. Es gibt sogar eine kleine Dusche. Philipp und Johanna vom Hüttenteam sind ausgebildeter Koch bzw. Konditorin. Also darf man sich auf beste Osttiroler Bergkost freuen, nur der Wein stammt von einem Biowinzer aus dem nahen Friaul. Aber vor dem Abendessen bei Schlipfkrapfen und Tiroler Knödel muss noch ein Ausflug zum 2061 Meter hohen Ederplan sein. Kein Problem,

Nationalpark Hohe Tauern

Das größte Schutzgebiet der Alpen erstreckt sich über 1856 qkm. Der Nationalpark Hohe Tauern wurde 1981 eingerichtet und ist Österreichs erster und größter Nationalpark und seit 2003 Welterbe der UNESCO. Wildes Gebirge und bergbäuerliche Kulturlandschaft sind die beiden Gesichter des Alpenparkes, an dem die Bundesländer Tirol, Kärnten und Salzburger Land beteiligt sind. Vier große Besucherzentren in Mittersill, Matrei, Mallnitz und auf der Kaiser-Franz-Josefs-Höhe an der Großglockner-Hochalpenstraße bieten den sinnvollen Einstieg, um den Nationalpark Hohe Tauern zu entdecken. In den Sommermonaten haben zudem in den 30 Nationalparkgemeinden viele weitere Infostellen geöffnet. Mehr als 60 Lehrwege mit Infotafeln führen in die Vielfalt von Natur und Kultur des Nationalparks ein. Auch wenn sich manche jetzt ungläubig die Augen reiben: Mountainbiken im Nationalpark Hohe Tauern ist möglich und erlaubt – zumindest auf einigen ausgewiesenen Routen, vor allem ab Kals am Großglockner, Prägraten, Virgen und auch ab Lienz.
www.hohetauern.at, www.nationalparkerlebnis.at

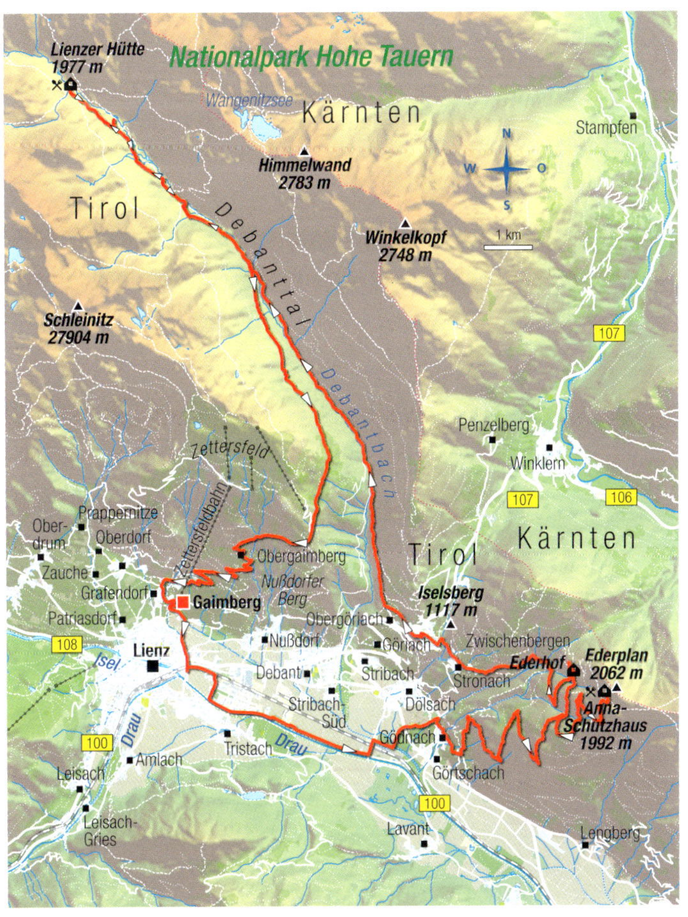

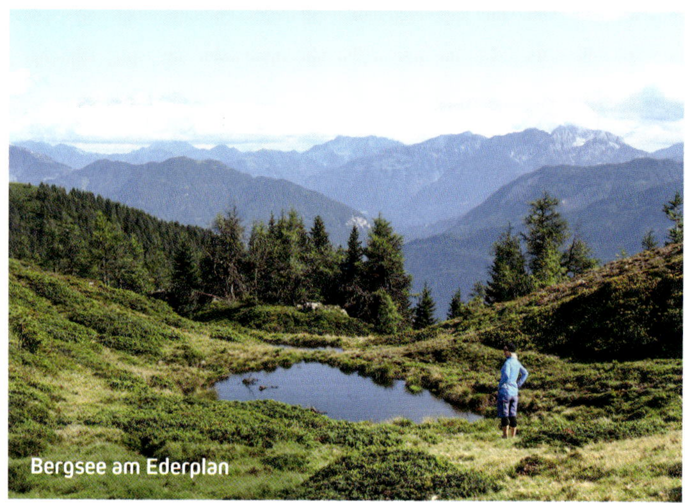

denn zum Gipfelkreuz mit 360-Grad-Panorama sind es nur gute zwanzig Minuten Aufstieg zu Fuß. Es lohnt sich, außer es liegt gerade alles in den Wolken. Zum Sonnenuntergang sitzen alle Gäste draußen und schauen nach Westen, auch das Hüttenteam. Selten lassen sie sich das Schauspiel nehmen, wenn der rote Feuerball hoch über Lienz hinter den Villgrater Bergen und Hohen Tauern verschwindet. Eigentlich sollte man auf einer solch urigen Berghütte gleich mehrere Nächte verbringen. Umso schwerer fällt am nächsten Morgen die Abfahrt, vor allem wenn über Nacht das Thermometer unter Null gefallen ist und die ersten Downhill-Meter zur Fahrübung mit frostigen Fingern werden. Da hilft zur Aufmunterung nur der Blick in die von der Morgensonne angestrahlten Felsen der Lienzer Dolomiten. Nach kurzer Abfahrt schlängelt sich die Route auf guten Wegen durch den Bergwald hinüber zum Dörfchen Stronach, wo am Ederhof Franz von Defregger 1835 geboren wurde. Heute ist der Ederhof ein Rehabilitationszentrum für Kinder und Jugendliche vor und nach einer Organtransplantation. Zumindest wohnen die jungen Patienten hier in herrlicher Lage umgeben von Bergwiesen.
Der weitere Weg führt um den Iselsberg herum ins

Über das Anna-Schutzhaus (1992 m)

Berghaus des Österreichischen Touristenklubs ÖTK Sektion Dölsach, unterhalb des Ederplan-Gipfels in der Kreuzeck-Gruppe.
Die urige Annahütte wurde 1882 vom berühmten Maler Franz von Defregger, knapp unterhalb des Ederplan-Gipfels als Sommerfrische und zum Malen erbaut. Im Jahre 1887 schenkte er das Haus dem Österreichischen Touristenklub, der es zu Ehren der Malersgattin Anna-Schutzhaus nannte. Seit 1888 vom ÖTK bewirtschaftet, wurde die Hütte in den Jahren 1991 bis 1993 stilgerecht, mit viel Liebe zum Detail und unter Einhaltung aller Umweltschutzauflagen von der Sektion Dölsach des ÖTK renoviert und erweitert. Das junge, sympathische Hüttenteam Johanna, Philip und Regina kennt sich aus mit Kulinarik und Gästebetreuung. Alle haben eine entsprechende Ausbildung absolviert.

Adresse: Anna Schutzhaus, Görtschach 28, A-9991 Dölsach, Tel. 0043-677/63690679, www.annaschutzhaus.at

Geöffnet: Ende Mai bis Anfang November

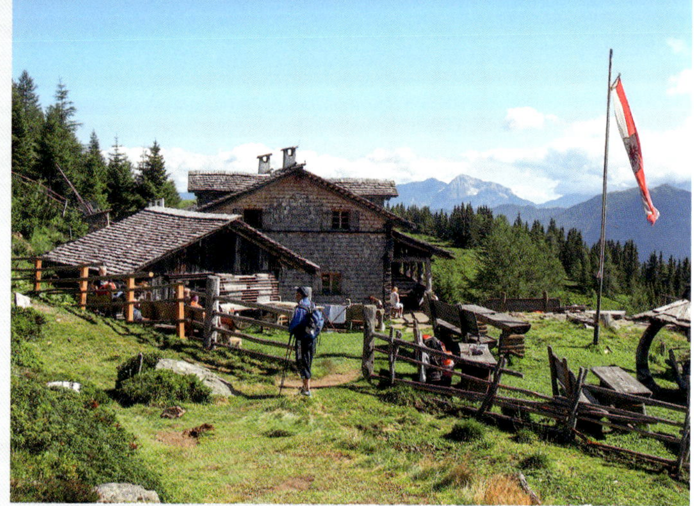

Übernachtung: 21 Betten (Stockbetten) in Mehrbettzimmern und 9 Lagerplätze

Bike & Hike: Wanderung zum Gipfelkreuz am Ederplan (2061 m), rund 20 Minuten; Gipfel-Rundweg ca. 1 Stunde

Schwierigkeitsgrad: schwer
Höhendifferenz: 2241 hm
Zeit MTB: 8:00 Std.
Zeit E-MTB: 6:00 Std.
Länge: 64,0 km

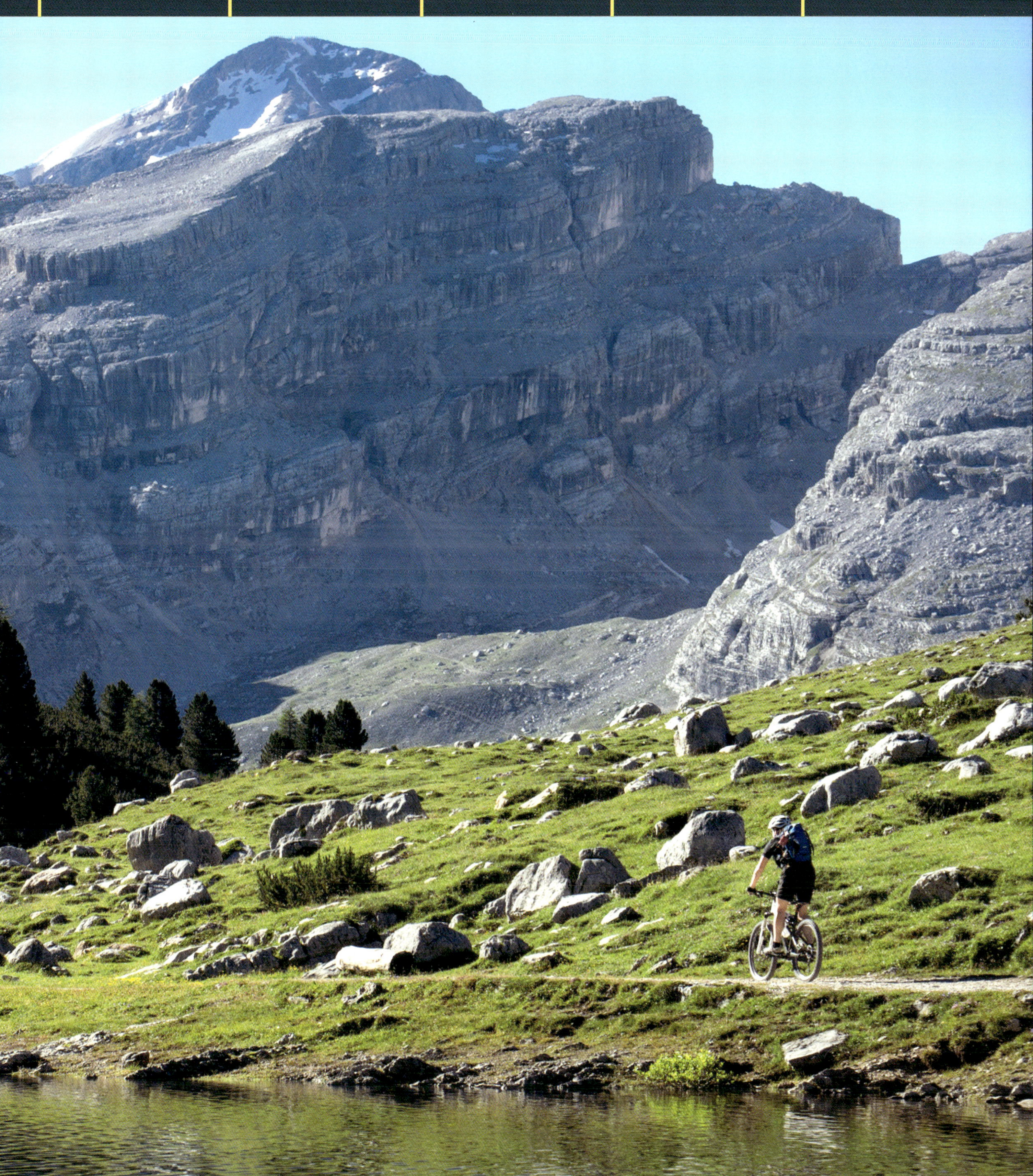

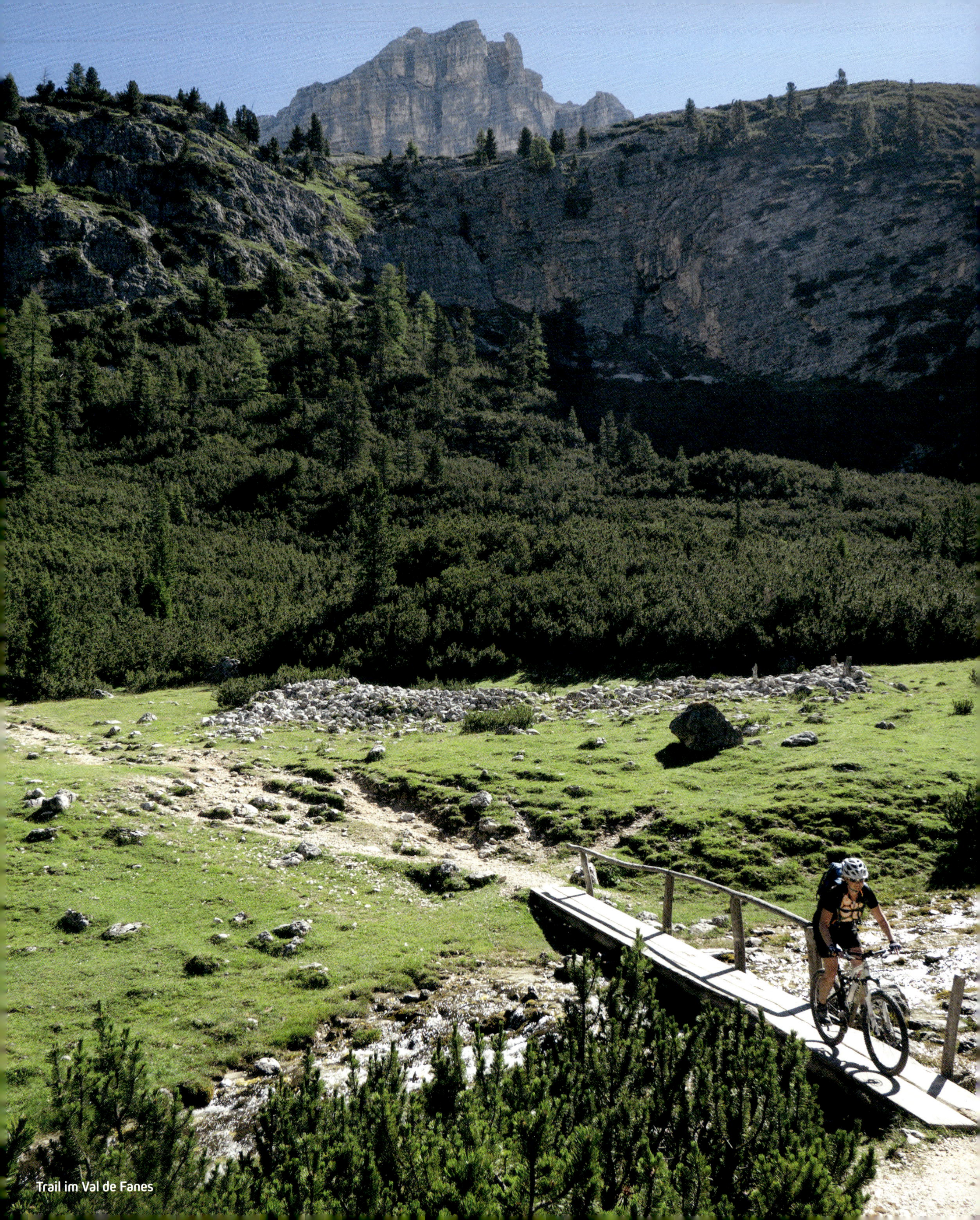

Trail im Val de Fanes

Im Naturpark Fanes-Sennes-Prags weiß jeder sofort, warum die Dolomiten von der UNESCO zum Welterbe ernannt wurden. Und mittendrin liegen sogar komfortable Schutzhütten, die per Bike gut zu erreichen sind.

Hütten und Schutzhäuser stehen für gewöhnlich allein in einsamen Bergregionen. Im Naturpark Fanes-Sennes-Prags hat der Bergfreund dagegen die Qual der Wahl. Auf der kleinen Fanesalm stehen sich in unmittelbarer Nachbarschaft zwei ausgesprochen schöne Dolomiten-Schutzhäuser in absoluter Traumlage wie Konkurrenten gegenüber. Beide Hütten in Privatbesitz, bieten Faneshütte und die Schutzhütte Lavarella dem Biker allen Komfort, den er sich für eine Übernachtung in den Bergen wünschen kann. In welchem Nachtlager man also sein müdes Haupt betten möchte, bleibt jedem selbst überlassen. Ein Tipp von uns: Frühaufsteher genießen schon die ersten Sonnenstrahlen auf der Lavarella, wenn die Faneshütte noch lange vom kalten Raureif der Nacht eingehüllt ist. Am Spätnachmittag hingegen sitzt der Genießer auf der Sonnenterrasse der Faneshütte und sieht hinüber zur Lavarella, die bereits im Schatten der Berghänge eingetaucht ist.
Zuvor will diese wunderschöne Dolomiten-Hochfläche erreicht werden. Der Weg dorthin ist mit dem Mountainbike locker in einem halben Tag zu schaffen. Es reicht daher, wenn die Tour mittags in Sankt Vigil in Enneberg gestartet wird. Ein hartes Stück Arbeit steht dem Tourenbiker trotzdem bevor.

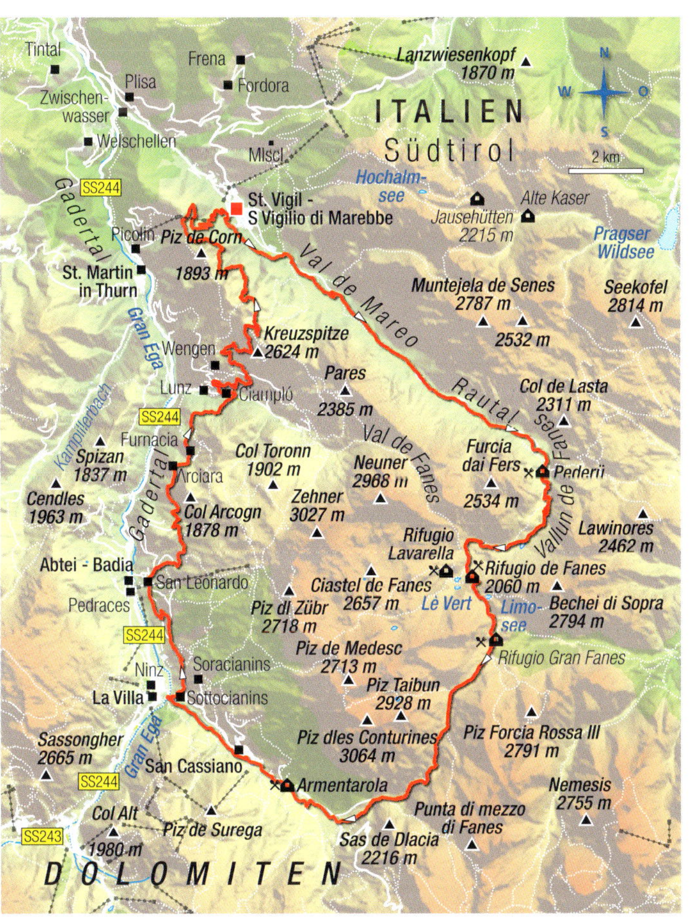

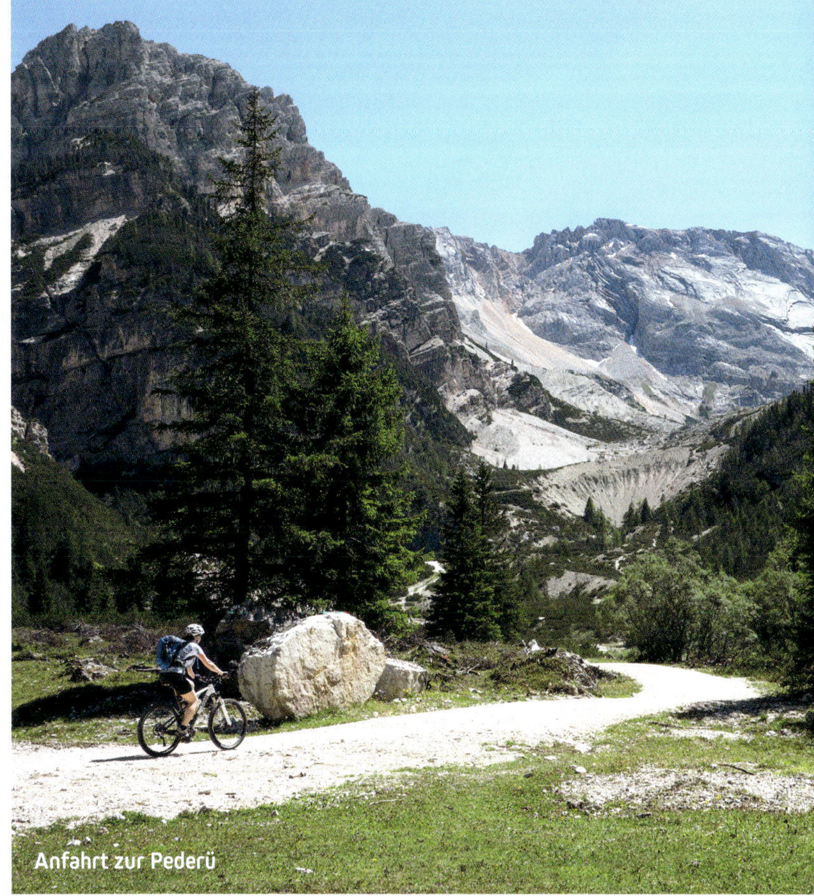

Anfahrt zur Pederü

Dabei gestaltet sich der Beginn sanft bis lieblich. Es bleibt viel Zeit zum Einrollen. Nur mäßig steigt der Schotterweg ins Rautal an. Später wechselt man zwischen der kaum befahrenen Straße und Schotterwegen oder kleinen Trailabschnitten bis zum Berggasthof Pederü, einem beliebten Ausflugsziel. Der große Parkplatz ist Ausgangspunkt vieler Wanderungen im Naturpark. Hinter der Pederü markiert ein mächtiger Schuttreißen den Talschluss. Wanderer kämpfen sich einen steilen Serpentinenpfad bergauf. Ein banger Blick: Wo ist hier eine fahrbare Strecke für Biker? Die gibt's dann doch. Schweißtreibend steil, aber gut ausgebaut führt eine Piste über das grobe, in Jahrtausenden aufgetürmte Dolomitengeröll. Die nutzen auch die Hüttenwirte mit ihren Geländefahrzeugen zur Versorgung ihrer Hütten. Aber auch das Gepäck von Gästen, die länger dort oben urlauben, wird so transportiert. Beim Anblick eines großen Samsonite-Koffers am Eingang der Faneshütte darf man sich dennoch

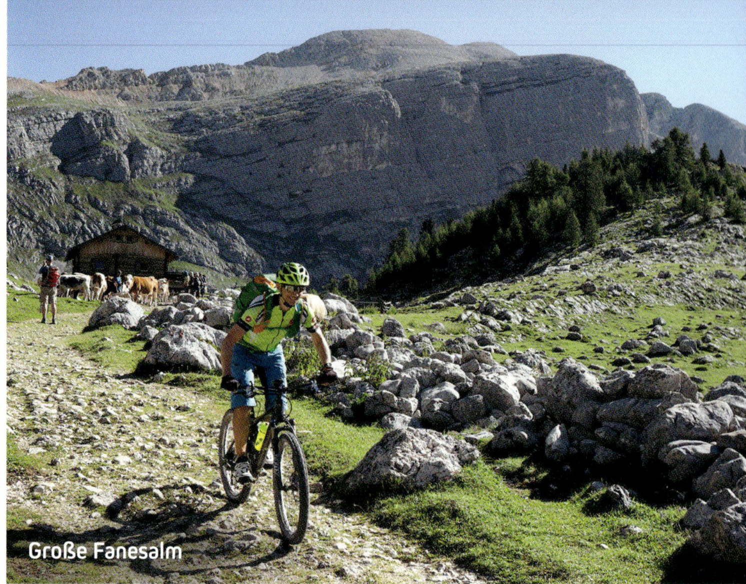
Große Fanesalm

wundern. Ist die Steigung überwunden, wird es angenehm flach, und spätestens beim kleinen smaragdgrünen Picodelsee wähnt man sich bereits auf der Hochebene. Doch nach nicht einmal zwei Kilometern baut sich wieder ein Talschluss vor einem auf. Noch einmal ist mächtig kurbeln auf dem kleinen Blatt angesagt. Allzu lang ist die Rampe nicht, und bald schon erreicht man die kleine Fanesalm. Wer in der Lavarella übernachtet, rollt an der Weg-

Über das Rifugio Fanes (2060 m)

1928 von der Familie Mutschlechner erbaut, diente die Faneshütte zunächst als „Außenstelle" des Gasthof Post in St. Vigil, um Wanderern und Skitourengehern mit der damals schlechten Ausrüstung bei ihren beschwerlichen Aufstiegen eine Übernachtung zu ermöglichen.
Noch immer ein Familienbetrieb, wird die Faneshütte heute wie ein kleines, komfortables Berghotel mit gutem Restaurant geführt.

Adresse: Familie Max Mutschlechner, Fanesalm 3, I-39030 St. Vigil in Enneberg, Tel. 0039-0474/501097, www.rifugiofanes.com

Geöffnet: Anfang Juni bis Mitte Oktober

Übernachtung: 70 Betten in Zimmern für 2 bis 4 Personen, 10 Hochbetten in 3 Lagern

Bike & Hike: leichte Bergwanderungen: Pareispitze (2794 m), 2 Std.; Monte Castello (2760 m), 2,5 Std.; Cima di Furcia Rossa II (2703 m), 3 Std.; Monte Cavallo (2912 m), 4 Std.;

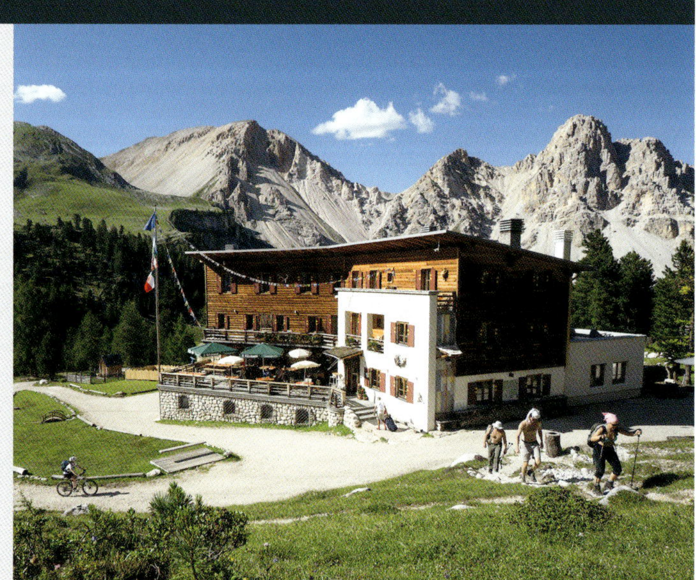

schwere Bergwanderungen (Trittsicherheit und Schwindelfreiheit erforderlich): Monte Vallon Bianco (2687 m), Trittsicherheit erforderlich 3 Std.; Piz d'Lavarela (3055 m), Trittsicherheit erforderlich, 5 Std.

gabelung mit den markanten Hüttenwegweisern rechts gemütlich zum Tagesziel. Die Faneshütten-Schläfer dürfen zum Abschluss noch ein paar steile Höhenmeter absolvieren.

Frühmorgens, wenn sich die Sonne das erste Mal zeigt, lohnt ein kleiner Spaziergang zur jeweils anderen Hütte entlang des zauberhaften Grünsees. Heute steht der weitaus größere Teilabschnitt der Tour auf dem Programm. Zeit zum Warmfahren bleibt keine. Sofort raubt eine gehörige Schotterrampe die Kalorien vom Frühstück. Ab dem Limojoch und dem gleichnamigen See warten sechs Kilometer Genussbiken pur. Super zu fahrende Pfade führen durch Dolomitenlandschaft par excellence. Ein letzter Genuss ist der Blick ins Tal vom Col de Locia ins weite Gadertal (Val Badia). Dort hinunter führt steil bergab ein holpriger und stufiger Felsenweg, den kein Normalsterblicher mehr fahren wird. Etwa 20 Minuten dauert die Plackerei (allerdings vor spektakulärer Kulisse), danach mäandert der Weg durch lichten Bergwald bergab zum Ristorante Capanna Alpina. Wer zu früh gestartet ist, um hier

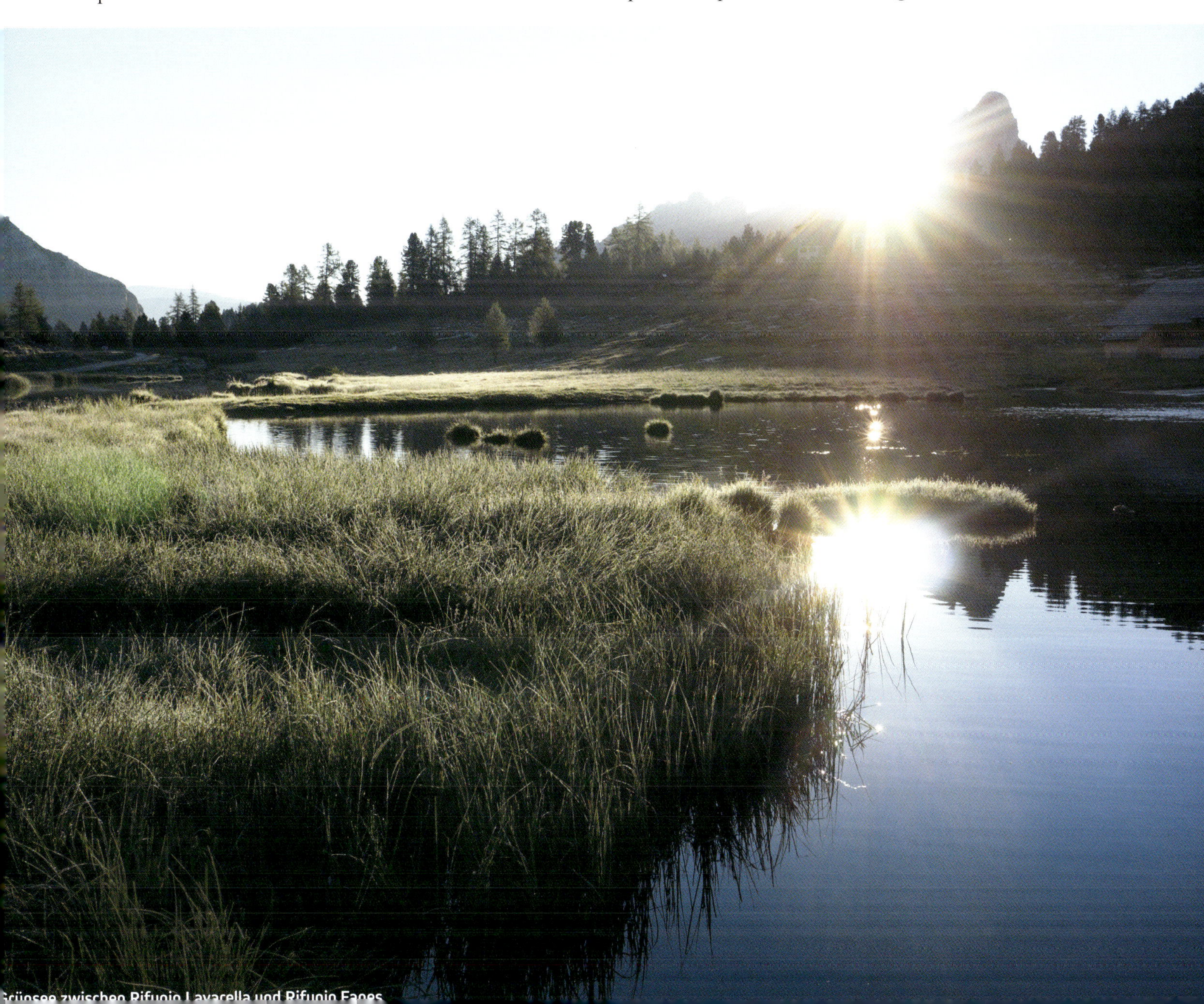

Grünsee zwischen Rifugio Lavarella und Rifugio Fanes

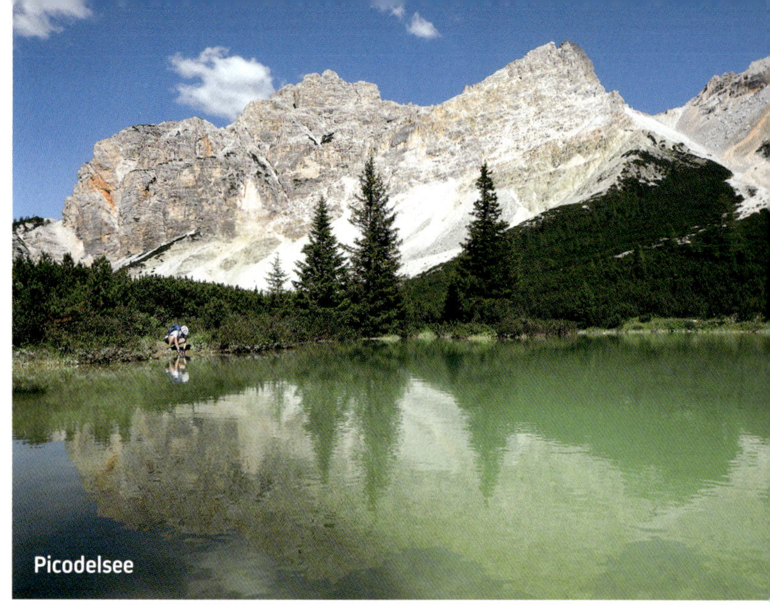

Picodelsee

zu Mittag zu Essen, freut sich vielleicht über einen zweiten Cappuccino. Im Tal angekommen, geht's in lockerer Fahrt über St. Kassian nach Stern. Ein Teil der Strecke verläuft auf dem Künstlerweg „Trù di artis". Die am Wegesrand stehenden Werke sollen die Kreativität ladinischer Künstler bei der Bearbeitung natürlicher Materialien hervorheben. Zu bewundern sind unter anderem Skulpturen aus Stein, Holz, Eisen oder Bronze. In Stern wird der Talboden verlassen. Am Fuß des Heiligkreuzkofel radelt man über welliges Weideland bis zum Örtchen St. Leonard. Jetzt wird wieder die Beinmuskulatur gefordert. Nur 200 Höhenmeter, dafür aber mächtig steil. Hat man an der kleinen Kapelle in Valgiarëi den Einstieg gefunden, schlängelt sich ein schmaler Pfad den bewaldeten Berghang entlang Richtung Furnacia. Nach einer flotten Abfahrt bleibt in Wengen noch die Gelegenheit für eine kleine Stärkung. Es wartet die letzte kräftezehrende, nach oben hin steiler werdende Auffahrt auf das bewaldete Ritjoch. Hat man diesen Kulminationspunkt erreicht, sind die letzten kleinen Gegenanstiege leicht zu bewältigen. Wer nach der spannenden Runde noch Lust und Zeit hat, kann das Naturparkhaus Fanes-Sennes-Prags besuchen. Vermittelt wird Wissenswertes zur Entstehung der Dolomiten, Flora und Fauna sowie zur Morphologie des Naturparks, den man zwei Tage erleben konnte.

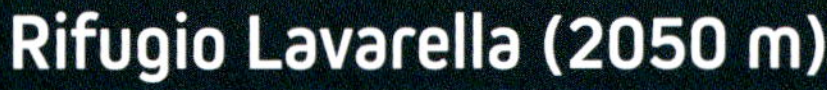

Rifugio Lavarella (2050 m)

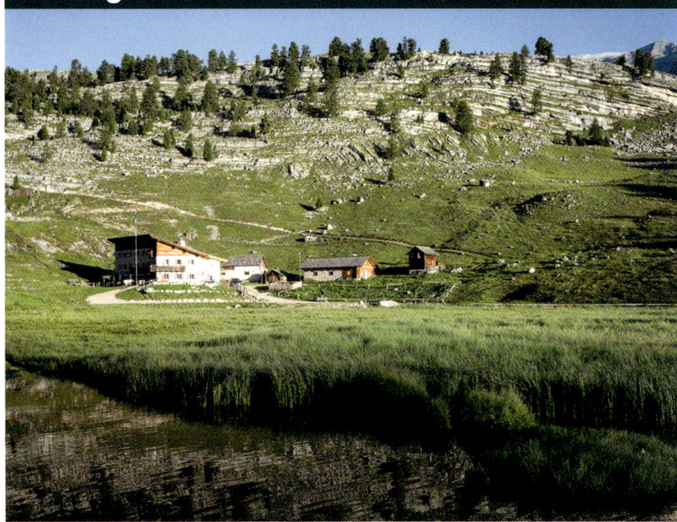

Die erste Schutzhütte wurde bereits 1912 errichtet und nach dem Ersten Weltkrieg 1919 ausgebaut. Sie brannte 1939 aus, wurde aber sofort wieder aufgebaut. Seit 2009 können sich Gäste in einer finnischen Sauna erholen.

Adresse: Ütia Lavarella,
I-39030 St. Vigil in Enneberg,
Tel. 0039-0474/501079, www.lavarella.it

Geöffnet: Anfang Juni bis Mitte Oktober

Übernachtung: 26 Betten in Zimmern,
20 Schlafmöglichkeiten in Lagern

Bike & Hike: siehe Info über Rifugio Fanes

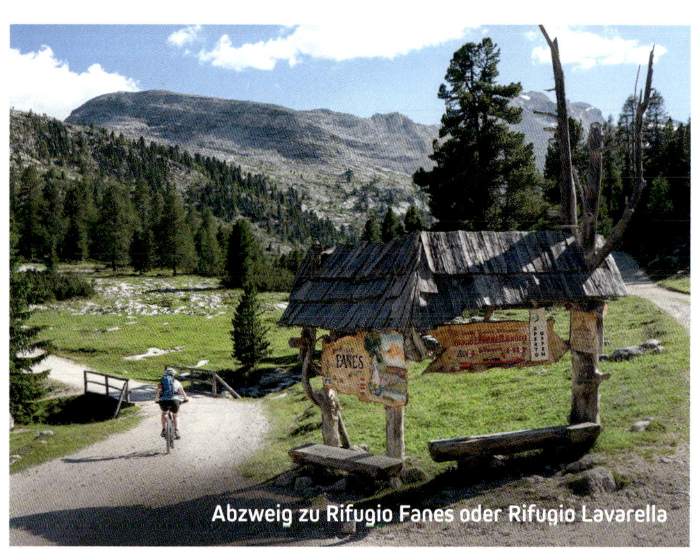

Abzweig zu Rifugio Fanes oder Rifugio Lavarella

Info

Tag 1: 18,9 km – 904 hm – MTB: 2:46 Std. E-MTB 2:04 Std.
Tag 2: 45,1 km – 1335 hm – MTB: 5:14 Std. E-MTB 3:56 Std.

Charakter
Schwere Runde mit teils sehr steilen Anstiegen. Der erste Tag ist kurz und knackig. Es geht ausschließlich bergauf zur Faneshütte. Am zweiten Tag schöne Trails im Fanes-Naturpark, sehr steile Tragestrecke bergab. Zuletzt noch einmal ein langer Anstieg.

Tourstart
St. Vigil in Enneberg

Etappen
1,5 bis 2 Tage

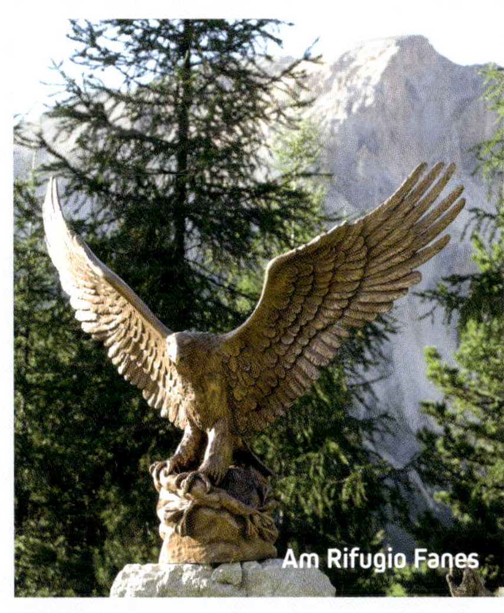
Am Rifugio Fanes

Bikeshop
Bikeverleih Miribung,
Zona Artejanala 14,
I-39030 St. Vigil,
Tel. 0039-0349/3680259,
www.miribung.it

Einkehrtipps
Ristorante Capanna Alpina,
Str. Sciarè 9, I-39036 San Cassiano,
Tel. 0039-0471/849418

Bike-Hotel
Sporthotel Exclusive, Al Plan dessora 2, I-39030 St. Vigil in Enneberg,
Tel. 0039-0474/501030,
www.sporthotel-exclusive.com

Anreise
Mit dem Auto via Innsbruck auf der Brennerautobahn bis zur Ausfahrt Brixen, weiter über die SS 49 Richtung Bruneck, vor St. Lorenzen weiter auf SS 244 und SP 43 bis St. Vigil.

Landkarten
Kompass-Karte Nr. 57 „Bruneck, Toblach – Hochpustertal“, 1:50 000

Bike-Info
www.kronplatz.com/de/san-vigilio/sommer/mtbl

Tourist-Info
Tourismusverein St. Vigil in Enneberg,
Str. Catarina Lanz 14,
I-39030 St. Vigil in Enneberg,
Tel. 0039-0474/501037,
www.sanvigilio.com

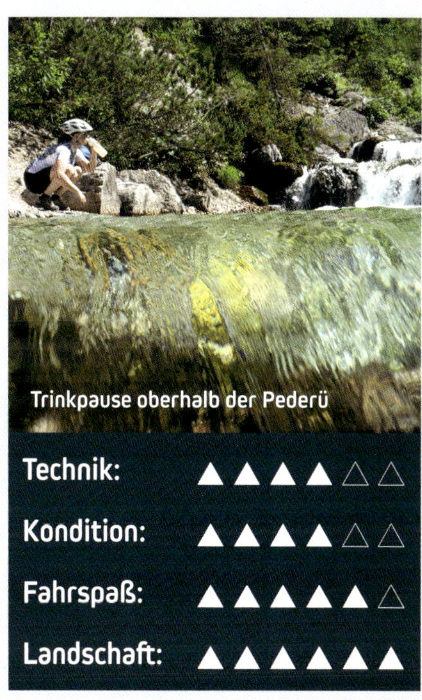

Trinkpause oberhalb der Pederü

Höhenprofil Asphalt 2,3 km | asphaltierter Radweg 22,1 km | Schotter 30,6 km | Waldweg 0,0 km | Trail 8,6 km | Schieben 0,3 km

14

Rifugio Alpino Pralongià

Durch die grandiose Kulisse von Sella, Langkofel und Marmolata

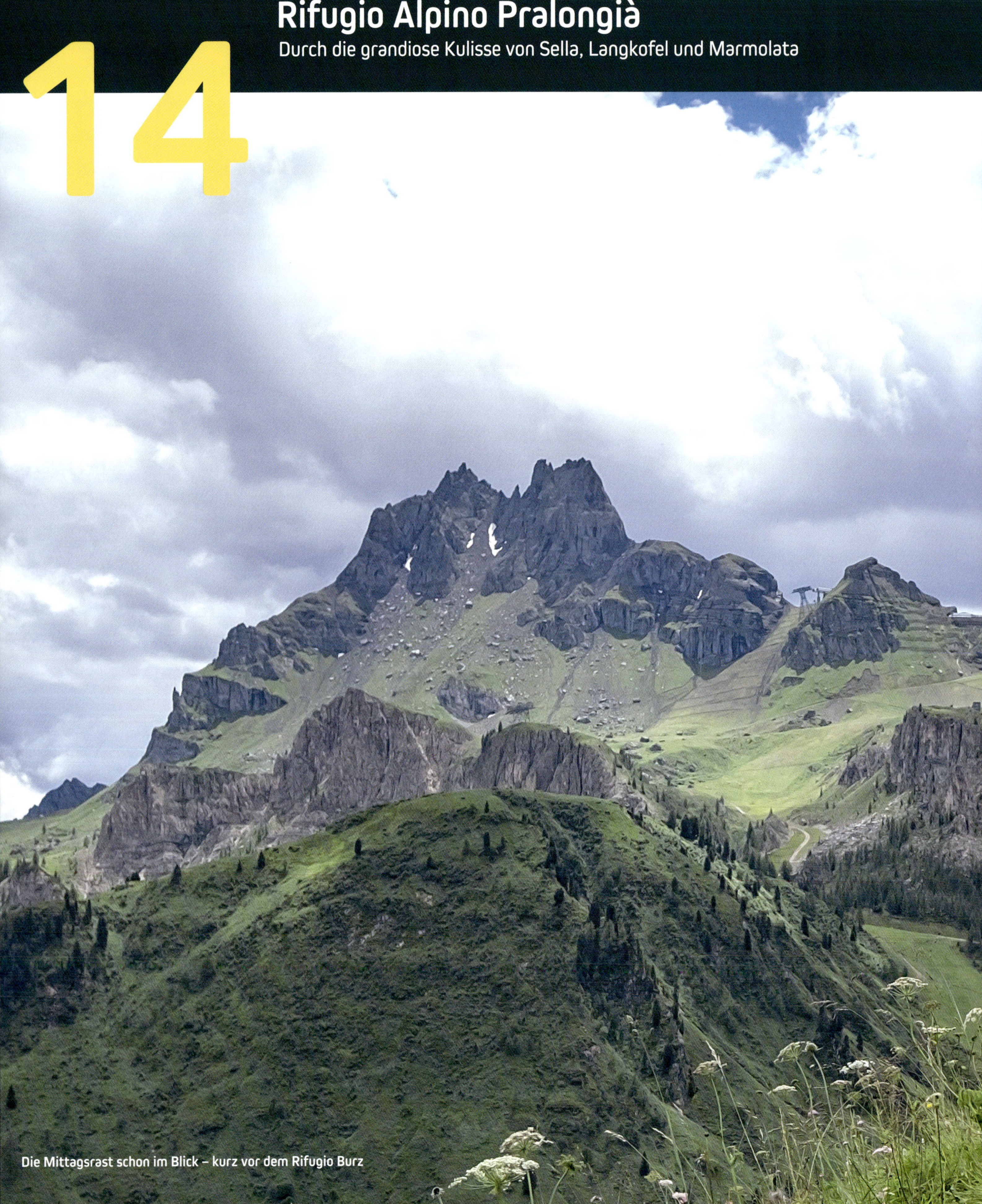

Die Mittagsrast schon im Blick – kurz vor dem Rifugio Burz

Schwierigkeitsgrad: schwer | Höhendifferenz: 1404 hm | Zeit MTB: 8:07 Std. | Zeit E-MTB: 6:05 Std. | Länge: 86,4 km

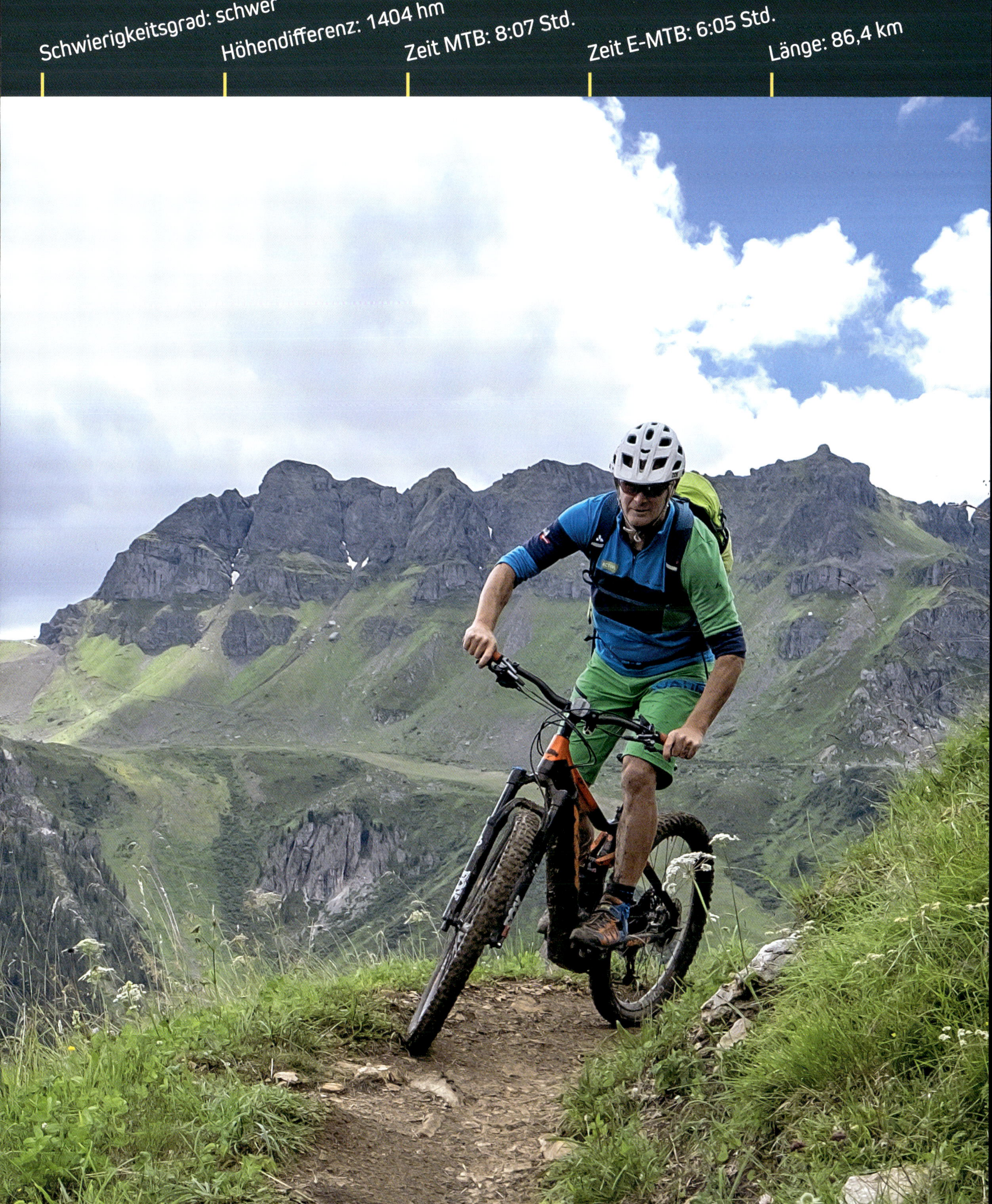

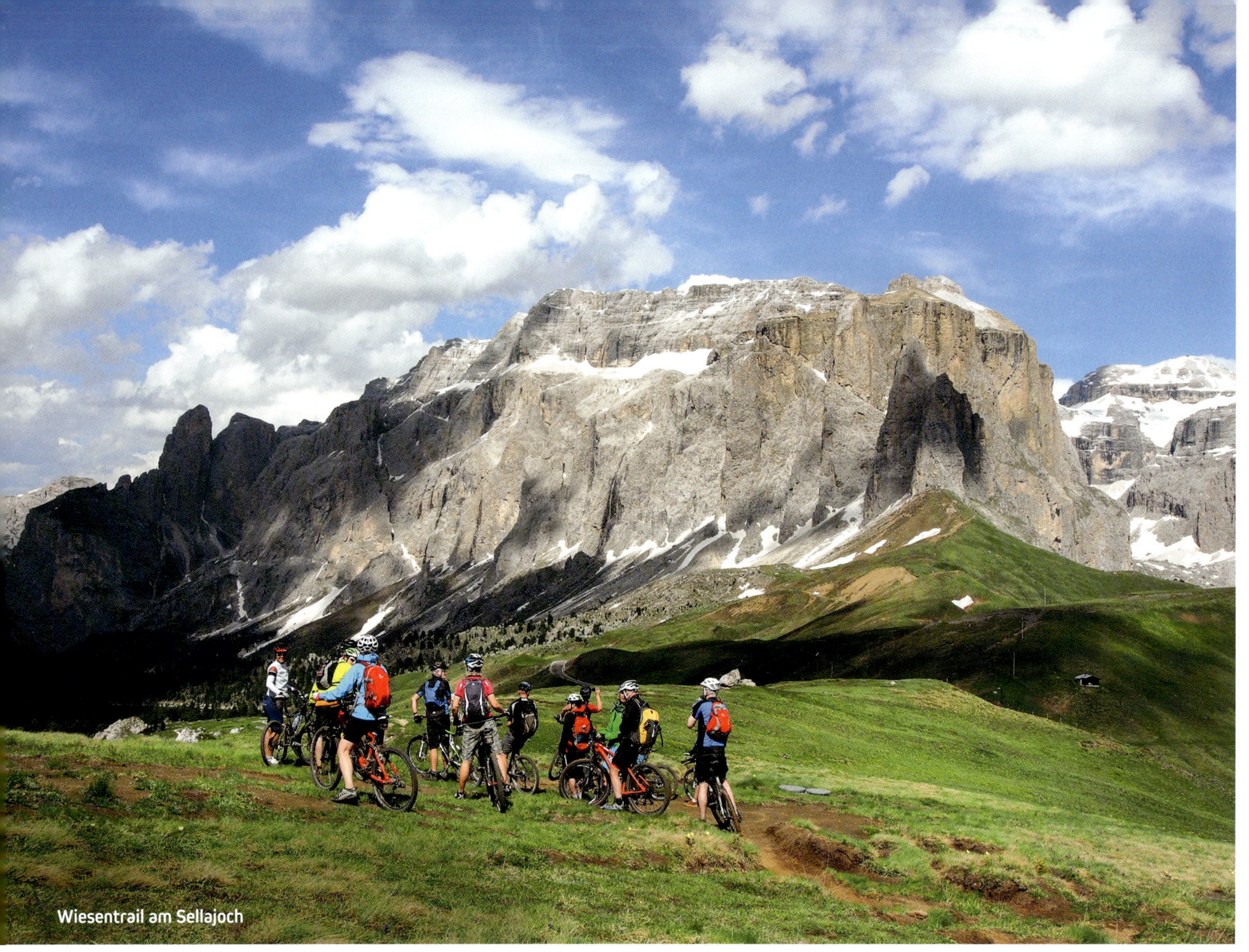

Wiesentrail am Sellajoch

Vier Dolomitentäler mit drei Sprachen umschließen den berühmten Sellastock. Eine munteres Auf und Ab durch traumhafte Berglandschaften und durch die klassischen Dolomiten-Orte Wolkenstein, Canazei, Arabba und Corvara.

Die Umrundung der Sellagruppe gehört ins Repertoire eines jeden ambitionierten Tourenbikers. Dabei ist die Sella Ronda – zumindest mit Seilbahnunterstützung – im oder auch gegen den Uhrzeigersinn gut in einem Tag zu bewältigen. Wir wollen den Fahrspaß und die herrliche Dolomitenlandschaft zwei Tage genießen und mit einer urigen Hüttenübernachtung kombinieren. Kurzerhand erfinden wir den Begriff „Sella Ferro di Cavallo“. Unsere Tour umkurvt das markante Massiv nämlich wie ein Hufeisen. So schauen wir am ersten Tag immer über die linke Schulter auf die Sella und am zweiten Tag in umgekehrter Richtung haben wir das schöne Motiv rechts im Blick. Dabei verlaufen Hin- sowie Rückweg bis auf wenige Kilometer auf ganz unterschiedlichen Strecken. Während der Fahrt mit der Ciampinoibahn vom Startort Wolkenstein im Grödnertal schiebt sich der Sellastock zum ersten Mal wie in einer Filmkulisse in den Blick. Ein erster Wow-Effekt schon bevor wir aufs Bike steigen. Der hohe Trailanteil der Tour macht sich schon auf den ersten Metern bemerkbar. Ein etwas holpriger Pfad führt zum Rifugio Emilio Comici (2154 m). Das am Fuß des Langkofels (3181 m) gelegene Berghaus wird für seine diversen Fischspezialitäten geschätzt. Ein halber Hummer vom Grill ist in den Alpen wohl einzigartig. Aber für uns ist es noch viel zu früh zum Essen und wir fahren weiter durch die „Steinerne Stadt“, ein Trümmerfeld aus über hundert Felsbrocken und über das Sellajoch (2244 m). Nach der ersten längeren Abfahrt besteigen wir in Canazei die Gondel und schweben bequem zum Aussichtsplateau des Col di Rosc (2383 m). Es folgen vier Kilometer Genusstrail mit fantastischen Ausblicken auf die Marmolata, den Lago di Fedaia zu ihren Füßen und auf die Sella mit ihrem höchsten Gipfel, dem Piz Boè (3152 m). Nach einer weiteren Fahrt mit der Fodom-Bergbahn zum Pordoijoch (2239 m) warten einige anspruchsvollle Trailabschnitte über das Rifugio Burz, das sich gut für eine Mittagsrast auf der schönen Terrasse anbietet, hinunter ins

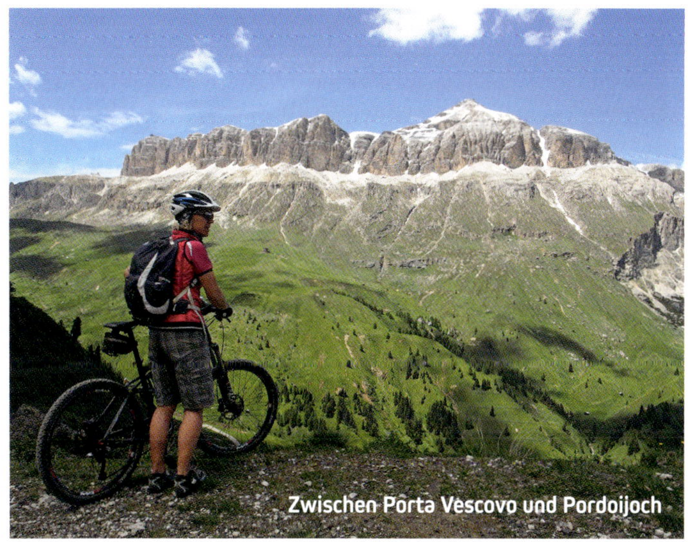
Zwischen Porta Vescovo und Pordoijoch

Örtchen Arabba. Die einzige längere Auffahrt des ersten Tages führt über gute Bergwege hinauf zum Passo Incisa (1938 m). Relaxt rollen wir die letzte Abfahrt für heute hinunter ins lebendige Corvara, wo es aber auch noch einige urige alte Bergbauernhäuser zu sehen gibt. Das Tagesfinale starten wir mit einem letzten Lift mit der Seilbahn hinauf zum Col Alt (1980 m). Als Tagesworkout warten auf

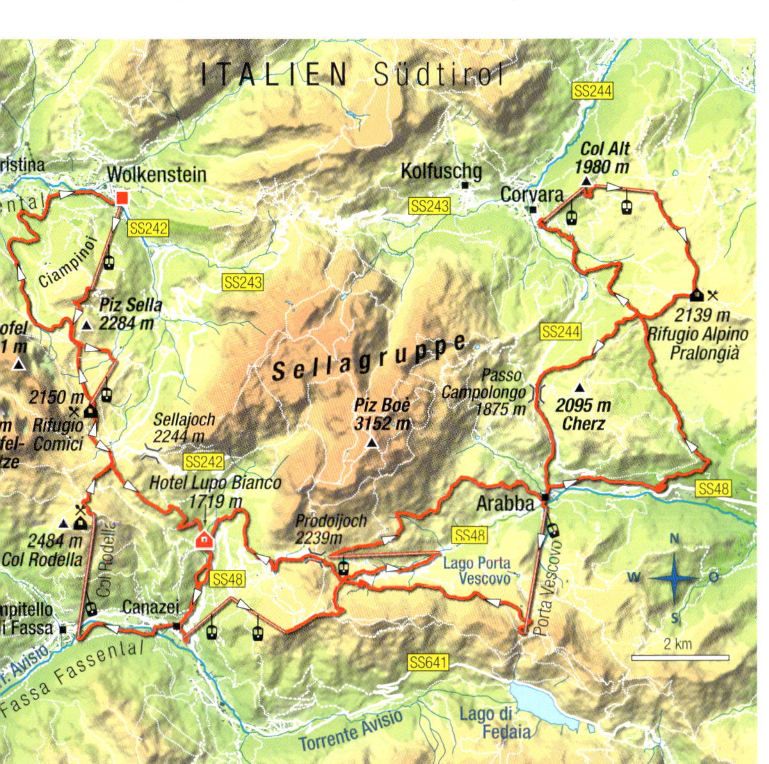

Sella Ronda mit dem Mountainbike

Stundenlanges grandioses Naturkino – die Tour um den Sellastock zählt zu den faszinierendsten Biketouren, die auch für fitte und fahrsichere „Normalbiker“ machbar ist – zumindest mit Unterstützung durch die Seilbahnen hinauf zu den vier Pässen Grödnerjoch, Campolongo, Pordoijoch und Sellajoch und mit einem professionellen Bike-Guide. Start für die Tagestour ist in Wolkenstein/Gröden, Corvara, Arabba, Canazei oder Campitello. Im Uhrzeigersinn (technisch schwieriger) warten 65 km und 550 bis 800 Höhenmeter, im Gegen-Uhrzeiger-Sinn (konditionell anspruchsvoller mit leichteren Trails) 56 km und 1200 bis 1650 Höhenmeter. Durchgeführt werden die Touren, die einen vollen Tag in Anspruch nehmen, täglich zwischen Ende Juni und Ende September.
www.sellaronda-mtb.com/de

dem Pralongia-Hochplateau noch rund 200 Höhenmeter in schwungvollem Auf und Ab (Achtung auf die Wanderer!) hinüber zu unserer Übernachtungsherberge. An der Pralongia-Hütte (2157 m) gibt es dann die Belohnung. Und damit ist nicht das süffige Bier und die leckere Südtiroler Kost gemeint, sondern das große Dolomiten-Wow: 360-Grad-Rundblick zu den Felsmassiven des Sellastocks, des Sassonghers, der Conturines im Naturpark Fanes-Sennes-Prags und der Marmolata. Hier möchte man ewig sitzen und im Kreis schauen.

Auf einer Höhe über 2000 Meter schläft nicht jeder gut, aber die Familie Pescollderungg-Niederkofler versucht es den Gästen möglichst kuschelig zu machen. Das heißt, Zimmer und Betten liegen spürbar über dem alpinen Hütten-Standard.

Am nächsten Morgen geht es erst mal bergab, möglichst gut eingepackt. Denn die Temperaturen sind nur einstellig. Und Konzentration ist auch gefordert auf dem losen Schotter. An der Murmeltierhütte (1920 m) biegen wir ein auf einen langen, meist flowigen Trail durch lichten Bergwald hinüber zum Passo Campolongo. Nach dem Pass ist dann etwas mehr Fahrtechnik gefragt. Der Trail steil hinunter wieder nach Arabba (1605 m) fordert an ein, zwei Stellen so manchen weniger versierten Biker

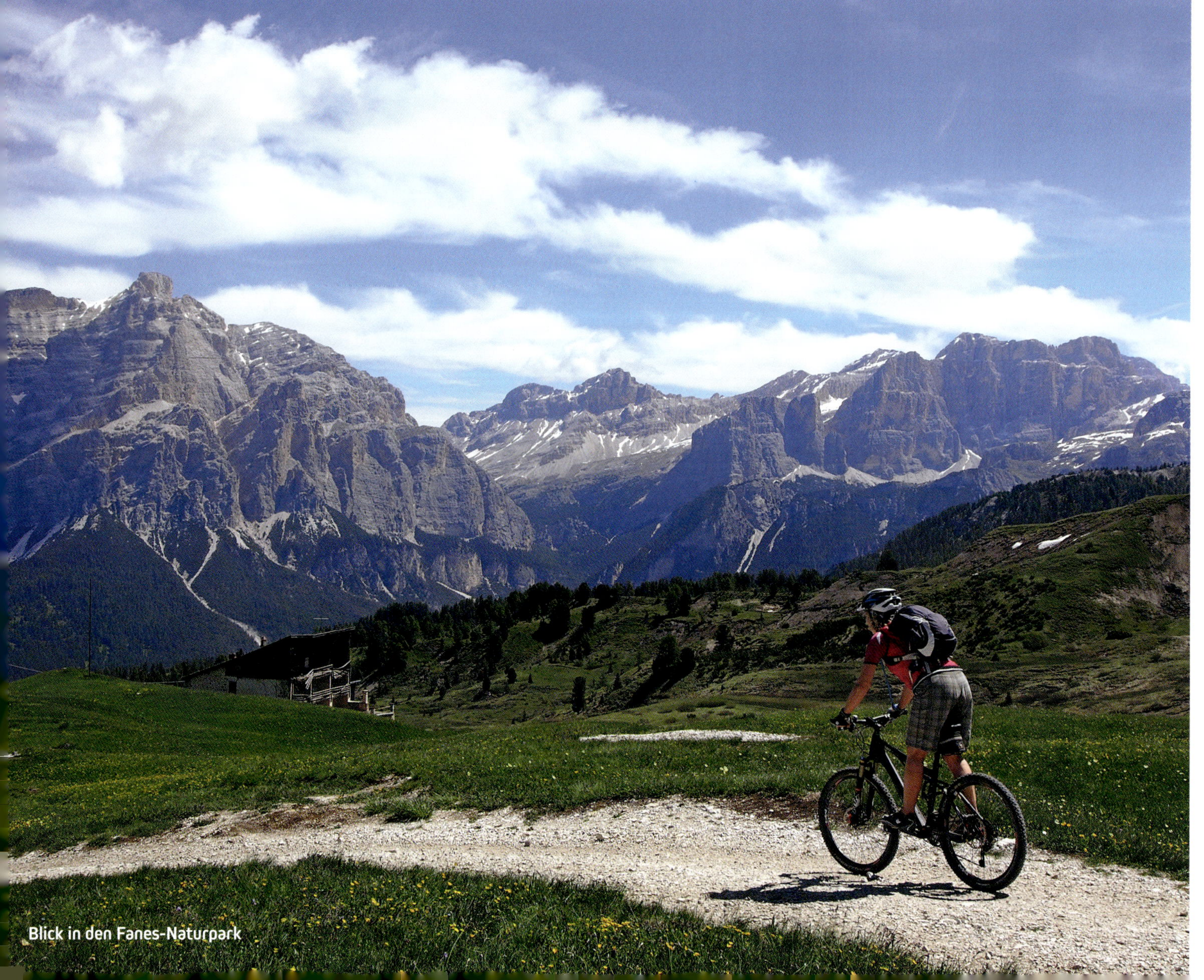

Blick in den Fanes-Naturpark

Über das Rifugio Alpino Pralongià (2157 m)

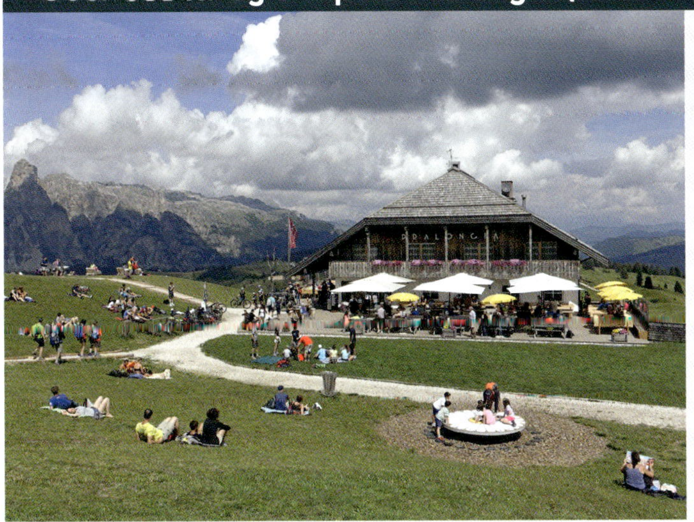

Das private Rifugio Alpino (Ütia Pralongià) steht inklusive kleiner Bergkapelle seit 90 Jahren in einmaliger Aussichtslage auf dem Pralongia-Hochplateau inmitten von Almwiesen. Das Plateau wird wegen seiner Lage und Kulisse auch „Amphitheater der Dolomiten“ genannt. Der Berggasthof befindet sich seit drei Generationen im Besitz der Familie Pescollderungg-Niederkofler. Als Inhaber eines der ersten Hotels im Gadertal (Alta Badia) errichtete die Familie Pescollderungg im Jahr 1932 auf der Hochebene der Pralongià eine erste Schutzhütte, um Gäste zu empfangen. Im Jahr 1975 erfolgte der Bau des heutigen Gebäudes, wobei schon damals viel Augenmerk auf die harmonische Einbettung in die faszinierende Dolomiten-Landschaft gelegt wurde.

Adresse: Località Pralongiá, I-39033 Corvara in Badia BZ
Tel. 0039-0471/836072, E-Mail: info@pralongia.it, www.pralongia.it

Geöffnet: von Mitte Juni bis Mitte September

Übernachtung: 25 Betten in Doppel- und Mehrbettzimmer mit DU/WC (bis zu 8 Betten)

Bike-Service: Beim Berggasthof Pralongia befindet sich eine E-Bike-Ladestation.

aus dem Sattel. Aber der Rest ist gut fahrbar. Vom Bergsteigerdorf schweben wir mit der Seilbahn hinauf zur Porta Vescovo (2475 m). Vom Felsentor hat man einen direkten Blick auf die Marmolata und ihren Gletscher bzw. auf das, was noch davon übrig geblieben ist. Nach der Panoramapause ist wieder Konzentration gefragt auf der Abfahrt auf der Skipiste und anschließend auf dem Trail Richtung Pordoijoch (2239 m). Die grandiose Dauerkulisse bildet hier kilometerweit der Sellastock. Die letzten Kilometer zum Joch müssten wir auf der belebten Passstraße zurücklegen, deshalb checken wir kurz am Sessellift ein. Gleich unterhalb der Passhöhe beginnt wieder ein langer Trailspaß – durch den Bergwald, zum Teil entlang der Skipisten. In Canazei im Fassatal angekommen, merken wir, dass Spaß auch Kraft kostet. Ein kurzer Espresso-Shot mit Cornetto als Beigabe darf schon sein, zumal die Atmosphäre hier im Trentino gleich spürbar italienischer wird. Auf dem Talradweg cruisen wir locker nach Campitello und schweben von dort mit der Seilbahn zum Col Rodella (2440 m). Am Fuße des Langkofels beginnt das lange Trail-Finale: Sellajoch (2180 m), „Steinerne Stadt“, Rifugio Comici und dann wie im Landeanflug mit dem Flugzeug durch Almwiesen und Bergwald über den Weiler Selva zurück nach Wolkenstein. Eine grandiose Hufeisen- statt der klassischen Rundtour um das Sellamassiv ist zu Ende! Leider!

Grohmannspitze, Fünffingerspitze und Langkofeleck

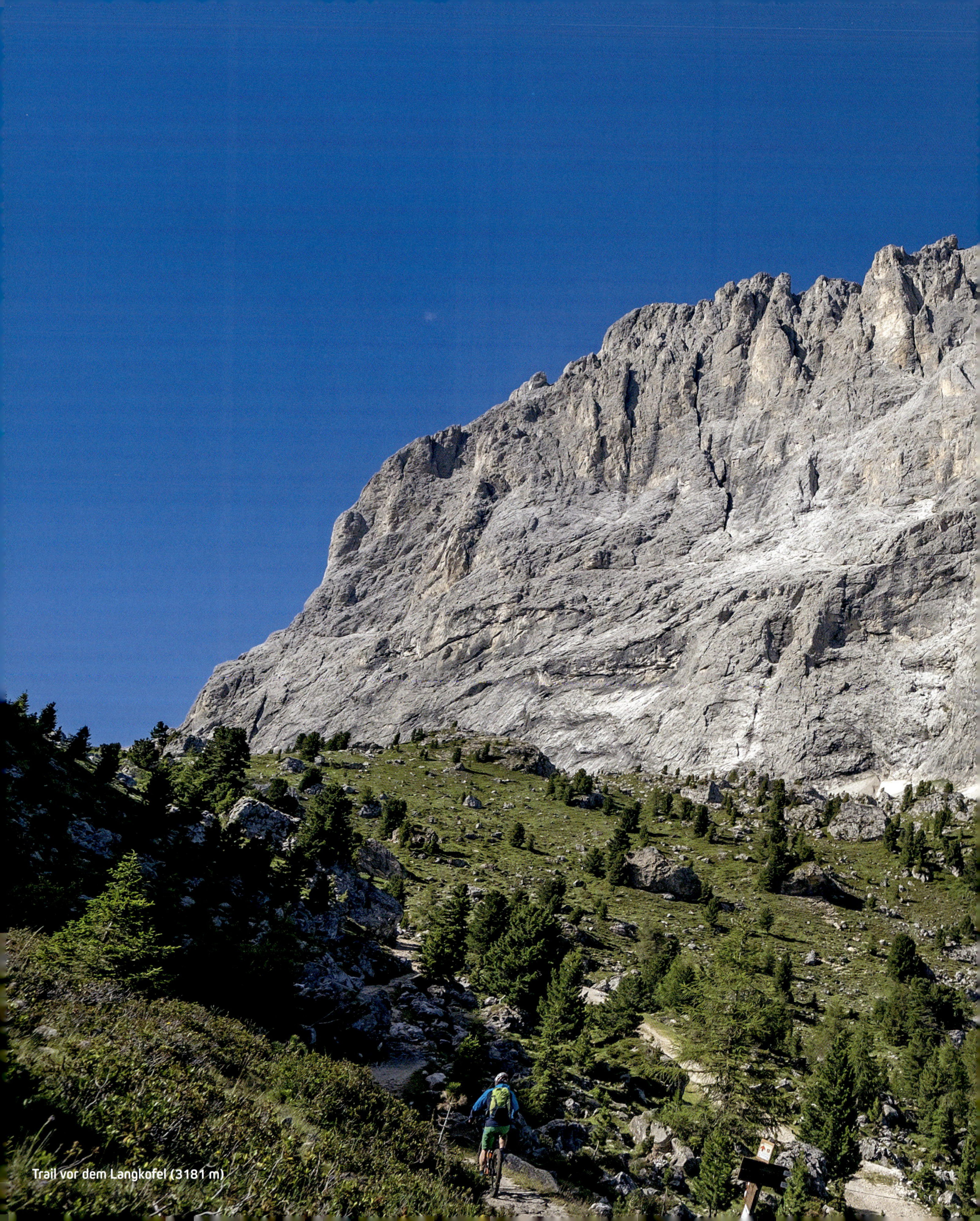

Trail vor dem Langkofel (3181 m)

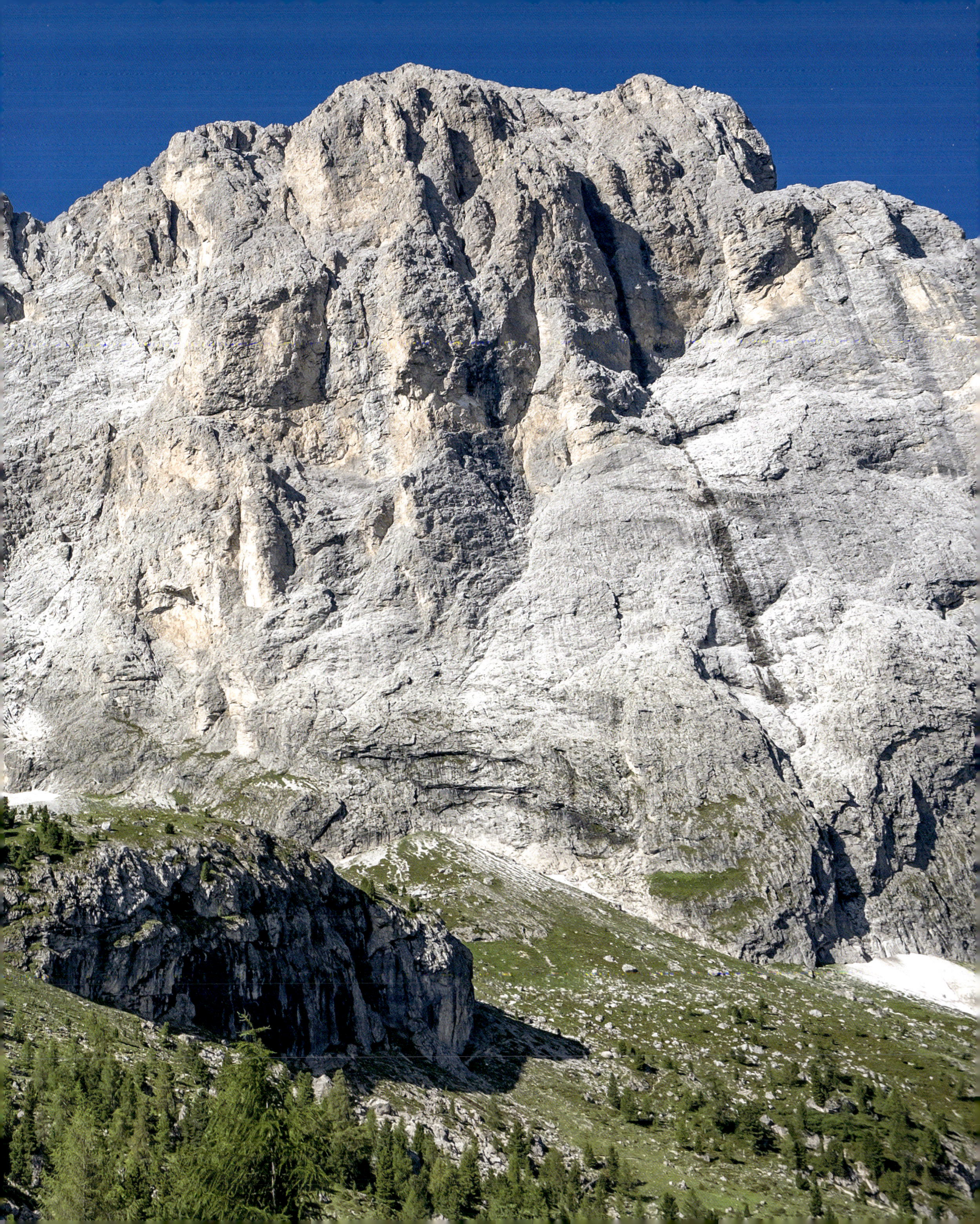

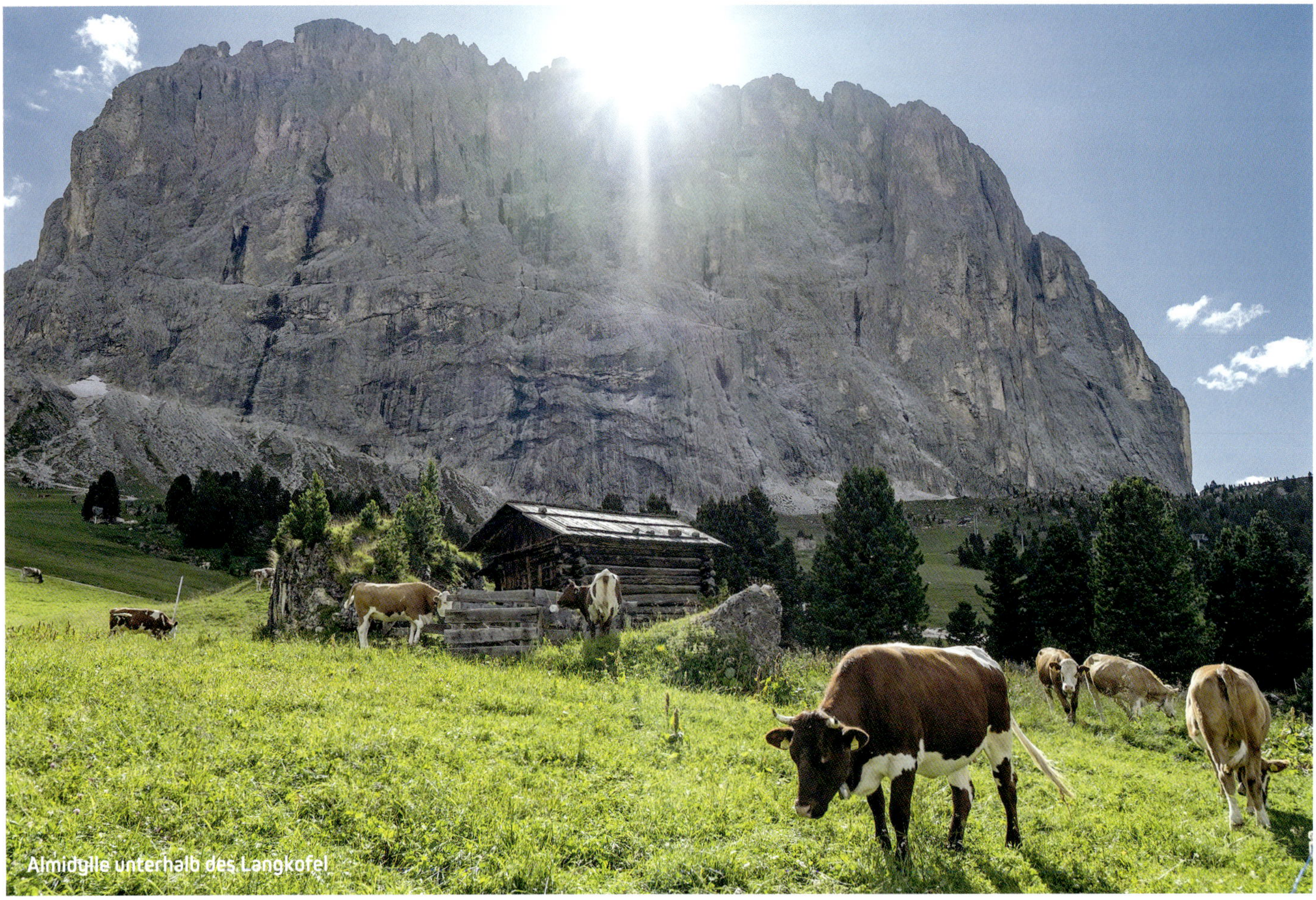

Almidylle unterhalb des Langkofel

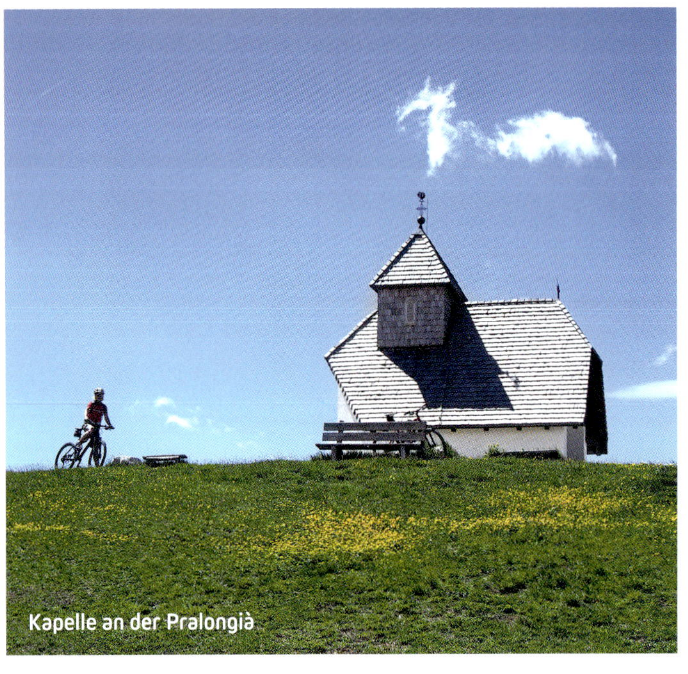
Kapelle an der Pralongià

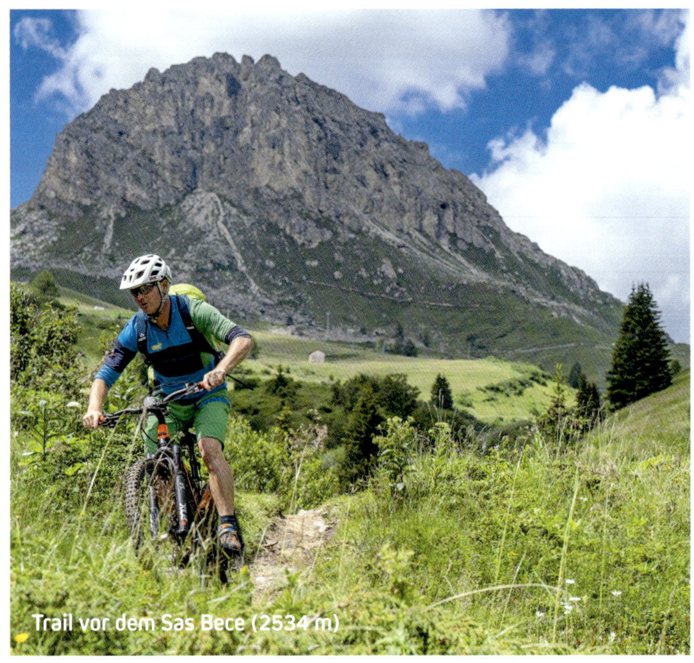
Trail vor dem Sas Bece (2534 m)

Info

Tag 1: 47,7 km – 808 hm – MTB: 4:32 Std. E-MTB: 3:24 Std.
Tag 2: 38,7 km – 596 hm – MTB: 3:35 Std. E-MTB: 2:41 Std.

Charakter

Hier ist alles drin – vom Asphaltsträßchen über den sanften Almweg bis zur fiesen Rampe und zum bockigen Trail. Vor allem, wer Trails in atemberaubender Landschaft schätzt, ist hier bestens bedient. Voraussetzung sind allerdings eine gewisse Fahrtechnik und Grundkondition.

Tourstart

Wolkenstein im Grödnertal (alternativ auch in St. Christina)

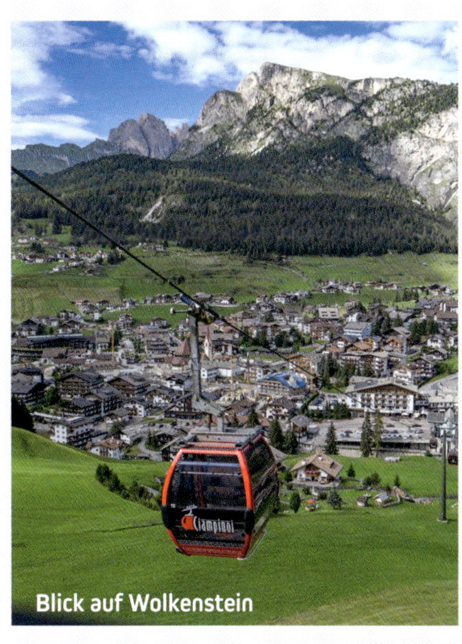

Blick auf Wolkenstein

Etappen

1,5 bis 2 Tage

Bikeshop

Dolomiti Adventures (Bike-Verleih mit Online-Reservierung), Meisules Str. 242, I-39048 Wolkenstein Gröden, Tel. 0039-0471/770905, www.dolomiti-adventures.com

Bike-Hotel

Garni Rubens, Familie Herbert Senoner, Str. Freina 25, I-39048 Selva di Gardena – Wolkenstein in Gröden (BZ), Tel. 0039-0471/795416, www.garni-rubens.com.
Piccolo Hotel, Str. Rainel 51 in Wolkenstein, Tel. 0039-0471/795186, www.hotel-piccolo.com

Anreise

Mit dem Auto via Innsbruck auf der Brennerautobahn bis zur Ausfahrt Val Gardena, weiter auf der Landstraße bis Wolkenstein.

Landkarten

Kompass-Karte Nr. 59 „Sellagruppe – Gröden Seiseralm" 1:50 000

Bike-Info

www.mtb-dolomites.com;
www.valgardena-active.com

Tourist-Info

Val Gardena/Gröden Marketing, Dursanstr. 80/c, I-39047 St. Christina (BZ), Tel. 0039-0471/777777, www.valgardena.it

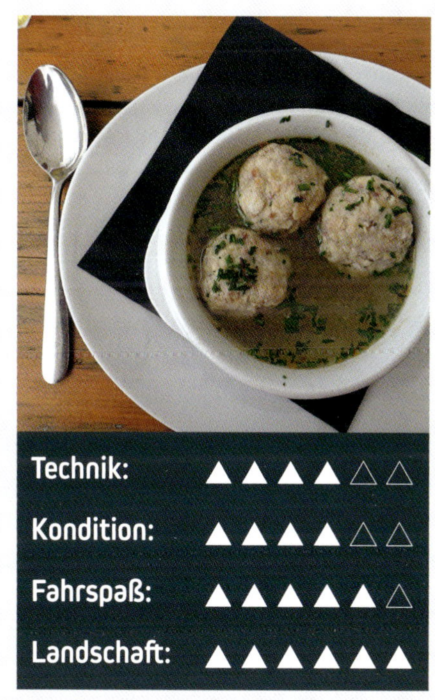

Technik: ▲▲▲▲△△
Kondition: ▲▲▲▲△△
Fahrspaß: ▲▲▲▲▲△
Landschaft: ▲▲▲▲▲▲

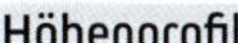
Höhenprofil Asphalt 7,0 km · asphaltierter Radweg 1,9 km · Schotter 32,3 km · Waldweg 0,0 km · Trail 30,5 km · SeilbaÚ 14,7 km

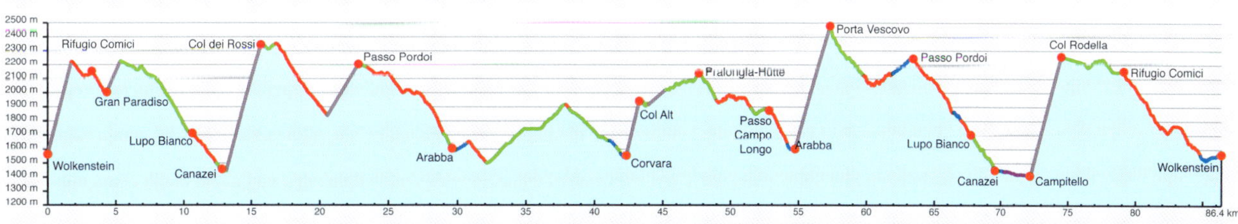

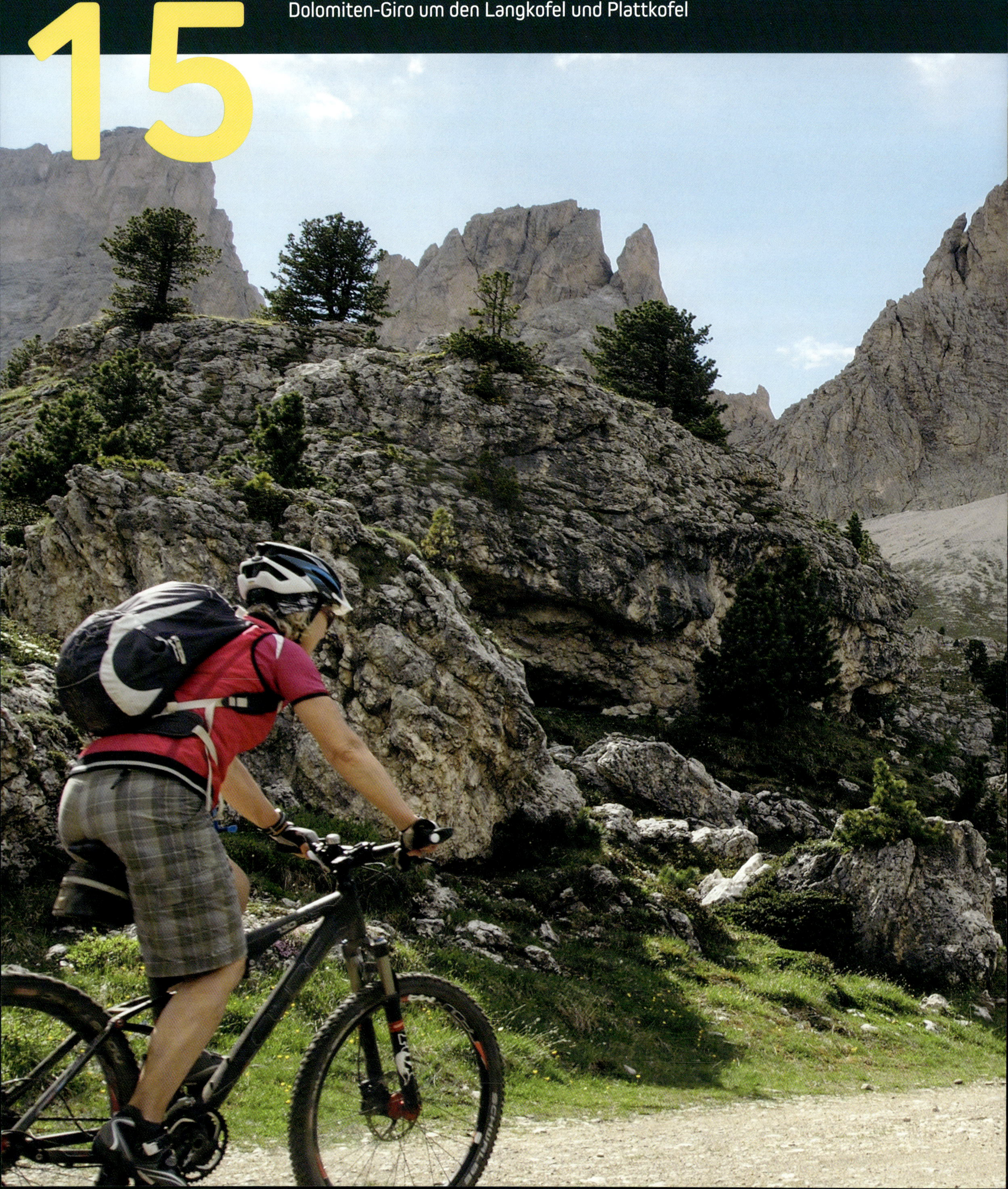

Schwierigkeitsgrad: schwer | Höhendifferenz: 2328 hm | Zeit MTB: 7:26 Std. | Zeit E-MTB: 5:35 Std. | Länge: 53,4 km

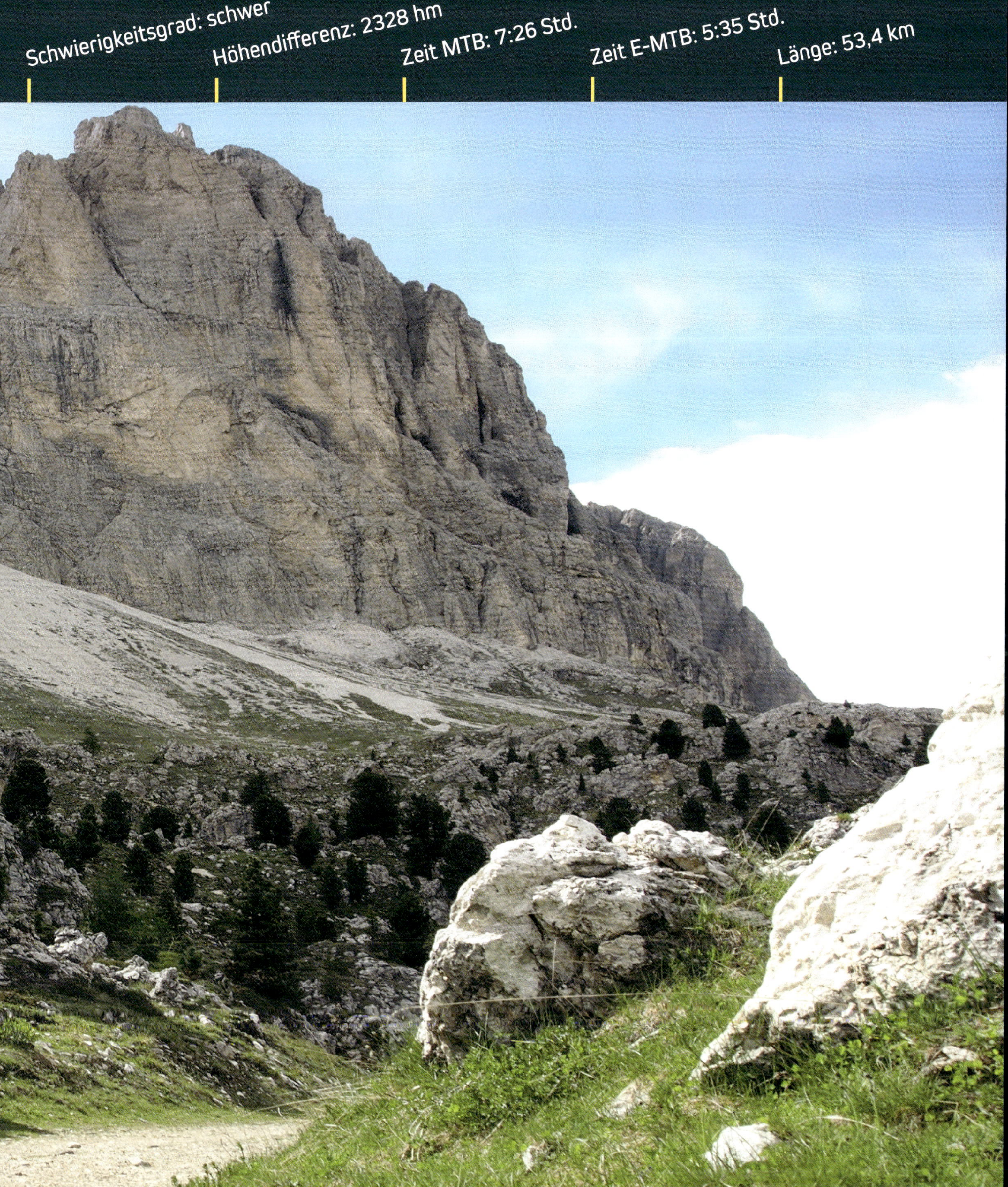

„Steinerne Stadt“ am Langkofel

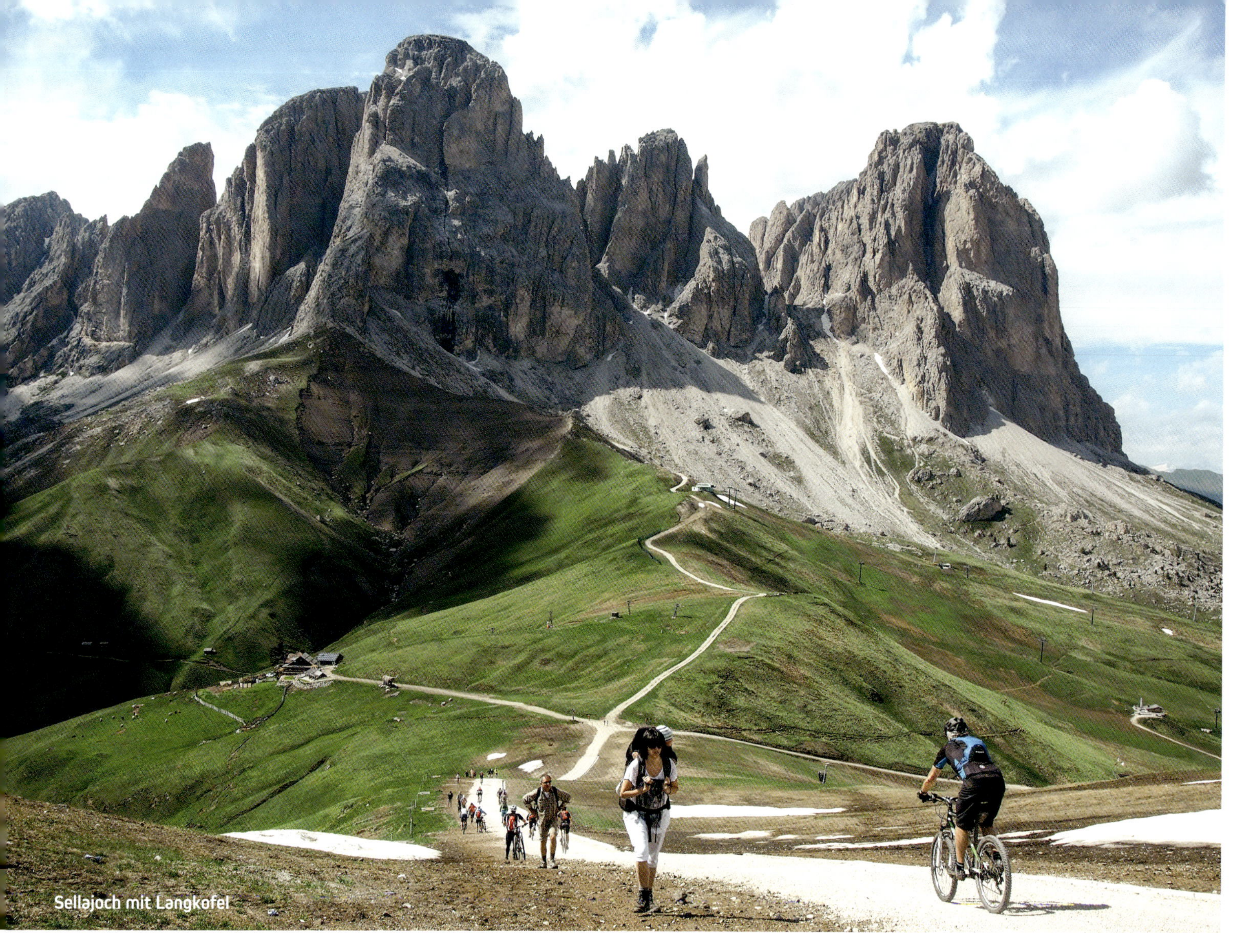

Sellajoch mit Langkofel

Ein Muss-Revier für den engagierten Tourenbiker – und Fotofan. So viele kitschig-schöne Spots gibt's selten auf einer Bike-Runde. Mit solider Grundkondition wird dieser Giro zum Hochgenuss.

Langkofel, Sellastock und Seiseralm sind die Wahrzeichen eines der berühmtesten Postkarten-Motive der Alpen. Dolomiten pur – sozusagen das UNESCO-Welterbe in Reinform. Ja, in dieser Südtiroler Bilderbuchkulisse kann man auch wunderbar Mountainbiken, und es findet sich zudem eine Hütte ganz oben für eine grandiose Zwei-Tage-Tour. Das Berghaus auf 2440 m Höhe wurde von seinem Erbauer, dem Bergführer Max Aichner aus Tiers, Tierser Alpl genannt. „Die Hütte soll ein Ort der Begegnung sein, der Zuflucht vor den Naturgewalten bietet, aber auch ein gepflegtes Essen und einen guten Tropfen Wein." Nach diesem Credo führen heute noch seine Tochter Judith und ihr Mann Stefan das charmante Berghaus mit eigener Kapelle am Südrand der Seiseralm, hoch oben an den senkrechten Felsen der Rosszähne. Bergsteiger aus aller Welt trifft man hier in der Stube. Die Moutainbiker zählen allerdings zur Minderheit. Aber dazu kommen wir noch.

Mitten in Wolkenstein beim Tourismusbüro liegt der Start unserer großen Langkofel-Umrundung. Dort zweigt auch die Straße ab zum Ortsteil Selva – unsere Richtung. Nach kurzen Minuten auf Asphalt mit Ausblick ins Grödnertal und zur Geislergruppe fädeln wir in den Trail zum Monte Pana ein. Der Pfad wird für das Sellaronda-Hero-Rennen immer wieder schön hergerichtet und lässt sich angenehm fahren, bis auf den steilen Anstieg zur Talstation des Monte-Pana-Liftes. Aber von dort, quasi dem Tor zur Seiseralm, führen schöne Bergwege weiter zur größten Hochalm Europas, ganz und gar nicht zu verwechseln mit einer Hochebene. Denn Richtung Saltner Schwaige und Saltria sammeln wir am Fuße von Langkofel und Plattkofel schon ordentlich Höhenmeter. Und zwischendurch folgt auch mal wieder eine kleine Abfahrt. Bis weit in den Westen der Seiseralm führen uns Wege und Serpentinen. Erst im etwas rummeligen Örtchen Kompatsch biegen wir vor der Kulisse des Schlern ab in noch höhere Gefilde. Die Steigungsprozente über die Ski- und Almwiesen halten sich in Grenzen. So bleibt

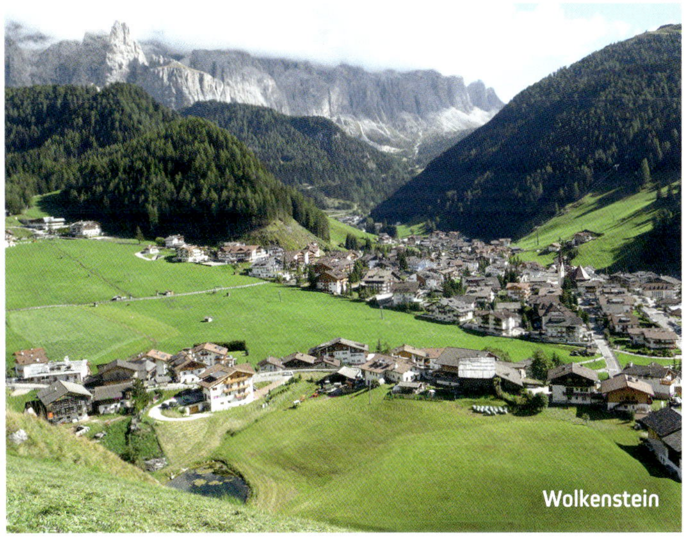
Wolkenstein

viel Muße fürs Bergpanorama rundherum. Je mehr wir uns den Felsen nähern, umso alpiner zeigt sich das Publikum. An der Mahlknechthütte (Rifugio Molignon, 2054 m) sitzen nur noch Bergsteiger, die Spaziergängerkolonnen haben sich schon kurz hinter Kompatsch aufgelöst. Ab der schön gelegenen Hütte wird es aber wirklich ernst. Noch zwei Kurven bergab, dann einbiegen auf die steinig-rup-

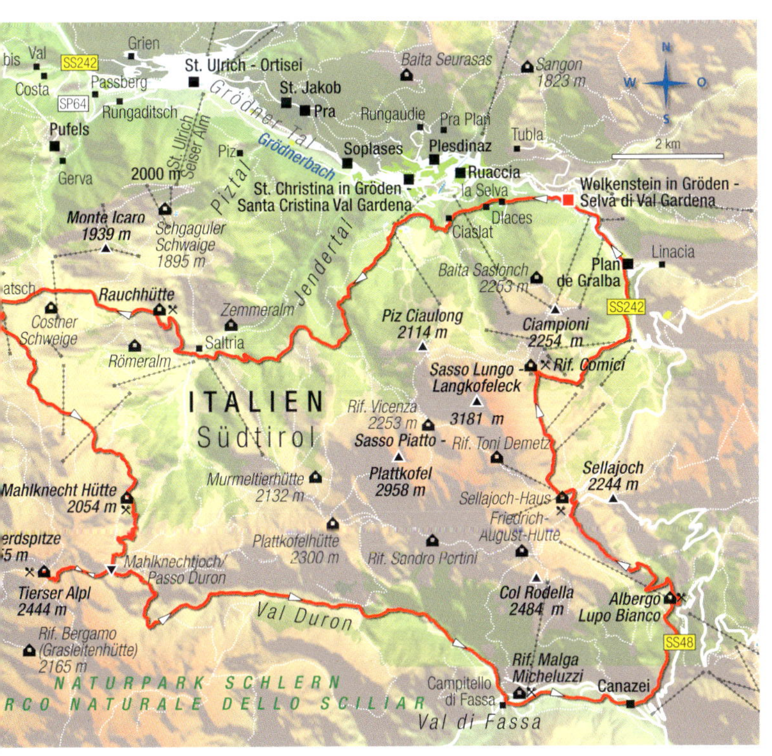

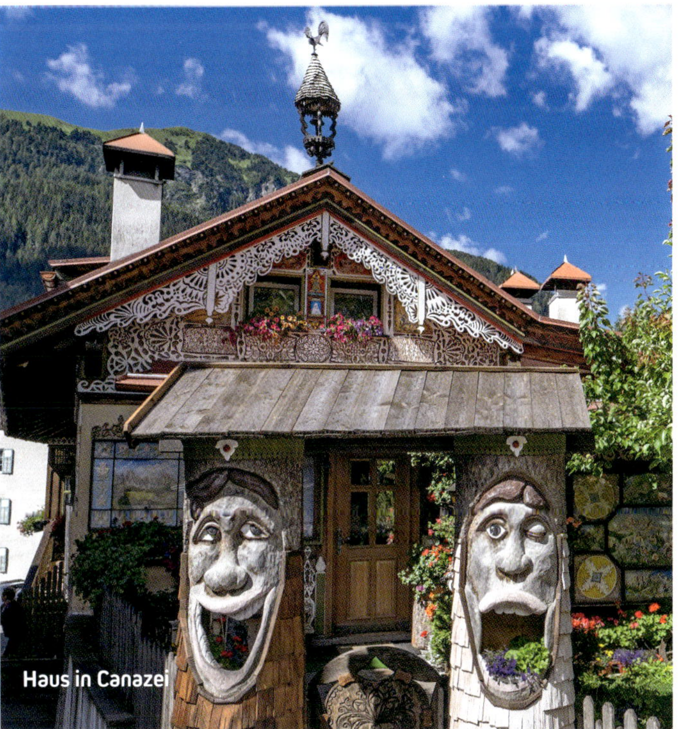
Haus in Canazei

pigen Serpentinen zum Mahlknechtjoch. Hier bleibt kein Blick mehr fürs Felspanorama, sondern nur noch Schnaufen, Konzentration auf den Weg und vielleicht leises Fluchen über die Steilheit. Vor dem Pass biegen wir zum Tierser Alpl ab, kurze Minuten zum Erholen, bevor es noch dicker kommt. Die Rampe hinauf zu den Roßzähnen liegt mehrfach jenseits der 25 Prozent und zwingt jeden Normalbiker ohne Motor früher oder später aus dem Sattel. Deshalb kneifen hier auch viele und biegen zuvor schon ab ins Val Duron. Aber spätestens nach einer Dreiviertelstunde Schieben zeigt sich das Tierser Alpl, wie es sich in traumhafter Lage an den Fuß der Felswände schmiegt. Auf fast 2500 Meter Höhe greift man schnell zur wärmenden Jacke, doch irgendwie möchte jeder erst einmal draußen bleiben in diesem hochalpinen Kleinod. Drinnen verwöhnt Wirtin Judith ihre Gäste mit Südtiroler Bergküche mit mediterranem Einschlag. Ein Tipp: Polenta mit Tomaten-Sugo und Bergkäse überbacken. Dazu eine überraschend große Weinauswahl. Wer für den Bergschlaf keine Matratzenlager mag, findet im Tierser Alpl sogar kleine Doppelzimmer.

Am nächsten Morgen ist gleich Konzentration gefragt, um dick eingepackt sicher auf Schotter und Trail ins Val Duron hinunter zu bremsen. Das lange,

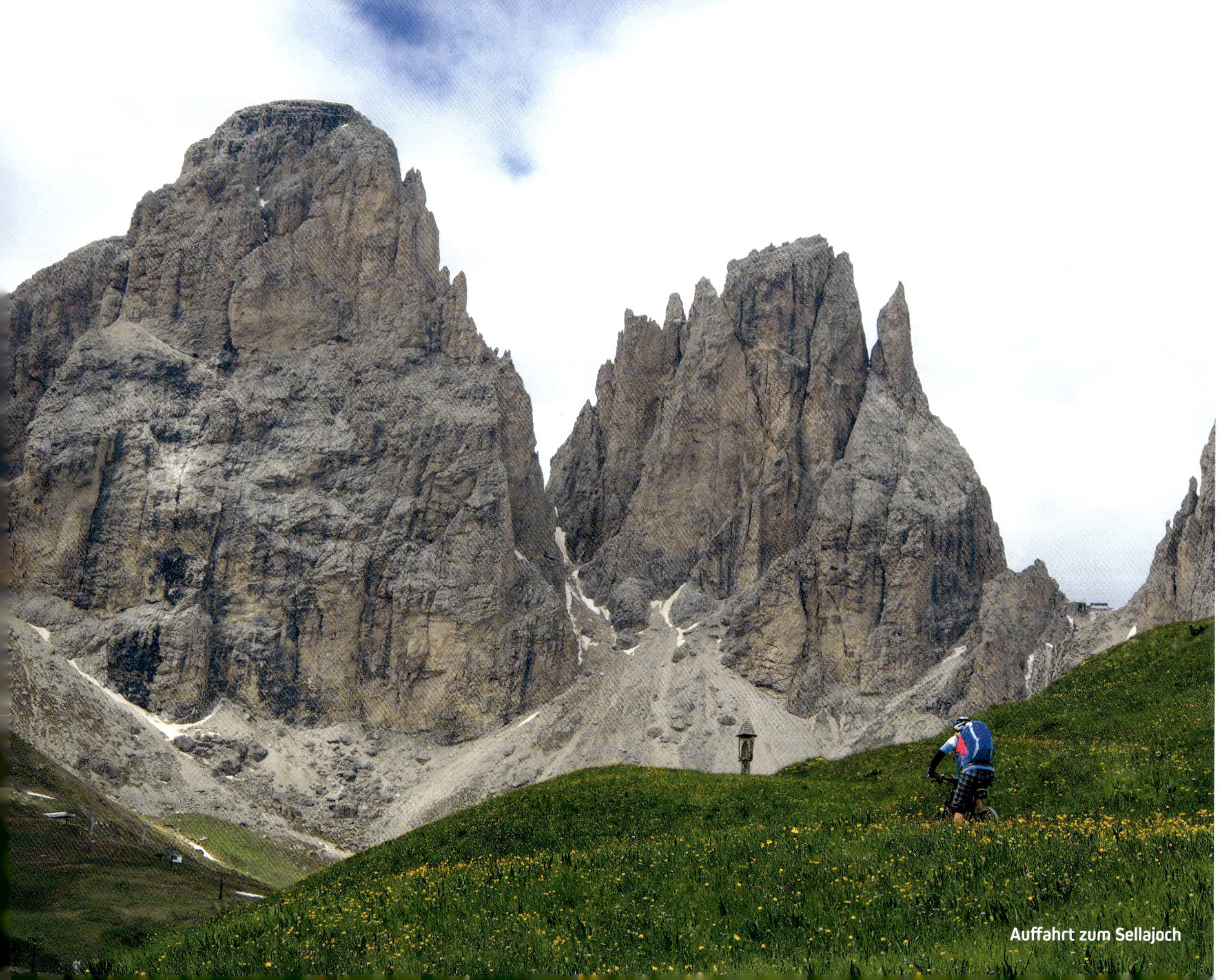

Auffahrt zum Sellajoch

Über das Tierser Alpl (2440 m)

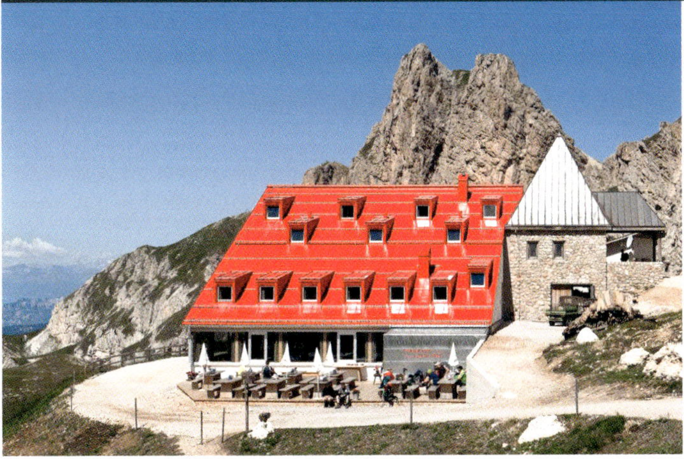

Das private Berghaus liegt am gleichnamigen Sattel zu Füßen der Felswände der Rosszähne, wo sich einige Bergwege und Pfade kreuzen. Auf dem Weg vom Schlern zu Lang- und Plattkofel, von der Seiseralm zum Rosengarten, immer kommt man hier vorbei, wo der Tierser Bergführer Max Aichner vor 50 Jahren seine Idee von einem eigenen Schutzhaus in die Tat umgesetzt hat. Seit bald 30 Jahren führen Aichner's zweite Tochter Judith und ihr Mann Stefan Perathoner die gemütliche Herberge und verwöhnen die internationalen Gäste mit gepflegter Südtiroler Küche und einer guten Weinauswahl. Ein Tipp: Judiths hausgemachter Holundersaft, für den manch ein Wanderer weite Umwege in Kauf nimmt.

Adresse: Mobil 0039-333/6546865 (Judith), Tel. 0039-0471/727958 (Berg), www.tierseralpl.com

Geöffnet: Ende Mai bis Ende Oktober

Übernachtung: Zimmer für zwei, drei, vier, sechs oder acht Personen mit insgesamt 74 Betten, Lager mit 53 Betten für acht, zehn oder zwölf Gäste. Warme Dusche.

Bike & Hike: Tierser Alpl – Rosszahnscharte – Saltnerhütte – Schlernhaus – Monte Pez zurück über den Höhenweg (6 Std.); Tierser Alpl – Grasleitenhütte und durchs Bärenloch zurück (4 Std.); Maximilian-Klettersteig (leicht bis mittelschwer): Tierser Alpl – Roßzahn – Roterdspitze – Tierser Alpl (3,5 Std.)

wunderschöne Hochtal gehört bereits zum Trentino. Schnell zu erkennen, wenn man an den Almen und Berggasthäusern auf Italienisch begrüßt wird. Im Skiort Campitello schwenken wir auf den gemütlich flachen Radweg im Fassatal ein. Aber im benachbarten Canazei wartet schon wieder die Auffahrt in die Felsregionen des Sellastocks. Die Wege wurden auch hier gern in einer steilen Direttissima angelegt. Schiebestrecken also nicht ausgeschlossen, vor allem kurz vor und nach Lupo Bianco, einem Gasthaus neben der Passstraße. Aber je weiter wir in die höheren Lagen biken oder schieben, umso faszinierender zeigt sich wieder das Panorama von Sellastock und Langkofel. Am Sellajoch führt die Route ganz nah an den Langkofel heran, mitten durch die „Steinerne Stadt“, eine Ansammlung riesiger Felsklötze. Ein wunderschöner Trail windet sich danach auf und ab durch die Postkartenlandschaft zum Rifugio Comici (2154 m). Eine echte Biker-Hütte mit Reparaturecke und großem Bike-Parkplatz. Genau der richtige Ort, um sich hoch oben nochmals zu stärken für die Steilabfahrt ins Grödnertal. Über die garstig steilen Skihänge und die dazu gehörigen Versorgungsweglein bremsen wir uns talwärts, zuerst nach Plan de Gralba (1789 m) an der Sellajochstraße, dann immer weiter hinunter bis Plan, einem Ortsteil von Wolkenstein. Die letzten Meter rollen wir aus auf der Strada Meisules, der Dorfstraße von Wolkenstein, bis zum Ziel: das Café beim Tourismusbüro.

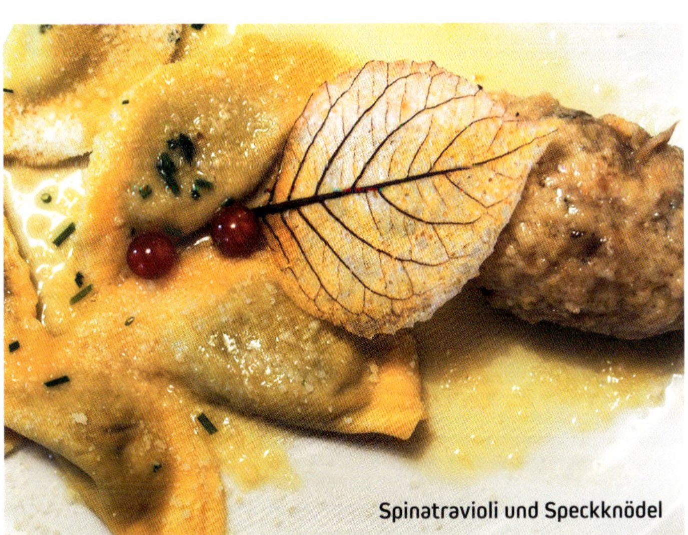

Spinatravioli und Speckknödel

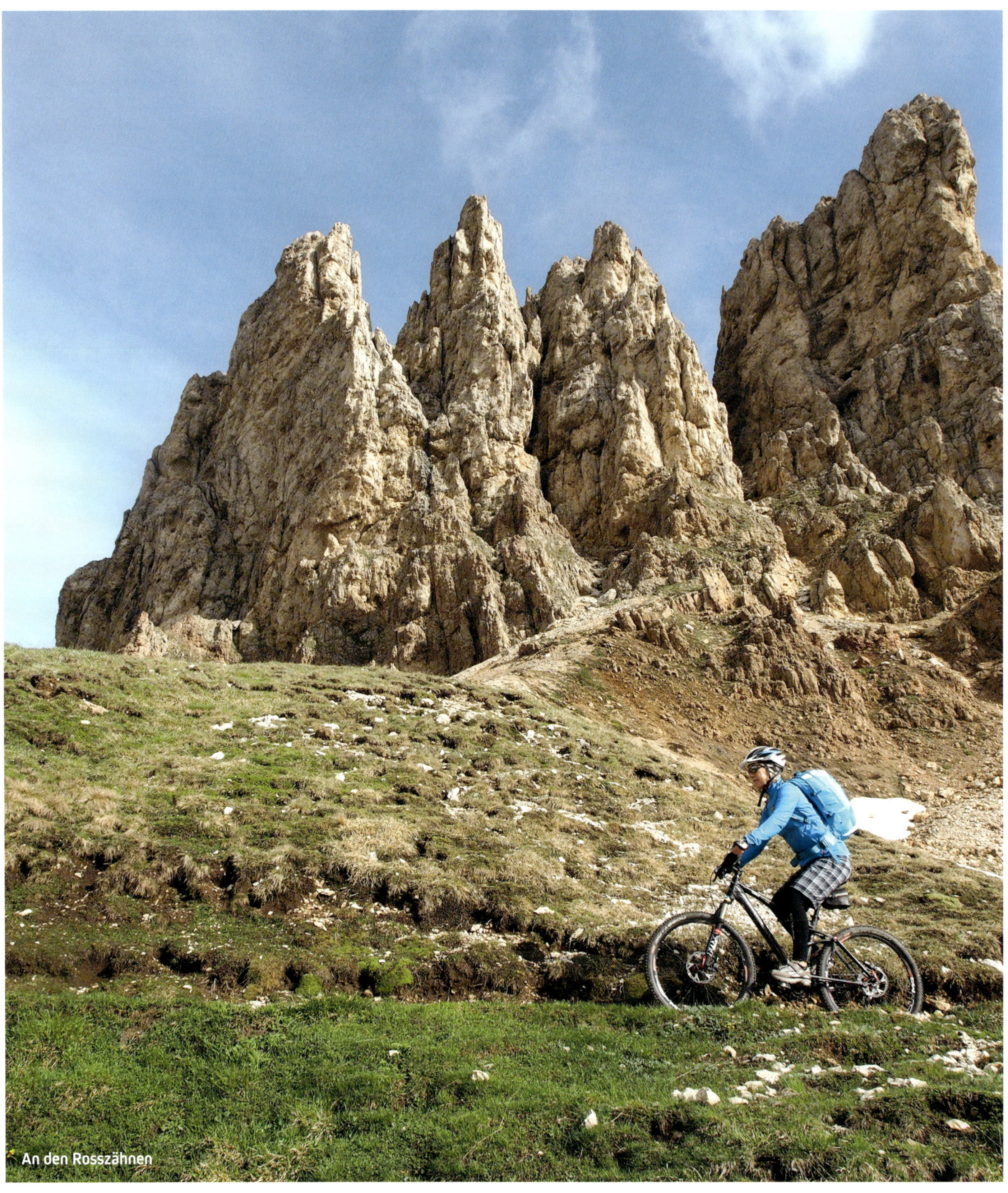
An den Rosszähnen

Info

Tag 1: 24,8 km – 1392 hm – MTB: 3:58 Std. E-MTB: 2:59 Std.
Tag 2: 28,6 km – 937 hm – MTB: 3:28 Std. E-MTB: 2:36 Std.

Charakter

Hier ist alles drin – vom Asphaltsträßchen über den sanften Trail bis zur fiesen Rampe. Heftig in die Beine gehen die Auffahrten, falls man nicht eh teilweise schieben muss, zum Passo Duron und weiter zum Tierser Alpl sowie von Lupo Bianco hinauf zum Sellajoch. Aber das sensationelle Panorama (fast) auf der ganzen Runde entschädigt fürs Leiden.

Tourstart

Wolkenstein im Grödnertal (alternativ kann man auch in St. Christina starten)

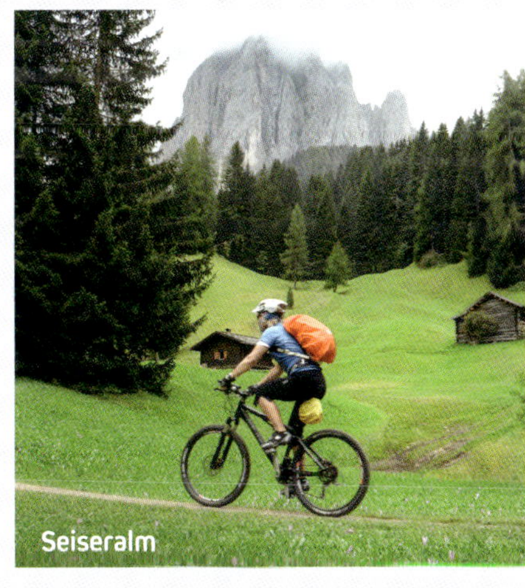

Seiseralm

Etappen

1,5 bis 2 Tage

Bikeshop

Dolomiti Adventures (Bike-Verleih mit Online-Reservierung), Meisules Str. 242, I-39048 Wolkenstein, Gröden, Tel. 0039-0471/770905, www.dolomiti-adventures.com

Bike-Hotel

Garni Rubens, Familie Silke Senoner, Str. Freina 25, I-39048 Selva di Gardena – Wolkenstein in Gröden (BZ), Tel. 0039-0471/795416, www.garni-rubens.com. Piccolo Hotel, Str. Rainel 51 in Wolkenstein, Tel. 0039-0471/795186, www.hotel-piccolo.com/de

Anreise

Mit dem Auto via Innsbruck auf der Brennerautobahn bis zur Ausfahrt Val Gardena, weiter auf der Landstraße bis Wolkenstein.

Landkarten

Kompass-Karte Nr. 59 „Sellagruppe – Gröden Seiseralm" 1:50 000

Bike-Info

www.mtb-dolomites.com; www.valgardena-active.com

Tourist-Info

Dolomites Val Gardena, Dursanstr. 80/c, I-39047 St. Christina (BZ), Tel. 0039-0471/777777, www.valgardena.it, info@valgardena.it

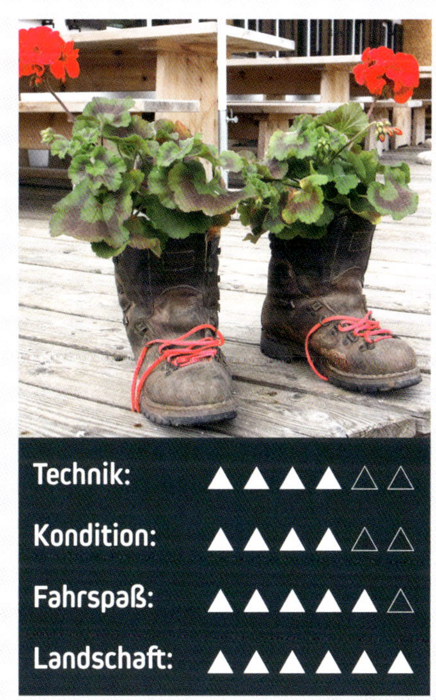

Höhenprofil Asphalt 5,4 km · asphaltierter Radweg 7,3 km · Schotter 36,5 km · Waldweg 0,0 km · Trail 3,8 km · Schieben 0,4 km

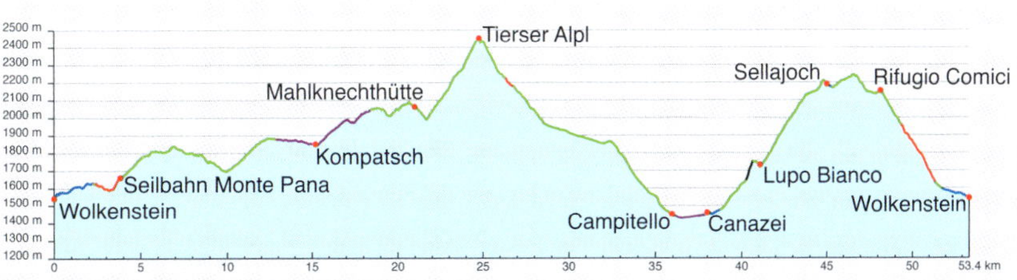

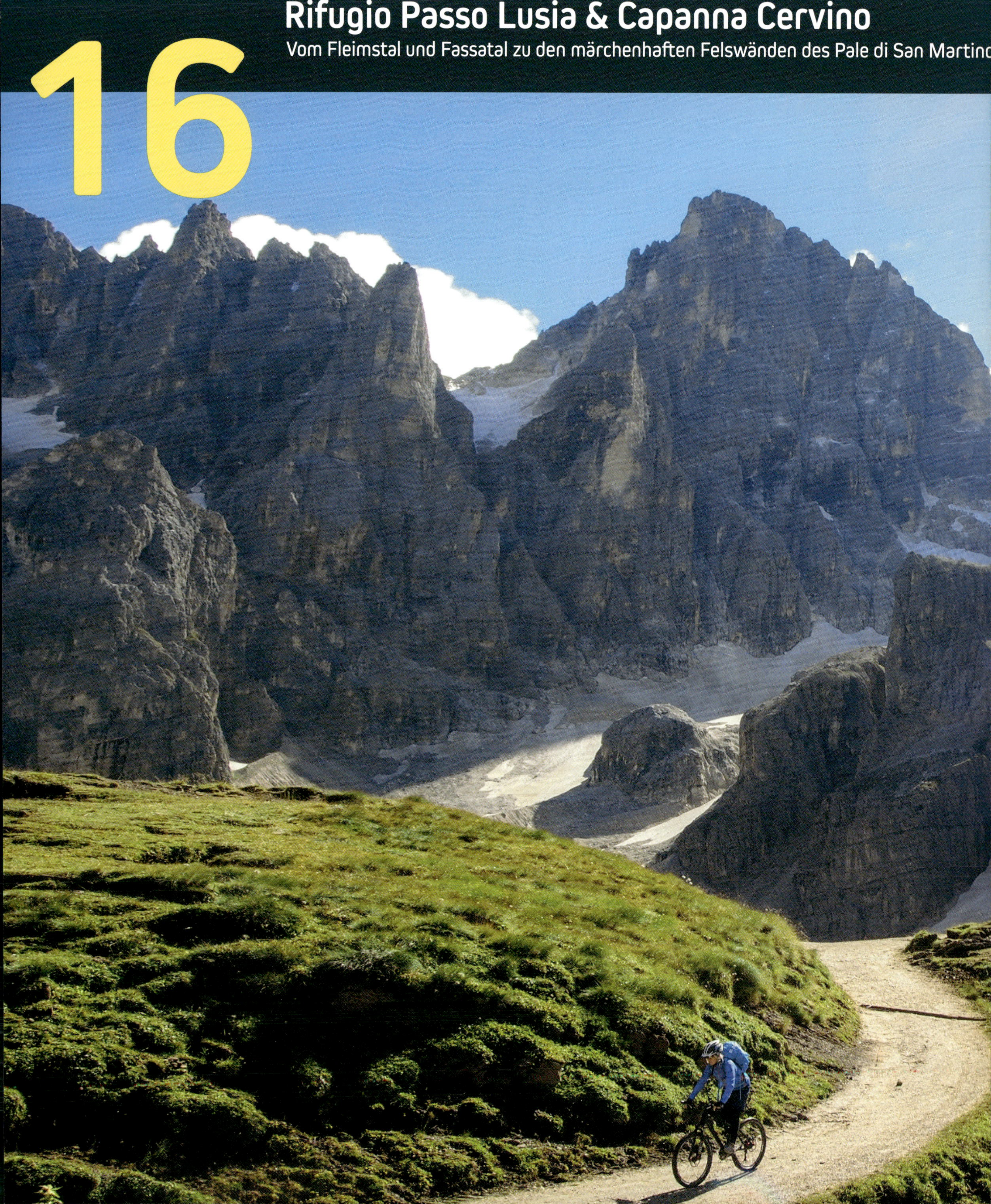

16

Rifugio Passo Lusia & Capanna Cervino

Vom Fleimstal und Fassatal zu den märchenhaften Felswänden des Pale di San Martino

Schwierigkeitsgrad: mittel | Höhendifferenz: 2119 hm | Zeit MTB: 7:49 Std. | Zeit E-MTB: 5:52 Std. | Länge: 64,1 km

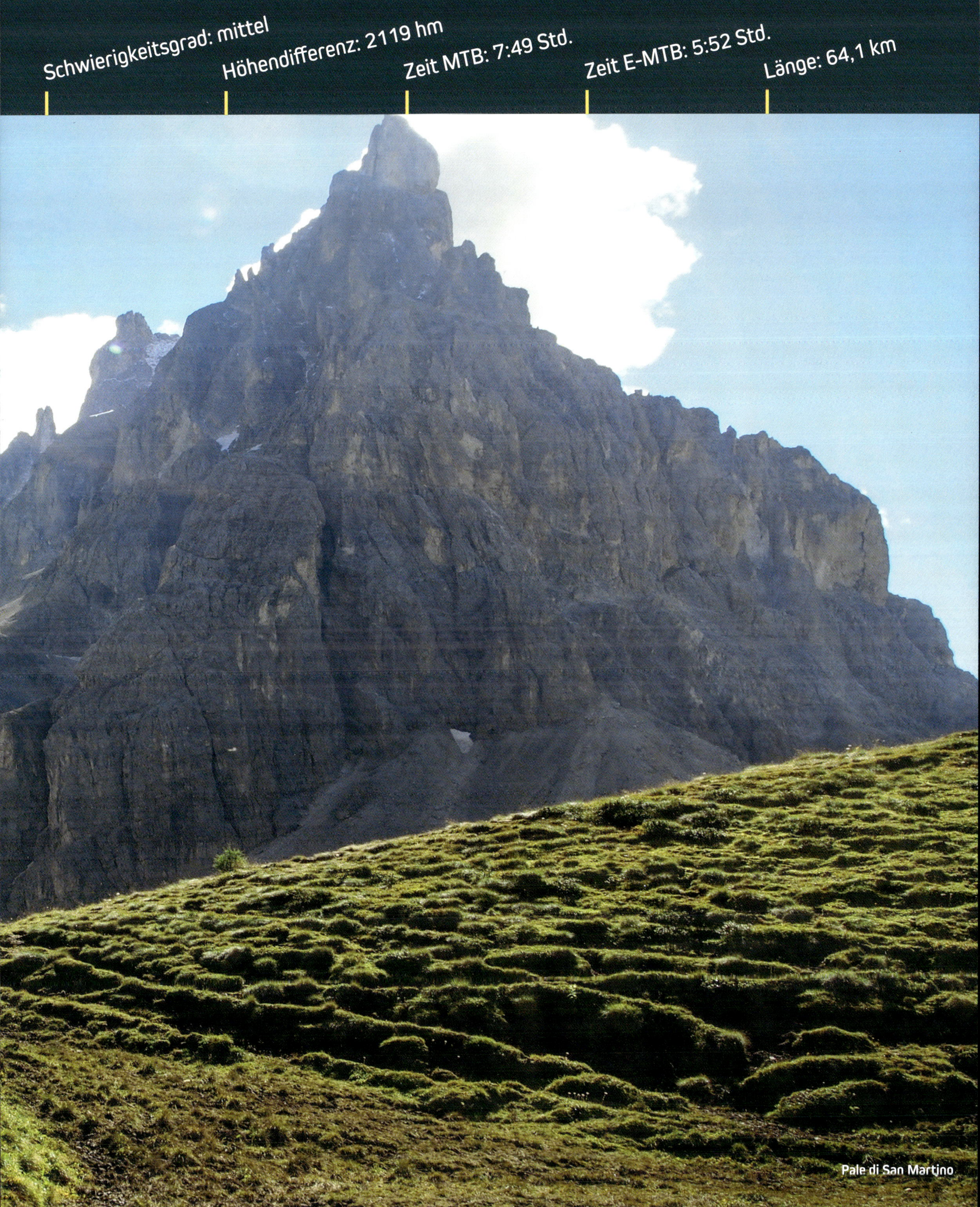

Pale di San Martino

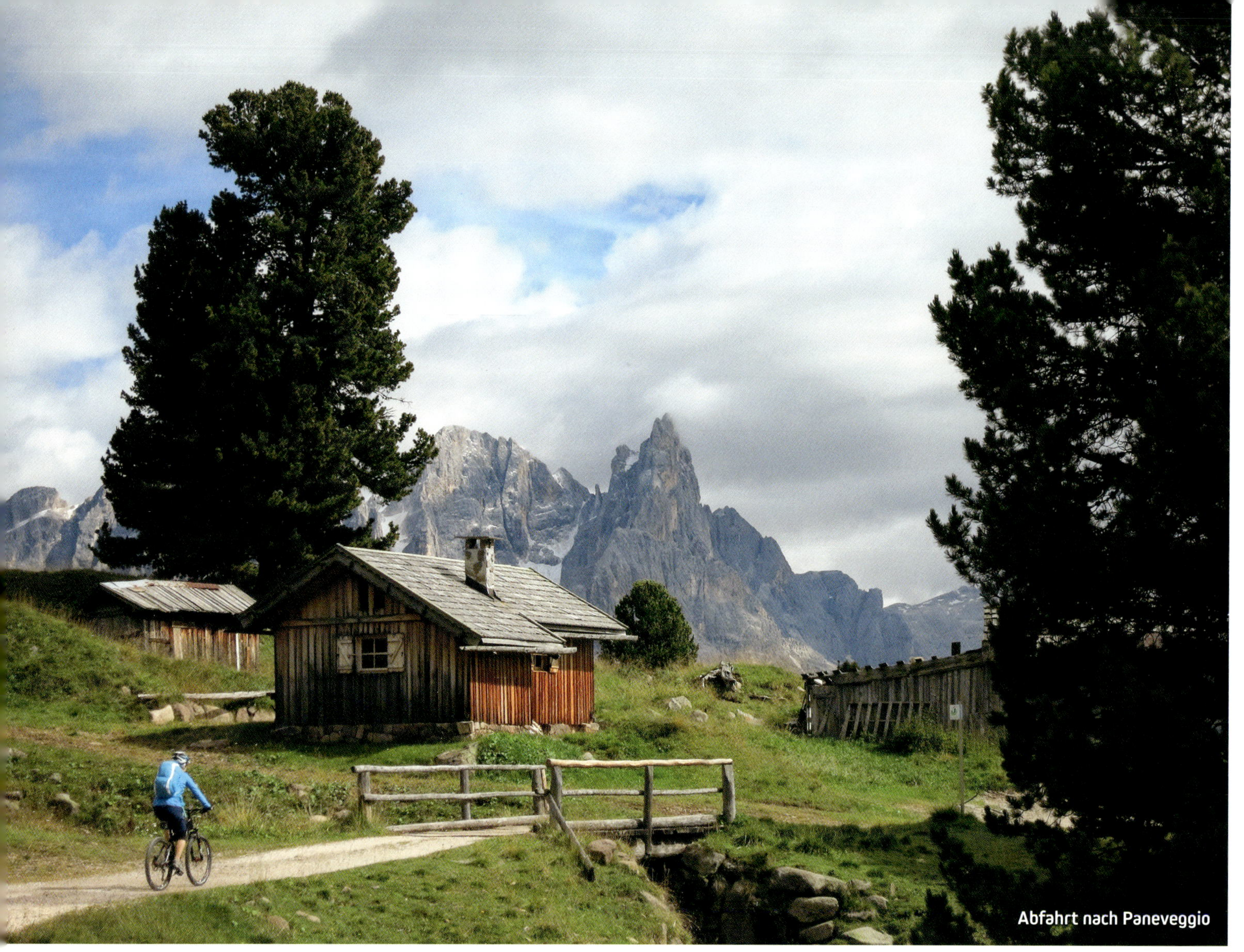

Abfahrt nach Paneveggio

Wie versteinerte Riesen erheben sich die Felsen des Pale di San Martino am Passo Rolle – mal märchenhaft, mal schaurig-schön. Ein großer Achter führt uns vom Fleimstal in diese weniger bekannte Region der südlichen Dolomiten.

Die Dolomiten zählen in fast allen ihren Teilregionen zu den eindrucksvollsten Bike-Revieren der Alpen, auch in den nicht allzu bekannten Ecken. Das Rifugio Passo Lusia liegt an einem solch eindrucksvollen Fleck, an einem regelrechten Panorama-Rondell. Auf der einen Seite des Passo Lusia schweift der Blick übers untere Fassatal, den Latemar, die Rosengarten-Kette und die Monzoni-Kette. Auf der anderen Seite liegen die Alpe Lusia, dic Lagorai-Kette, die Felsen des Pale di San Martino und der Naturpark Paneveggio im Blickfeld. Wo heute Wanderer und Mountainbiker einkehren und im Winter die Skifahrer, trafen sich früher die Mäher und Recher von den umliegenden Almwiesen zum Feiern.

Unten im Val di Fiemme (Fleimstal) in Predazzo (1014 m), wo wir starten, zeigen sich die Felsriesen noch nicht in ihrer vollen Pracht, verstecken sich fast. Das alte Pardatsch gehörte bis 1919 zu Tirol. Heute ist Predazzo ein bekannter Wintersportort

Grand Tour – Dolomiti Lagorai Bike

Diese rund 350 km lange Mountainbike-Runde windet sich je nach Fahrtrichtung (im oder gegen den Uhrzeigersinn) über 7850 oder 8900 Höhenmeter durch die grandiosen Bergregionen des östlichen Trentino zwischen dem Val di Fiemme, Val di Fassa, Primiero und dem Valsugana. Der Start empfiehlt sich entweder in Moena (Val di Fassa) oder in Levico Terme (Valsugana). Die gesamte Strecke ist beschildert und empfiehlt sich in sechs Tagesetappen. Beschreibungen, und weitere Informationen finden sich im Internet unter: www.visittrentino.info/de/trentino/das-gebiet/dolomiti-lagorai-bike-grand-tour_md_3719
Die gesamte Grand Tour oder Teiletappen davon können auch pauschal mit Guide, Unterkunft und Gepäcktransport gebucht werden. Info unter www.visitfiemme.it

mit einigen schönen alten Häusern. Schon mehrmals fanden hier die Nordischen Skiweltmeisterschaften statt.
Noch schnell einen Espresso im Caffé Croce, dann biegen wir ein auf den Ciclabile Val di Fiemme, den Radweg durchs Fleimstal aufwärts Richtung Moena. Die ersten Kilometer lassen sich locker treten, vorbei an der Seilbahn zum Rosengarten, durchs Dörfchen Fomo, durch kühlen Wald, meist am Avisiobach entlang. Moena (1184 m), am Übergang vom Fleimstal ins Fassatal, kennen vor allem die Wintersportler. Im 3000-Seelen-Ort schwenken wir Richtung Osten ins Val di San Pellegrino, das zum gleichnamigen Pass führt. Aber direkt am Ortsrand zweigt die Route nochmals rechts ab, steil hinauf Richtung Rifugio Passo Lusia. Achtung, auf diesem Streckenabschnitt finden ab und zu Mountainbike-Marathon-Rennen statt! Diese Bergwald-Rampe hat es in sich. Auch die Querung der Skiabfahrten bedeutet kaum Erholung in puncto Neigungswinkel. Trotzdem wählen wir die weitere Variante über Valbona (1831 m), einem Höhengasthaus, hinauf zum Le Cune (2202 m). Denn auf diesem kleinen, steilen Umweg eröffnen sich herrliche Tiefblicke

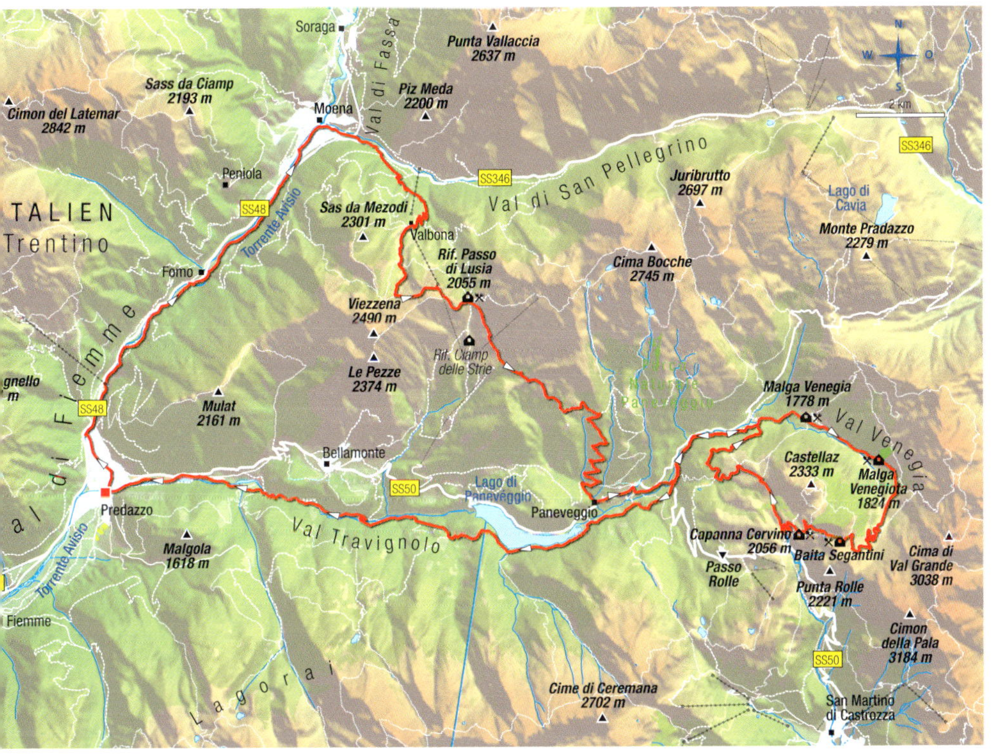

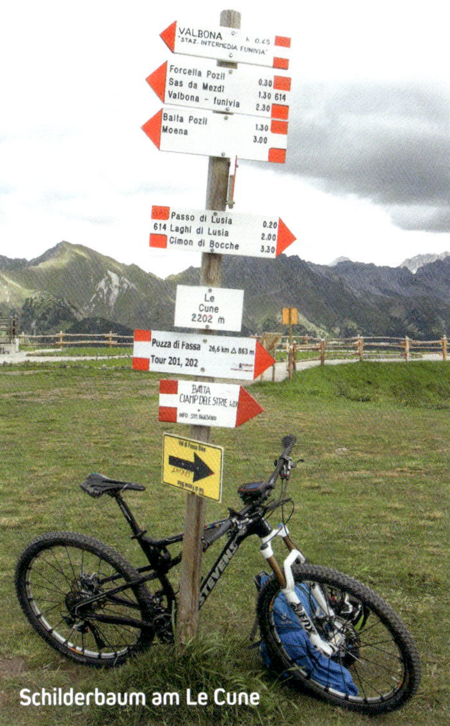

Schilderbaum am Le Cune

Über das Rifugio Passo Lusia (2055 m)

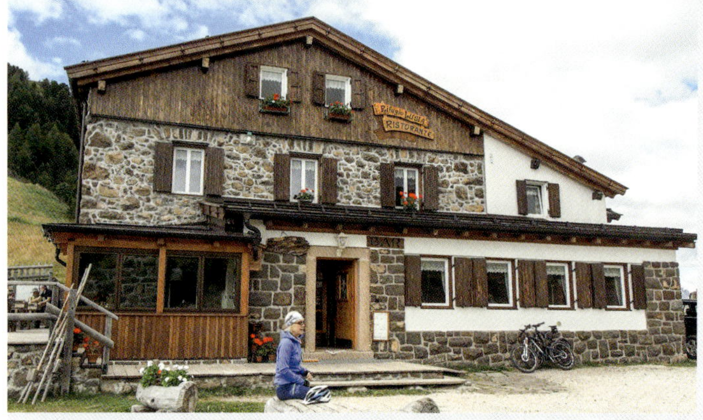

Die Berg- und Almhütte wurde Ende des 19. Jahrhunderts von einem gewissen Bernardi aus Predazzo errichtet. Während des Ersten Weltkrieges wurde das Rifugio zum Hauptquartier und diente der taktischen Unterstützung, da sie sich in der zweiten Linie der Kriegsfront auf der Höhe der Cima Bocche befand. In den vergangenen zehn Jahren wurde das Berghaus vollständig modernisiert, wobei jedoch der traditionelle Stil beibehalten wurde. Von der Speisekarte unbedingt probieren: „Strangolapreti con gamaite“ (eine Art Gnocchi mit wildem Spinat).

Adresse: Rifugio Lusia, Alpe di Lusia, I-38035 Moena TN, Tel. 0039-333/1951383, www.rifugiolusia.it

Geöffnet: 20. Juni bis 20. September

Übernachtung: Einzel-, Doppel- und Mehrbettzimmer mit Dusche und WC.

Bike & Hike: Ausgedehnte Bergwanderung zum Cima Bocche (2745 m) vorbei an den kleinen Lusia-Seen. Im Gebiet der Lusia-Seen und des Bocche-Sees finden sich Überreste der erbitterten Kämpfe des Ersten Weltkrieges, wie einige Reste von Baracken, Schützengräben, Festungsbauten sowie unterirdische Kommandostände der österreichischen Verteidigungslinie.

ins Fassatal und hinüber zum Rosengarten. Auf den Ski- und Almwiesen stören eigentlich nur ganz oben die Liftanlagen der Alpe Lusia das Bergidyll, dafür tauchen im Südosten schon die Felstürme des Pale di San Martino auf. Danach kippt ein kurzer, aber bocksteiler Downhill den Biker praktisch direkt vor die Tür des Rifugio Passo Lusia. Bei Trentiner Spezialitäten und einem guten Glas Teroldego-Rotwein darf man in der Stube inmitten 70er-Jahre Alpenambiente über seine Heldentaten sinnieren und sich auf einen grandiosen zweiten Tag freuen. Der Schlaf dürfte tief sein, denn das private Berghaus bietet statt Massenlager sogar Einzel- und Doppelzimmer im oberen Stock, alle mit Dusche und WC. Welch ein Luxus!

Der grandiose Ausblick bei klarem Wetter lässt die morgendliche Frische auf 2000 Meter etwas vergessen, wenn man eigentlich nur hinunterrollt auf Bergwegen über die Alpe Lusia und durch dichten Bergwald zum Drei-Häuser-Bergort Paneveggio. Hier beginnt zwar der gleichnamige Naturpark mit einem riesigen Hirschgehege und einem kleinen Museum, aber ansonsten ist wenig los. Ein paar vereinzelte Autofahrer stoppen auf dem Weg zum Passo Rolle, ein paar vereinzelte Wanderer starten hinauf zum Pale. Auf einem Weglein schlängeln wir uns wieder bergauf durch den Bergwald. Der kann übrigens ganz schön feucht und kalt sein, wenn er sich in Wolken hüllt. Durchs Val Venegia arbeiten wir uns hinauf zur Alm Malga Venegia (1778 m), wo sich ab und zu Kühe mit Eseln die Weide teilen. Und weiter zur Malga Venegiota (1824 m), hinter

Schafe auf der Alpe Lusia

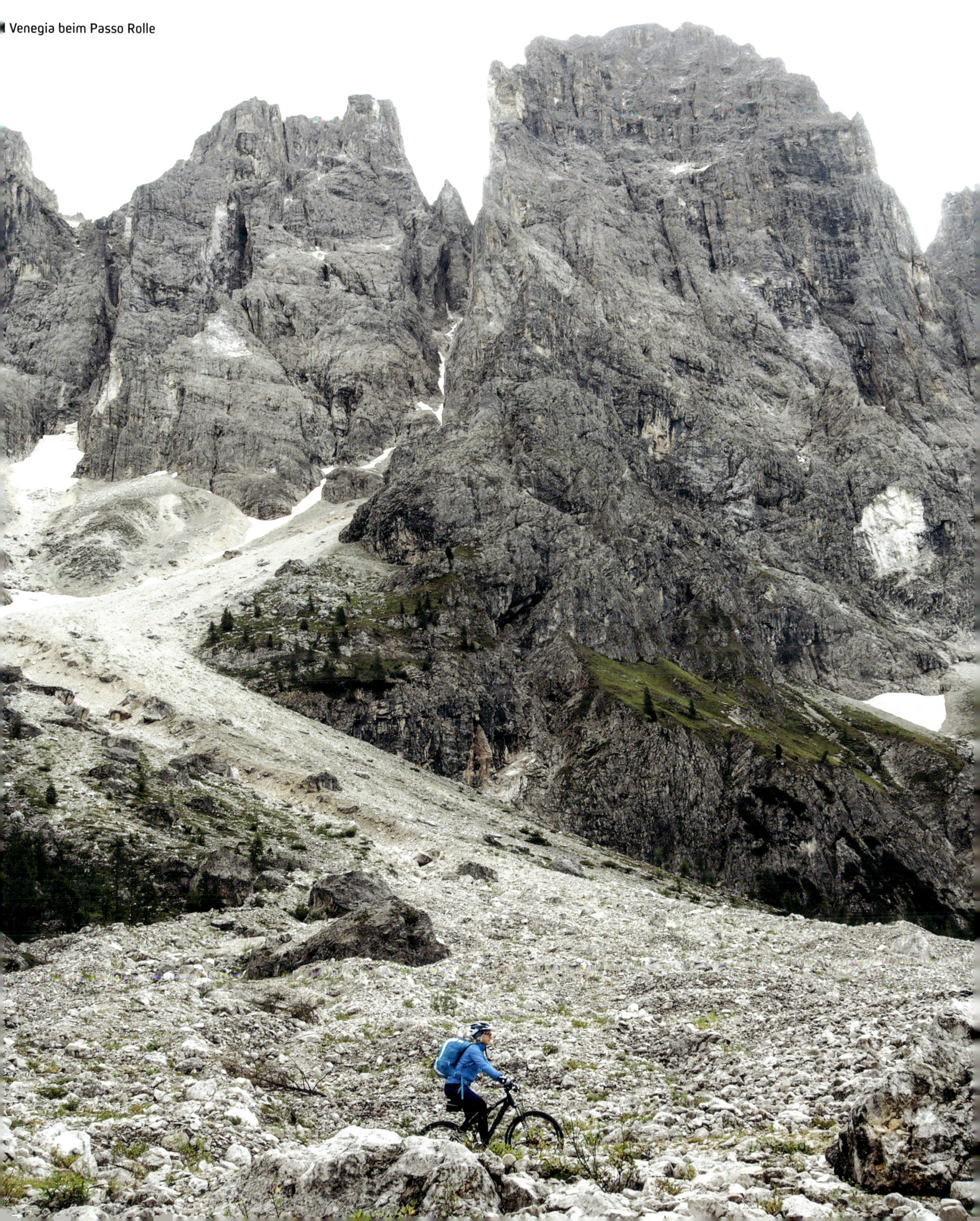
Venegia beim Passo Rolle

Über die Capanna Cervino (2084 m)

Privates Schutzhaus oberhalb des Passo Rolle, seit 1931 am Fuß des Cimon della Pala (3186 m), einem der spektakulärsten Gipfel der Dolomiten. Bekannt und beliebt ist das Schutzhaus auch für seine leckere Trentiner Bergküche mit vielen Pasta-, Wild- und Pilzgerichten.

Adresse: Rifugio Bar Ristorante Capanna Cervino, I-38054 Siror, Passo Rolle (TN), Tel. /Mobil 0039-340/0747643, www.capannacervino.it

Geöffnet: Anfang Juni bis Ende September

Übernachtung: 18 Betten in sieben Zwei-, Drei- und Vier-Bett-Zimmern

Bike & Hike: Mittelschwere Tour in rund 4,5 Stunden zum Cima Cavalazza (2324 m). Anpruchsvolle Bergwanderung in rund 6 Stunden über das Rifugio Mulaz zum Cima al Mulaz (2906 m).

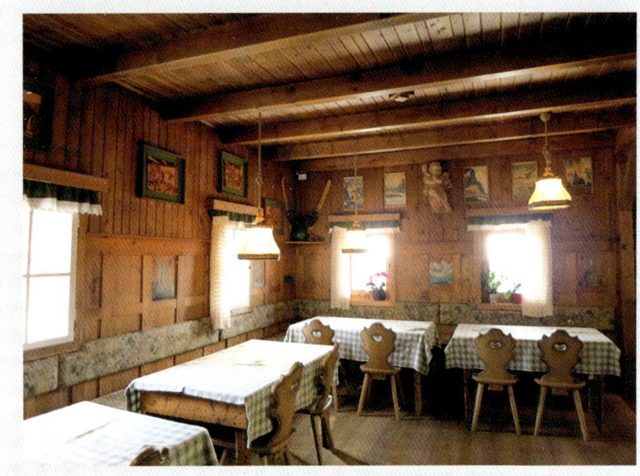

der sich schon dramatisch die Felswände des Pale di San Martino aufbauen. Eine grandiose Felsbastion! Über einen kleinen Pass erreichen wir die Baita Segantini (2170 m), eine Berghütte mit Verpflegung, wie hingemalt auf die Bergwiesen vor dem wuchtigen Felsriegel. Wer in dieser faszinierenden Kulisse übernachten möchte, rollt einfach noch ein paar Höhenmeter bergab zur Capanna Cervino (2084 m). Das Berghaus mit Blickkontakt zum Passo Rolle ist bekannt für seine köstliche Trentiner Küche, die von selbstgemachten Antipasti und Würsten über Tortelloni mit Steinpilzen bis zu Hirsch aus den umliegenden Wäldern reicht. Und für Matratzenlager-Phobiker gibt's auch hier Zwei- und Drei-Bett-Zimmer.

Bei der Abfahrt lassen wir die Spaziergänger- und Ausflügler-Kolonnen vom Passo Rolle schnell hinter uns und biegen hinter der letzten Alm wieder in den Bergwald ein. Hinunter zurück Richtung Paneveggio wartet noch ein kleiner, fast durchweg fahrbarer Trail, bevor wir den Stausee von Paneveggio ins Visier nehmen. Hinter dem Stausee tauchen wir hinab in die lang gezogene Schlucht des Travignolo-Baches. Das tief eingeschnittene Bergtal spuckt uns erst kurz oberhalb von Predazzo wieder aus. Noch zwei- bis dreihundert Meter auf dem Damm des Bergbaches, dann biegen wir in die Dorfstraße ein, die uns quasi direkt wieder zum Caffé Croce bringt – für den verdienten Cappuccino am Ziel.

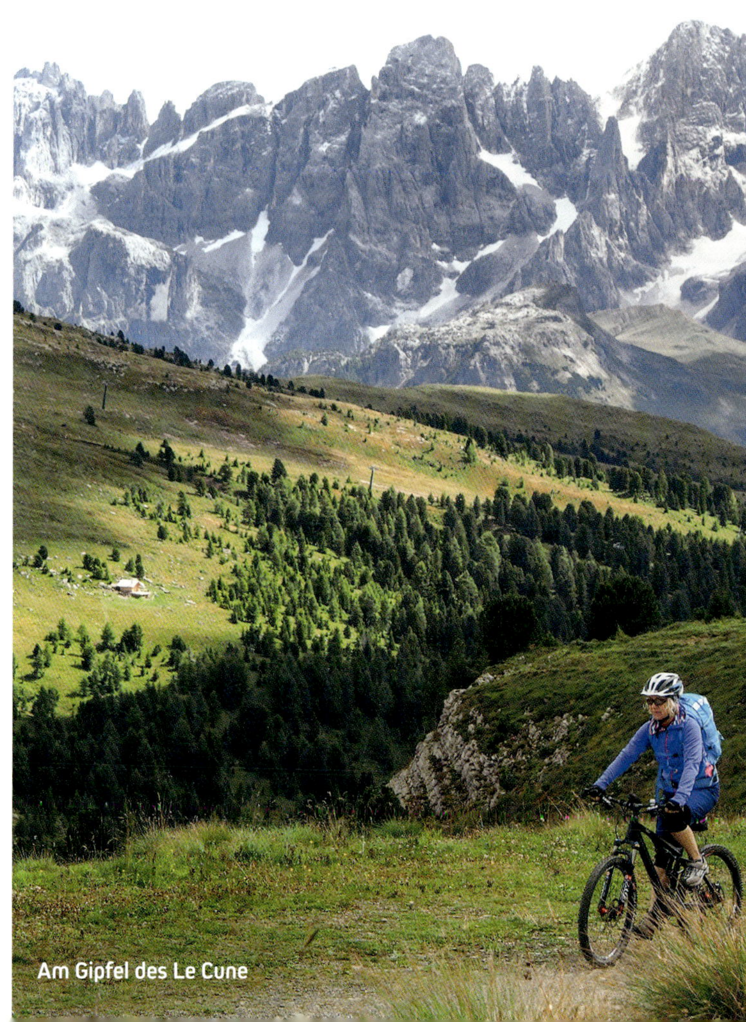
Am Gipfel des Le Cune

Info **Tag 1:** 18,4 km – 1246 hm – MTB: 3:19 Std. E-MTB: 2:29 Std.
Tag 2: 45,7 km – 873 hm – MTB: 4:30 Std. E-MTB: 3:23 Std.

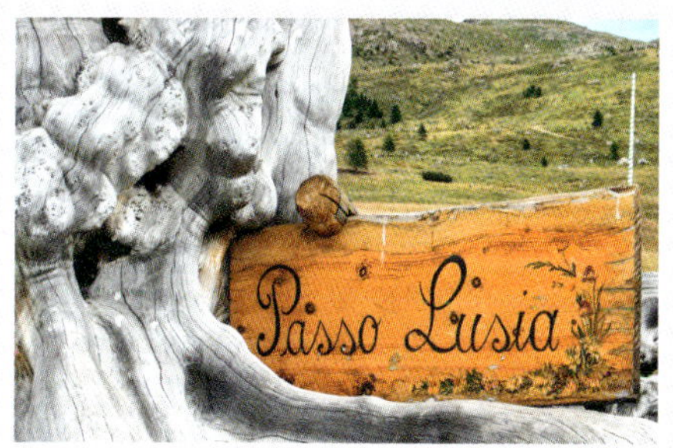

Charakter

Dieser Radachter verläuft weitgehend auf Forst- und Almwegen mit unterschiedlich gutem Schotterbelag. In Predazzo, Moena und Paneveggio müssen kurze Stücke auf der Straße zurückgelegt werden. Der Radweg im Fleimstal ist asphaltiert. Auf der Abfahrt von der Capanna Cervino (2056 m) wartet ein kurzer, gut fahrbarer Trail. Mit einigen sehr steilen Wegabschnitten muss man bei der Auffahrt von Moena zum Le Cune (2202 m) und von dort hinab zum Passo Lusia rechnen.

Tourstart

Predazzo Ortsmitte (Val di Fiemme)

Etappen

1,5 bis 2 Tage

Variante

Wer die Route in entgegengesetzter Richtung fahren möchte, der startet in Predazzo Richtung Lago di Paneveggio und plant seine Übernachtung am besten in der Capanna Cervino ein.

Bikeshop

Sportissimo, via Fiemme Gialle, Predazzo, Tel. 0039-0462/502579 oder 0039-338/3808739, www.sportissimo.eu

Bike-Hotel

Hotel Ancora, Via 9 Novembre 1, I-38037 Predazzo (TN), Tel. 0039-0462/501651, www.ancora.it, Traditionshaus im Zentrum von Predazzo

Anreise

Mit dem Auto von München auf der Autobahn über den Brenner und weiter Richtung Bozen, kurz danach die Ausfahrt Neumarkt/Auer (Ora) nehmen und auf der Staatsstraße Richtung Val di Fiemme/Cavalese bis Predazzo.

Landkarten

Kompass-Karte Nr. 79 „Val di Fiemme – Latemar, Lagorai“, 1:50 000

Bike-Info

https://www.outdooractive.com/de

Tourist-Info

APT Val di Fiemme, Tel. 0039-0462/241111, www.visitfiemme.it

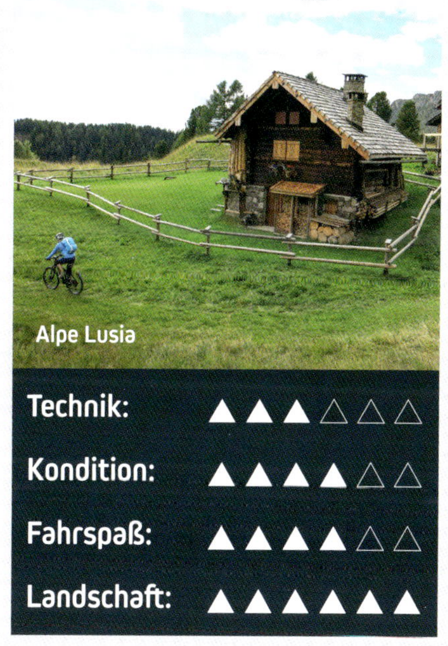

Alpe Lusia

Technik:	▲▲▲△△△
Kondition:	▲▲▲▲△△
Fahrspaß:	▲▲▲▲△△
Landschaft:	▲▲▲▲▲▲

Höhenprofil Asphalt 2,8 km · asphaltierter Radweg 8,9 km · Schotter 52,5 km · Waldweg 0,0 km · Trail 0,0 km · Schieben 0,0 km

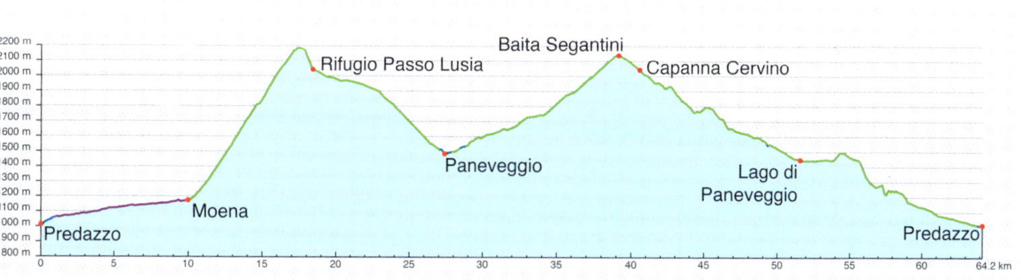

17 Rifugio Croz dell' Altissimo

Grandiose Rundtour zwischen Brenta-Dolomiten und Monte Gazza

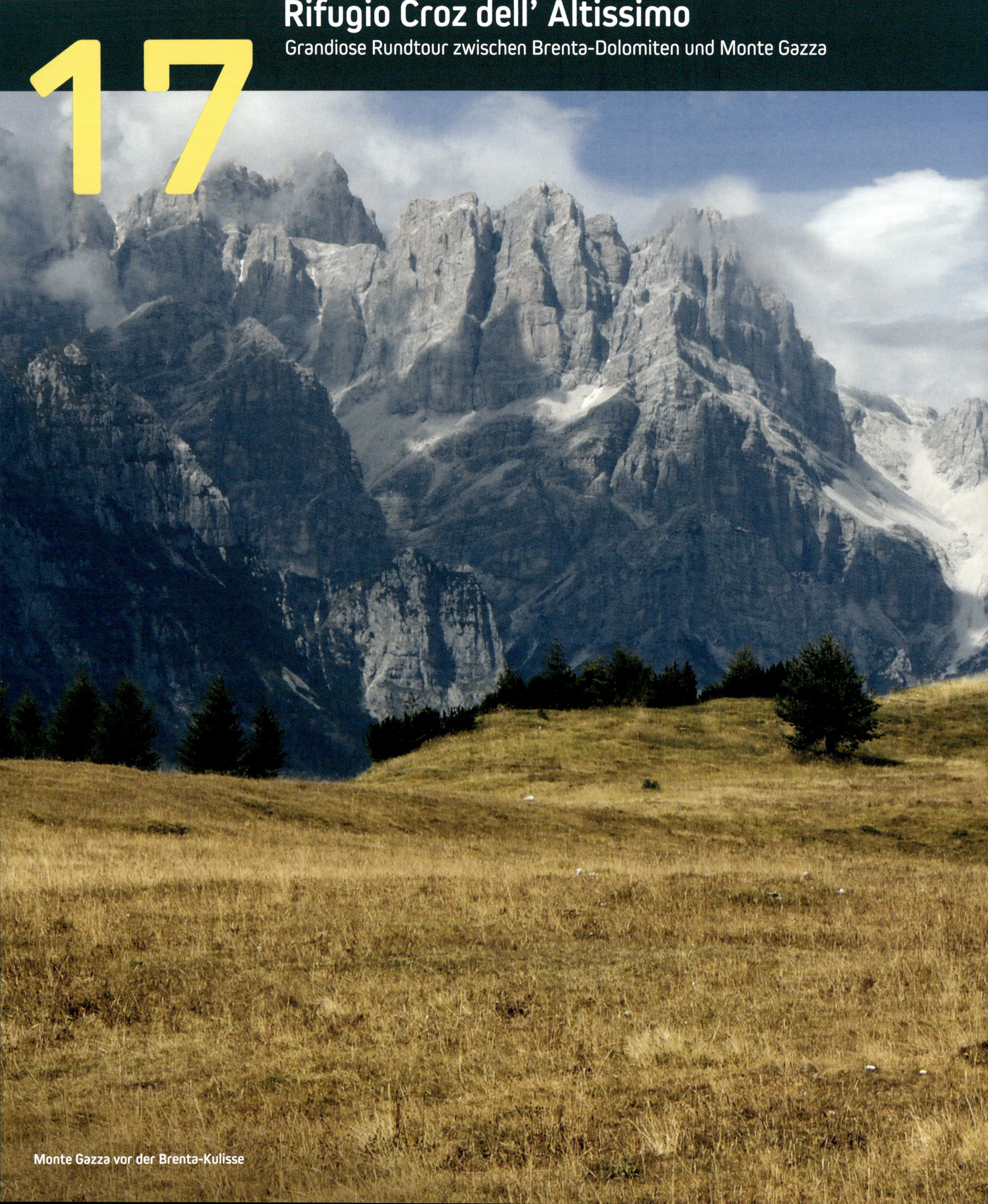

Monte Gazza vor der Brenta-Kulisse

Schwierigkeitsgrad: schwer | Höhendifferenz: 2608 hm | Zeit MTB: 9:04 Std. | Zeit E-MTB: 6:48 Std. | Länge: 70,8 km

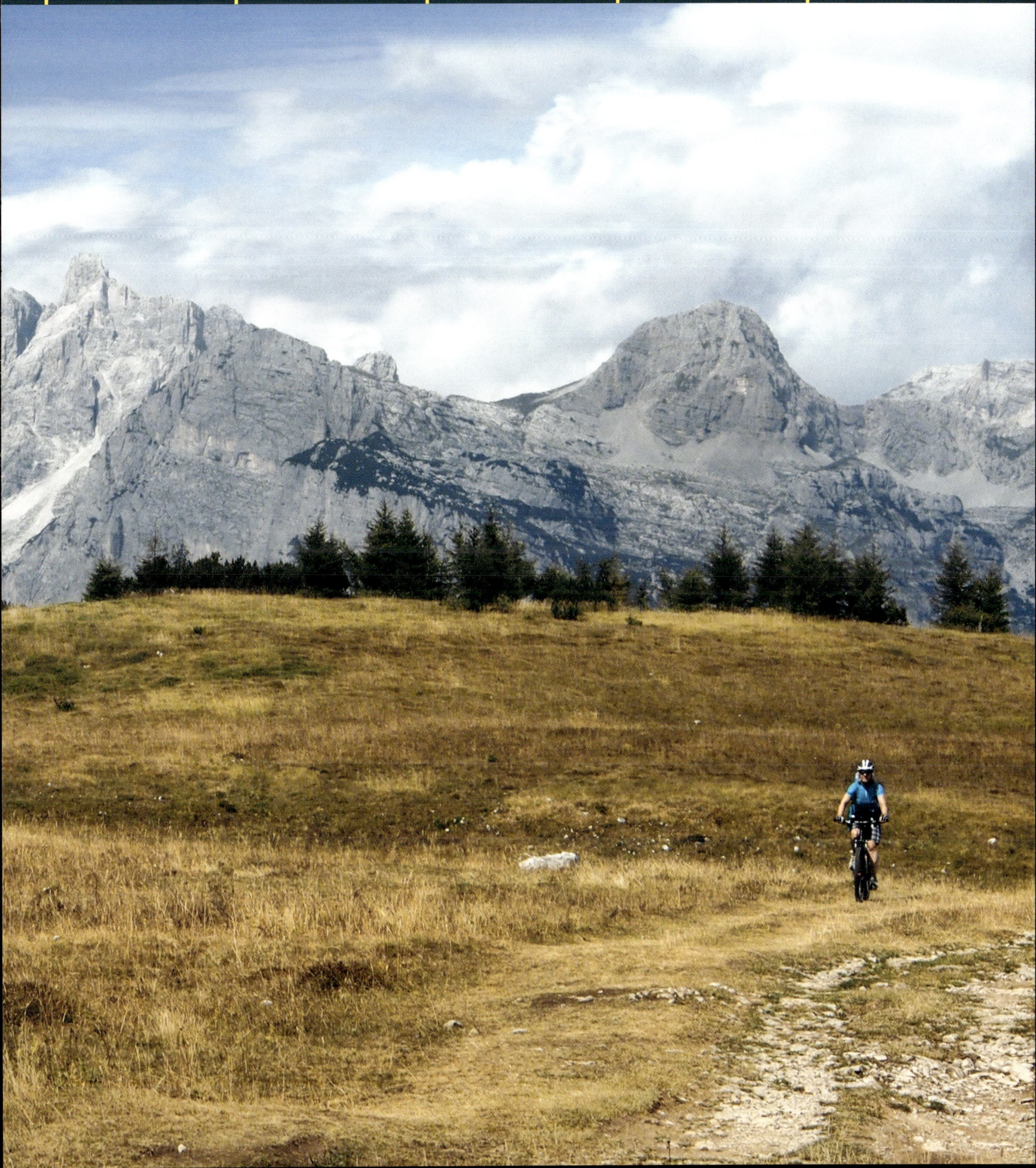

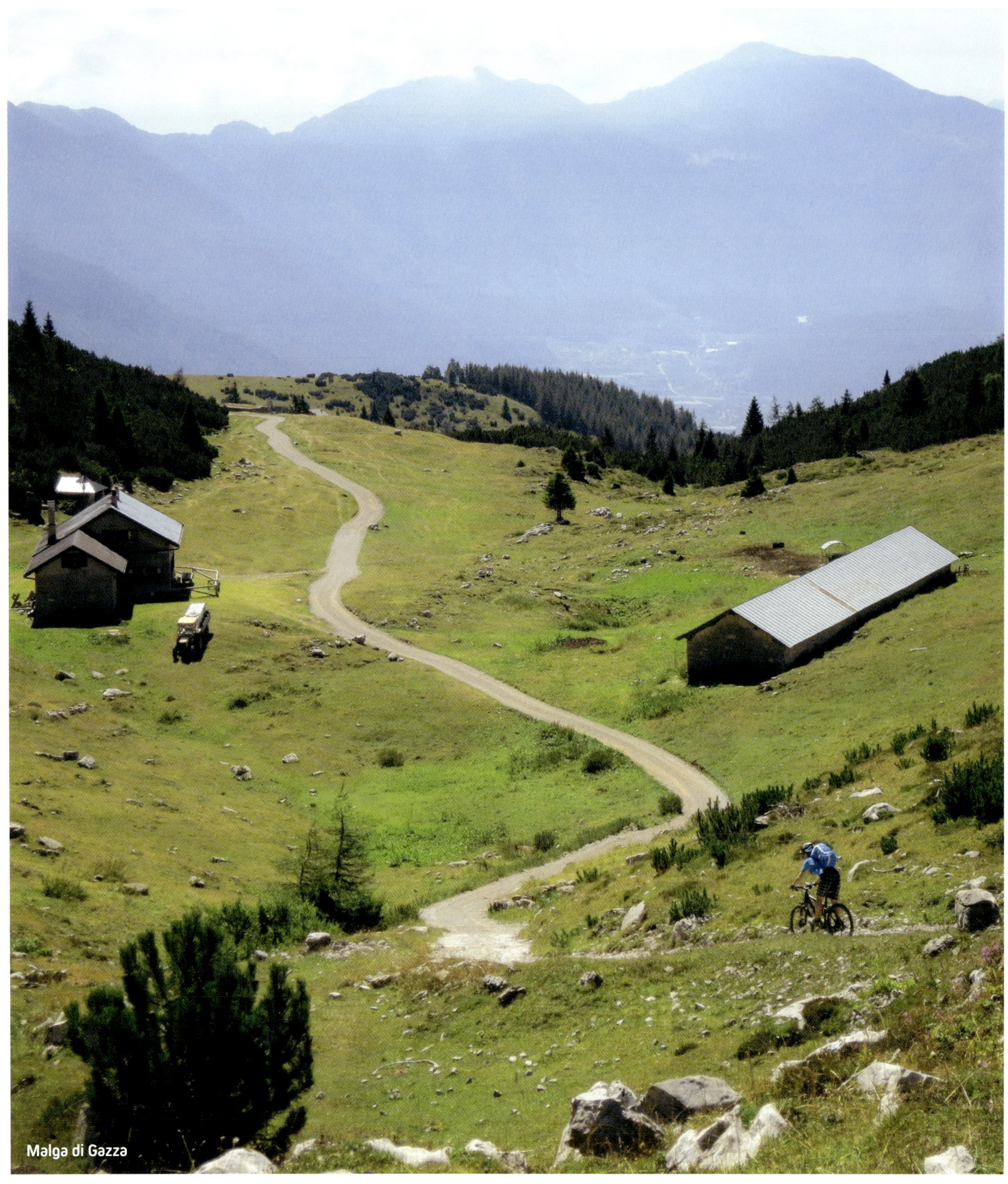

Malga di Gazza

Nur wenige Kilometer nördlich des Gardasees zeigt sich die Bike-Welt ganz anders. Gigantische Felswände und einsame Hochplateaus dominieren die Szenerie. Und von Trubel kaum eine Spur.

Fast senkrecht ragen die Dolomitenkolosse hinter Molveno in den Himmel. Der Ostabhang der Brenta-Dolomiten wirkt zumindest von Weitem ziemlich unzugänglich für Mountainbiker. Nur über das steile Valle delle Seghe schraubt sich ein schmaler Weg in die Felsbastion hinauf zum Rifugio Croz dell' Altissimo am Fuß der Südwestwand des gleichnamigen Berges mit 2339 m Höhe. Dort auf 1430 m hat Felice Spellini 1962 eine Schutzhütte für Kletterer und schwindelfreie Bergwanderer gebaut. In der Zwischenzeit entwickelte sich das Rifugio zum stattlichen Berghaus mit ordentlicher Trentiner Küche und Espressobar. Auf unserem Plan steht eine Runde entlang der Ostseite der Brenta mit Talwechsel hinauf zur Paganella und zurück über das Plateau des Monte Gazza.

Als Startort haben wir uns San Lorenzo in Banale am Südrand des Adamello-Brenta-Naturparks ausgesucht. Das Bergdorf mit seinem uralten Zentrum zählt laut Touring Club Italiano zu den schönsten Dörfern des Landes. Nur die Hauptstraße von Riva del Garda hinauf zum Molvenosee stört etwas die Landruhe. Auf einem schmalen Sträßchen rollen wir zuerst leicht bergab zum Weiler Moline und steil hinauf nach Deggia. Einst verlief hier über die Steinbrücke die kurvige, schmale Straßenverbindung vom Sarcatal hinauf zum Molvenosee. Seit die Strada Statale weiter oben in die Felsen gesprengt wurde, herrscht Ruhe in Moline. Die meisten Menschen sind Teilzeitbewohner der alten Steinhäuschen, die zu Feriendomizilen umgebaut wurden. Oder sie züchten Lamas und organisieren nicht alltägliche Trekkingtouren für kleine und große Gäste. Am Badesee Laghetto di Nembia vorbei tasten wir uns durch lichten Wald an die Dolomitenwände heran. Der Molvenosee schmiegt sich idyllisch zwischen Brenta und Paganella und animiert mit seinem Karibikblau gleich zum Badestopp. Der fast fünf Kilometer lange und anderthalb Kilometer breite See entstand vor etwa 3000 Jahren, als sich ein gewaltiger Erdrutsch von den Hängen des Monte Dion löste und Bergbäche aufstaute. In Molveno selbst pulsiert das Freizeitleben. Am See versammeln sich die Surfer, durch die autofreien Gassen des Alpendorfes schieben sich die Sightseeing-Spaziergänger, kaufen Speck und

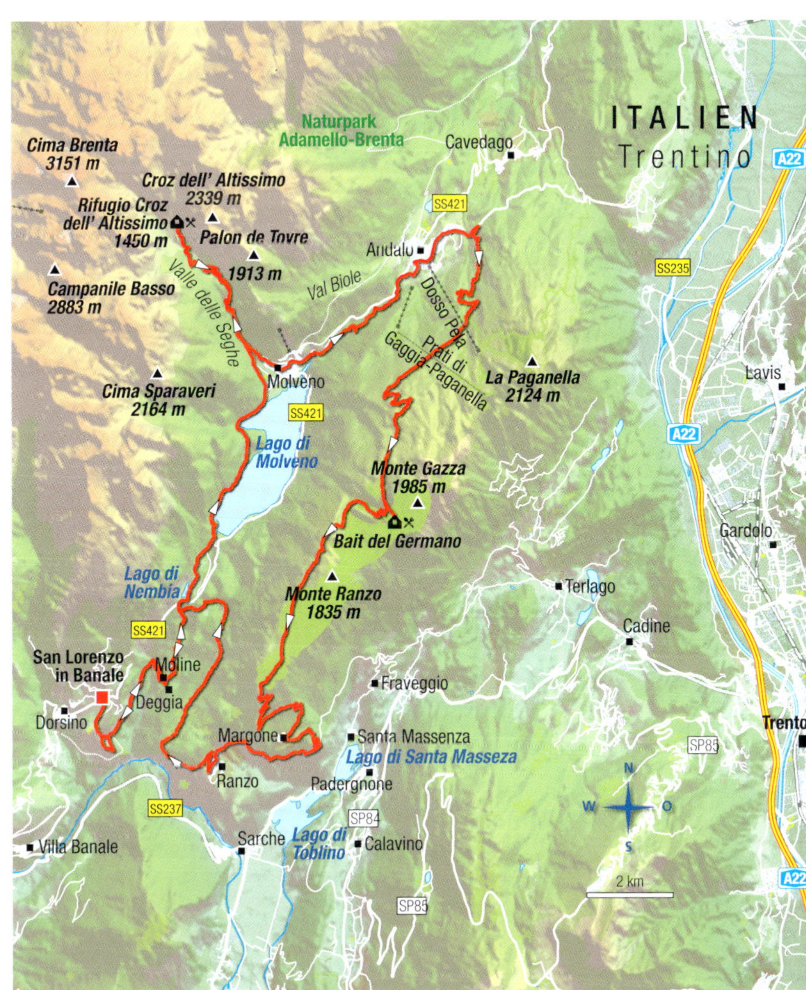

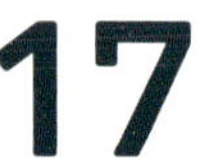

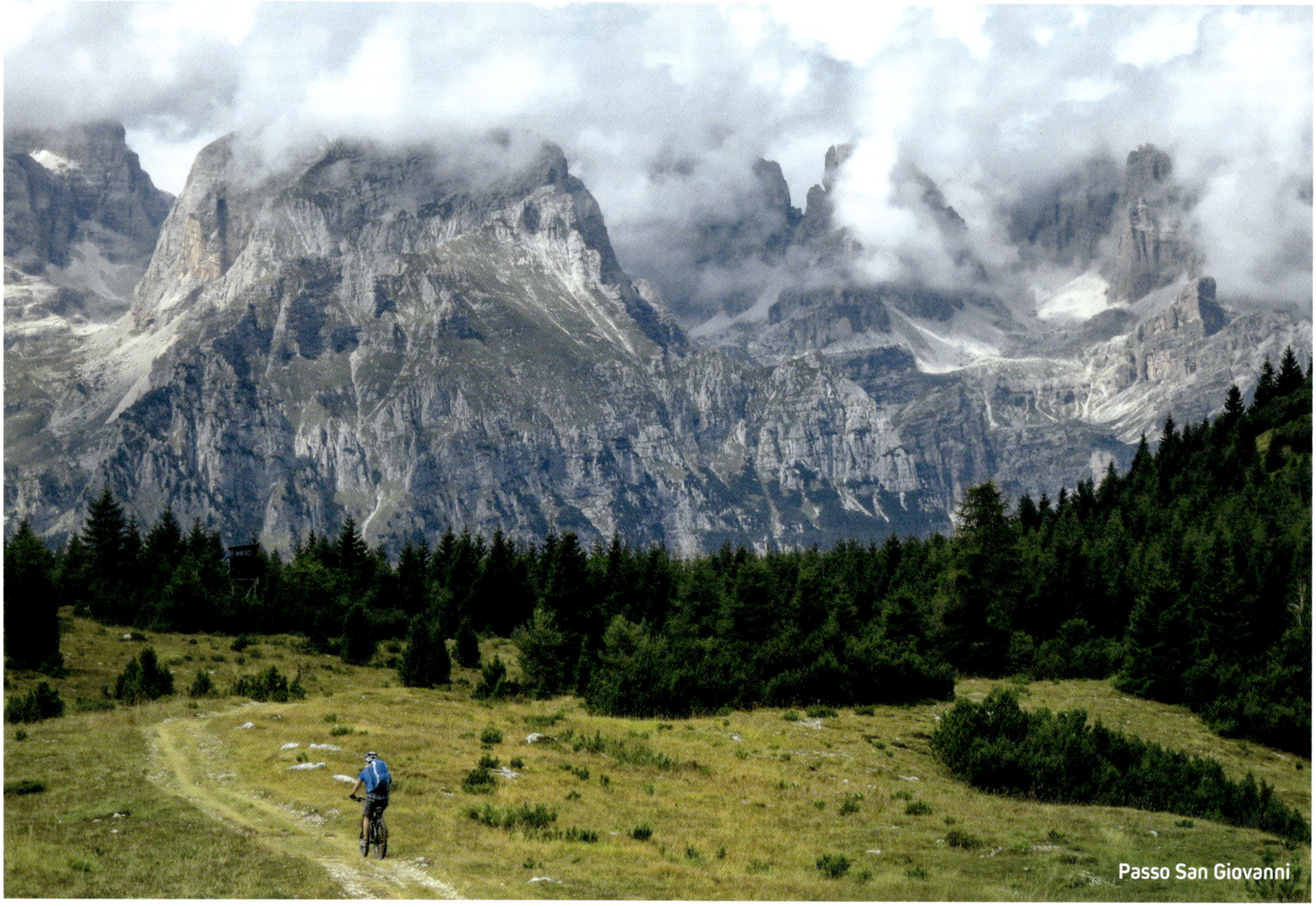

Passo San Giovanni

Bergkäse oder schlürfen Sprizz und Latte Macchiato. Man wundert sich nur, dass selbst am Morgen hier einiges los ist – und das in einem italienischen Ort. Tja, der Berg ruft auch hier. Vielleicht gönnt man sich noch Cappuccino und Cornetto, bevor es ernst wird mit dem Dolomiten-Uphill. Die meisten Tageswanderer machen es sich einfach. Sie nehmen gleich die Seilbahn von Molveno hinauf nach Pradel und gehen dann in einer guten Stunde fast eben über einen Steig durch den Bergwald zum Rifugio. Die besonders luftigen Stellen sind dort mit Drahtseilen gesichert. Was die Mountainbiker erwartet,

Der Molveno-See

Der Bergsee beim gleichnamigen Ort darf sich zu den sieben schönsten und saubersten Seen Italiens zählen. Und das sieht nicht nur der Touring Club Italiano so. Der Guida Blu von Legambiente hat 2014 sogar fünf Segel vergeben. Das bedeutet Höchstpunktzahl! Das Wasser bleibt zwar selbst im Hochsommer recht frisch, aber der herrliche Strand am klaren, jadegrünen Wasser zeigt sich schon ziemlich verlockend. Genauso wie die Gassen im Bergdorf. An Hochsommer-Wochenenden drängeln sich hier die Besucher. Wer es einrichten kann, kommt wochentags und setzt sich in eine der gemütlichen Bars und Cafés. Ein weiterer Tipp für Wasserratten: Der kleine Lago di Nemba direkt am Südende des Molveno-Sees.

bekommen wir schon am Ortsausgang zu spüren. Hinter der Baita Ciclamino, einem urigen Gasthaus am Waldrand, bäumt sich der Schotterweg zu einer Monsterrampe auf, als wollte sie direttissima in die Felsen führen. „Hoffentlich geht das nicht so weiter", werden hier viele Biker denken und ein Stoßgebet gen Himmel schicken. Aber zum Glück lässt nach zwei Kehren die Steigung nach, und der Blick darf auch mal in die Umgebung schweifen. Himmelhohe Felswände türmen sich dort links und rechts des Valle di Seghe auf. Nach dem schweißtreibenden Anstieg durch ein Flussbett und über Holzbrücken kommt das Rifugio am Waldrand in Sicht. Endlich die verdiente Pause bei Cappuccino und Nusstorte am Fuße der Dolomitenfelsen an einem herrlichen Plätzchen im Gebirge. Wenn die Sonne hinter den hohen Felswänden verschwindet, kühlt es merklich ab. Deshalb schüren die Spellinis, denen das Rifugio gehört, auch im Sommer oft den Kachelofen an. Zwischen alten Steigeisen und Eispickeln an den Wänden lässt man sich Polenta mit Bergkäse und ein Gläschen Teroldego schmecken, bevor es ins Lager zur Übernachtung geht. Beim

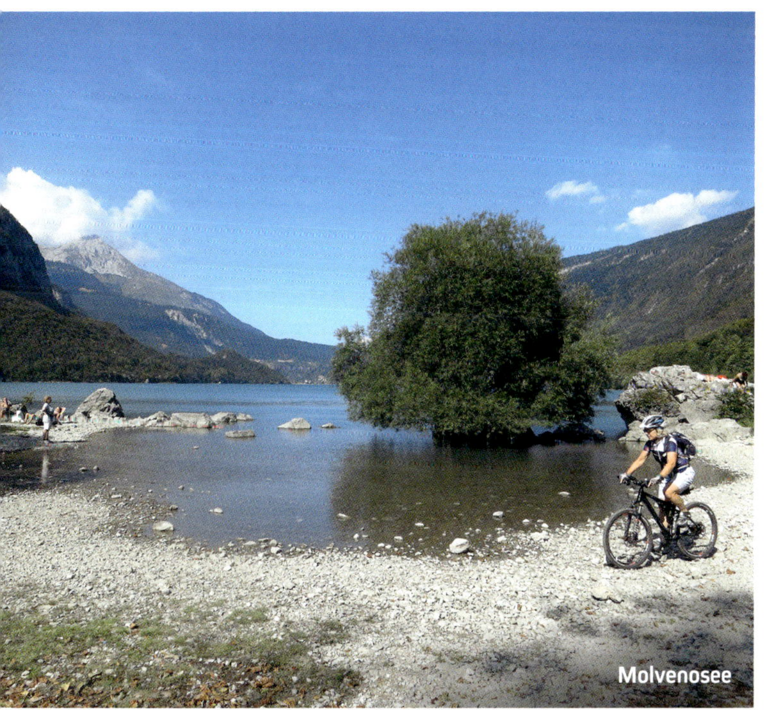
Molvenosee

Über das Rifugio Croz Altissimo (1450 m)

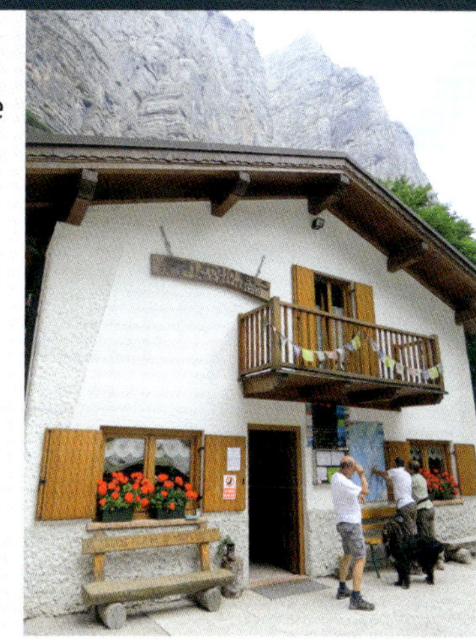

Im Jahr 1962 baute die Familie Spellini eine kleine Schutzhütte an den Fuß der Felswände des Croz dell Altissimo. Durch mehrere Um- und Anbauten entstand im Lauf der Jahre ein stattliches Berghaus mit 20 Betten und schöner Terrasse. Das Ambiente ist eine Mischung aus Alpenvereinshütte und italienischer Bar. Auf den Tisch kommt deftig-leckere Trentiner Bergküche mit viel Wildgerichten, Waldpilzen und Bergkäse. An den Wänden erinnern historische Holzski, Eispickel und Steigeisen an die guten, alten Zeiten der Bergsteigerei.

Adresse: Valle delle Seghe, I-38018 Molveno, Dolomiti di Brenta – Trentino, Tel. 0039-339/7982922 oder Tel. 0039-347/1184459, www.rifugiocrozaltissimo.it

Geöffnet: 1. Juni bis 30. September (im Mai und Oktober nur samstags und sonntags)

Übernachtung: 18 Betten (Stockbetten) in Mehrbettzimmern (warme Dusche gegen Bezahlung)

Bike & Hike: Wanderung (3,5 km) zur Bergbahnstation Pradel, rund 2 bis 3 Stunden; zum Rifugio Pedrotti 2 Stunden.

frühen Frühstück stehen schon Kletterer an der Bar und gönnen sich noch einen schnellen Espresso. Wir rollen langsam wieder ins Tal, dick eingepackt wegen der Kühle am Morgen. Den mächtigen Bergrücken gegenüber,Paganella und Monte Gazza, haben wir nun im Visier. Ein schön angelegter Radweg weist die Route von Molveno durch dunklen Bergwald zum Wintersportort Andalo. Am besten noch schnell einen Espresso trinken in der Bar Centrale vor dem langen Anstieg zur Paganella. Hier trifft man hin und wieder ein paar Bikepark-Ritter. Mittlerweile lockt dieser Berg nicht nur Wintersportler und Wanderer. Dafür baut sich gegenüber der Ostabhang der Brenta auf zur gigantischen Kulisse. Und die können wir später an der Baita del Germano sogar vom Mittagstisch aus bewundern. Seltsam, dass sich nur wenige Kilometer weiter südlich die Menschen am Gardasee drängen und hier oben am Monte Gazza viel Ruhe herrscht. An der Landschaft kann es kaum liegen, denn auch die Blicke ins Sarcatal oder zum Monte Casale sind atemberaubend. In schier endlosen Serpentinen bremsen wir von den Hochalmen hinunter in die Bergdörfer Margone und Ranzo. Die Straße wurde zum Teil abenteuerlich in den Felsen gesprengt und bietet grandiose Tiefblicke. Es folgt noch etwas staubiges Auf und Ab im Bergwald, dann haben wir das Monte-Gazza-Massiv umrundet und rollen über Moline zurück zum schmucken Startort San Lorenzo in Banale.

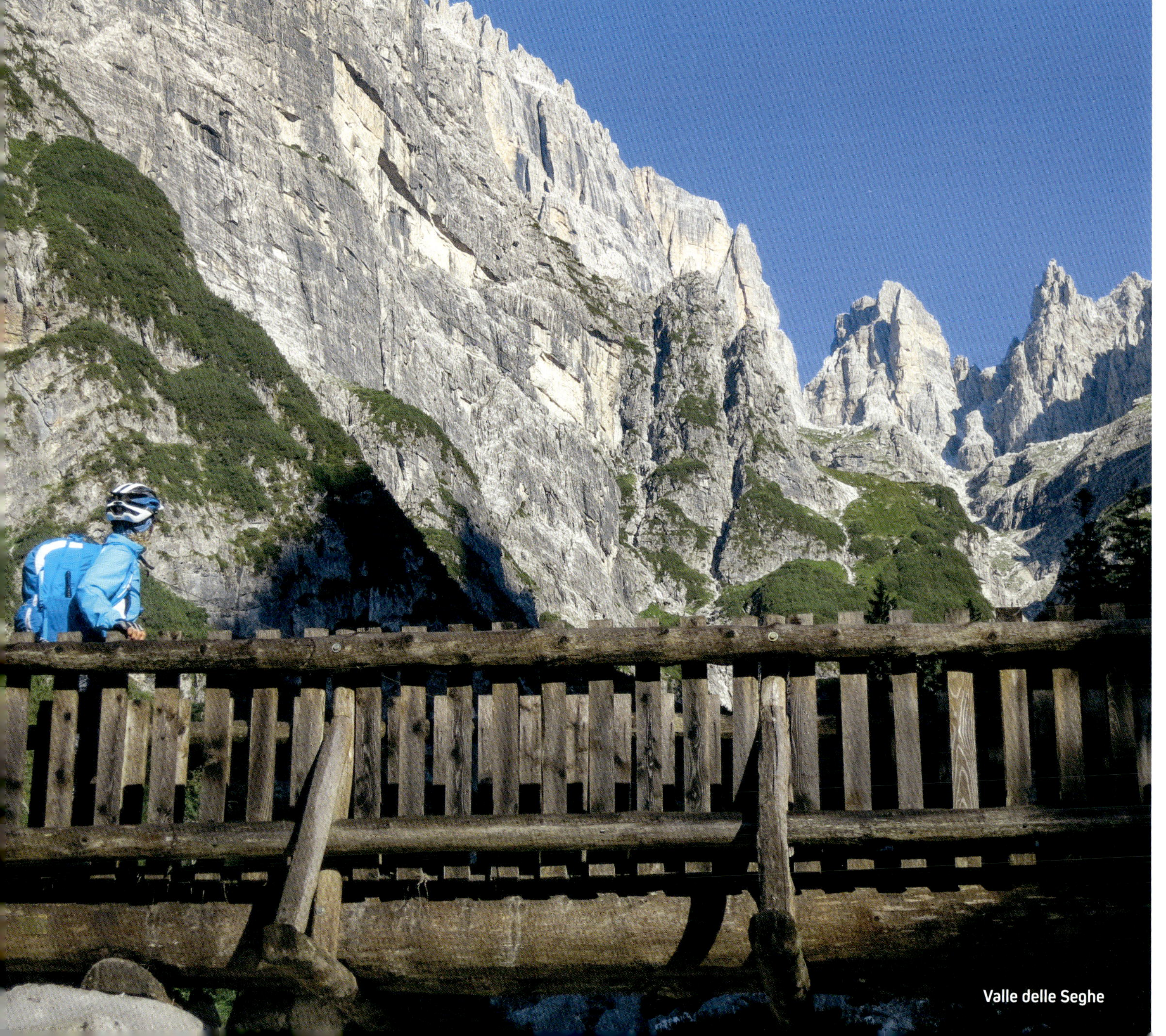

Valle delle Seghe

Info

Tag 1: 17,6 km – 985 hm – MTB: 2:49 Std. E-MTB: 2:07 Std.
Tag 2: 53,2 km – 1624 hm – MTB: 6:15 Std. E-MTB: 4:41 Std.

Charakter
Die Route verläuft überwiegend auf Forst- und Almwegen mit unterschiedlich gutem Schotterbelag. Steile Rampen warten bergauf bei Moline und gleich am Ortsausgang von Molveno Richtung Valle di Seghe. Steil bergab geht es vom Monte Gazza hinunter nach Margone. Nur in Molveno und Andalo müssen kurze Abschnitte auf der Straße zurückgelegt werden.

Tourstart
San Lorenzo in Banale
(alternativ: Molveno)

Etappen
1,5 bis 2 Tage

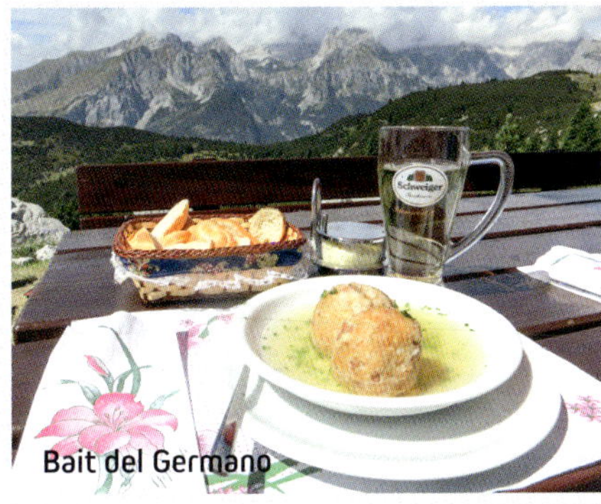
Bait del Germano

Variante
Steiler, aber lohnender Abstecher mit rund 300 zusätzlichen Höhenmetern ab Dosso Pela zum Aussichts-Gipfel der Paganella (2108 m)

Bikeshops
Danger Zone Trail Center „The Cave", Via Priori 14, I-38010 Andalo, Tel. 0039-0461/1740012
mit Filiale in Molveno in der Via Nazianale 63, Tel. 0039-0461/1975252, weitere Filiale in Fai della Paganella
www.dangerzonerent.com/it/

Einkehrtipps
Bait del Germano (1800 m), Berghütte mit grandiosem Ausblick zur Brenta und guter Trentiner Küche, zwischen Paganella und Monte Gazza, Tel. 0039-0330/282952 oder 0039-348/3743710

Bike-Hotel
Hotel Opinione, Via di Prato 5, I-38078 San Lorenzo in Banale (Trento), Tel. 0039-0465/734039, www.hotelopinione.com

Anreise
Mit dem Auto Brennerautobahn bis San Michele all' Adige, auf SS43 nach Mezzolombardo und auf der SP64 nach Fai della Paganella und Andalo. Über Molveno nach San Lorenzo.

Landkarten
Kompass-Karte Nr. 073 „Dolomiti di Brenta" 1:50 000

Bike-Info
www.dolomitibrentabike.it

Tourist-Info
Tourismusbüro San Lorenzo in Banale, Via di San Lorenzo, I-38078 San Lorenzo in Banale (TN), Tel. 0039-0465/734040, www.visitacomano.it, www.visittrentino.it/de

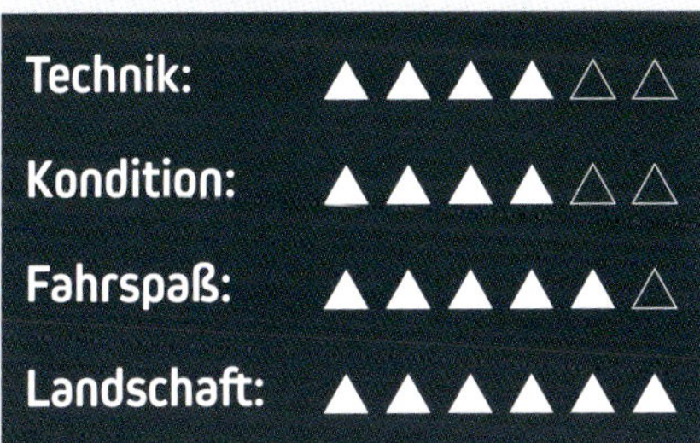

Höhenprofil Asphalt 9,5 km | asphaltierter Radweg 10,0 km | Schotter 48,9 km | Waldweg 0,0 km | Trail 2,4 km | Schieben 0,0 km

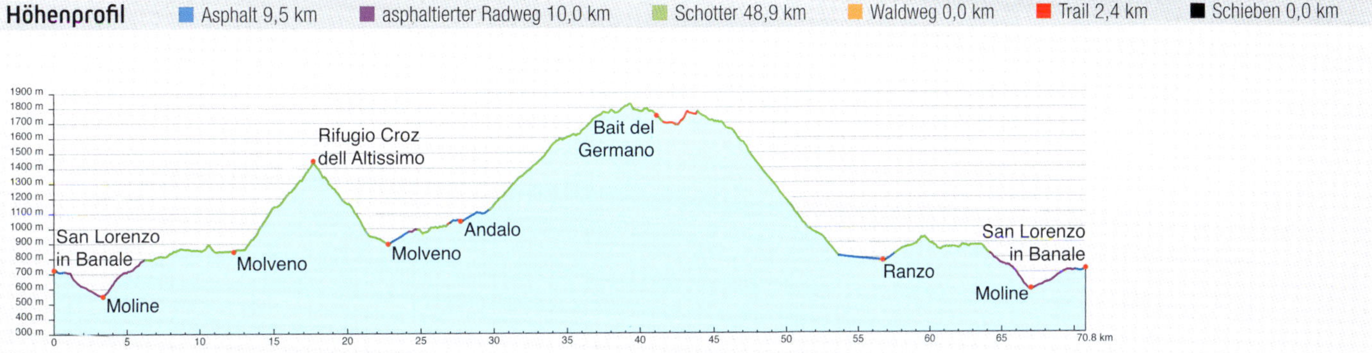

18 Rifugio Nino Pernici

Bergeinsamkeit in den Trentiner Bergen und Bikertrubel am Passo di Tremalzo

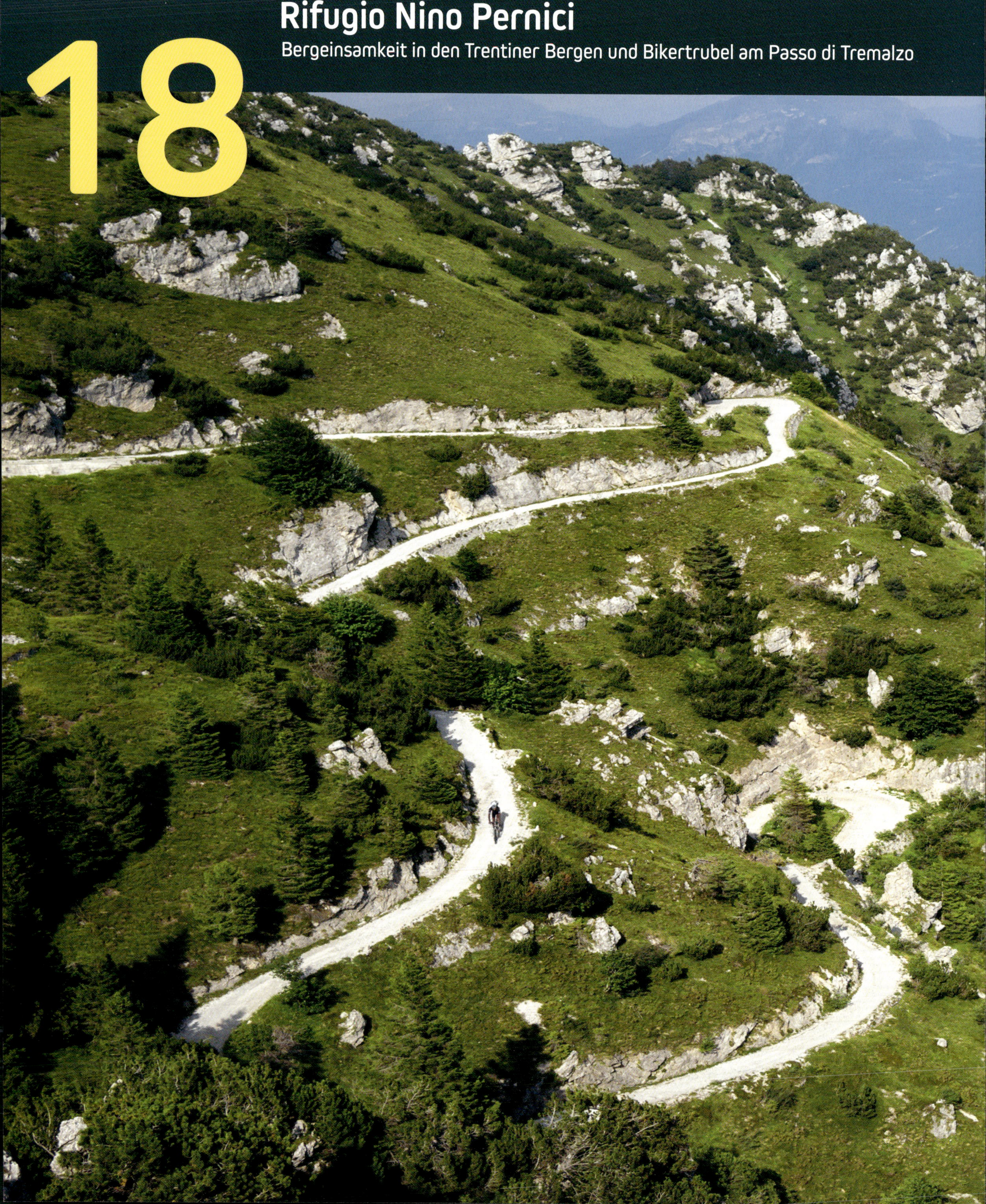

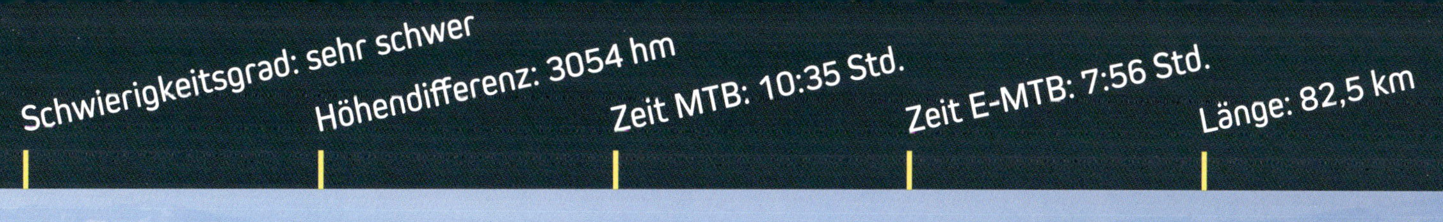

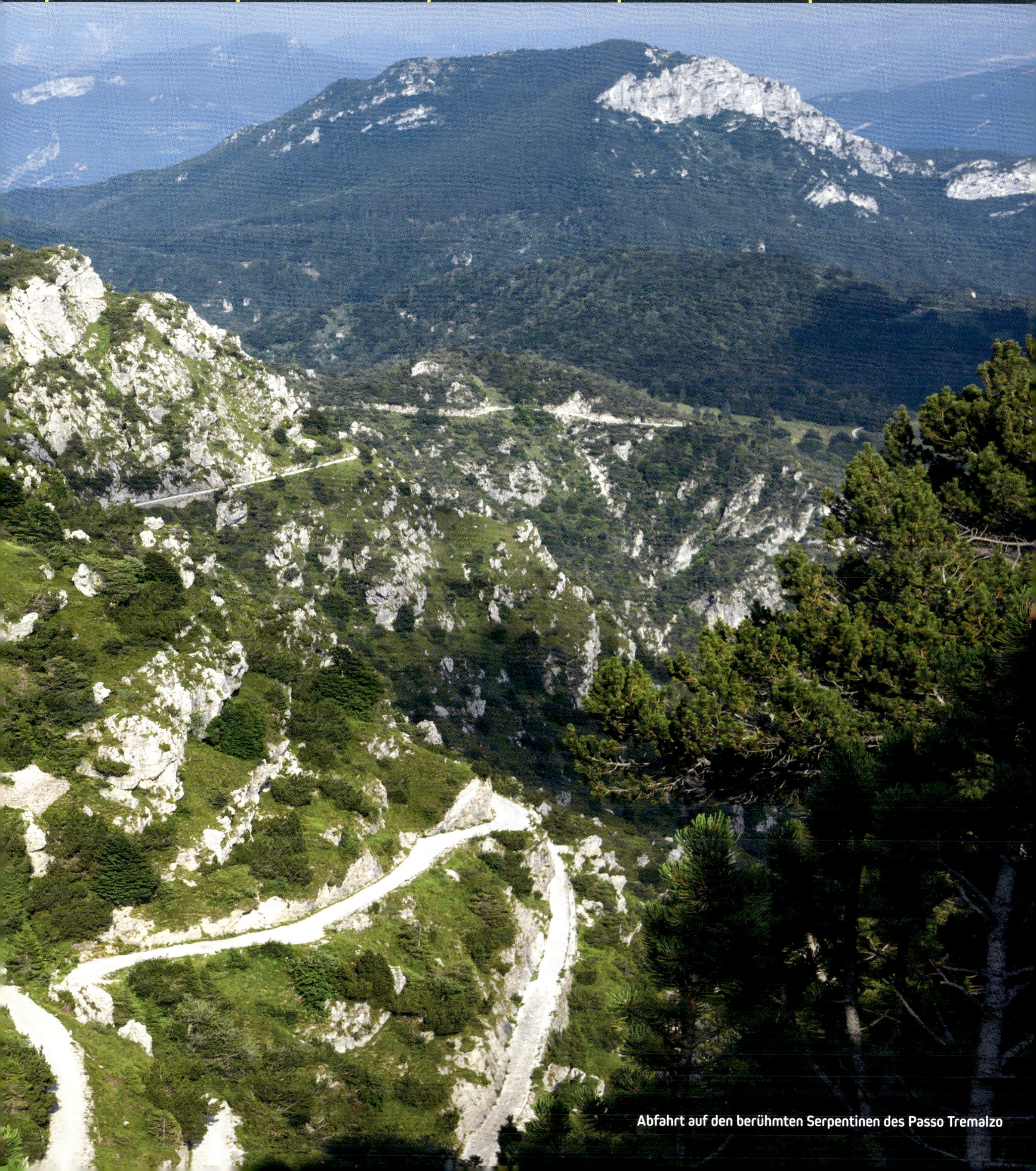

Abfahrt auf den berühmten Serpentinen des Passo Tremalzo

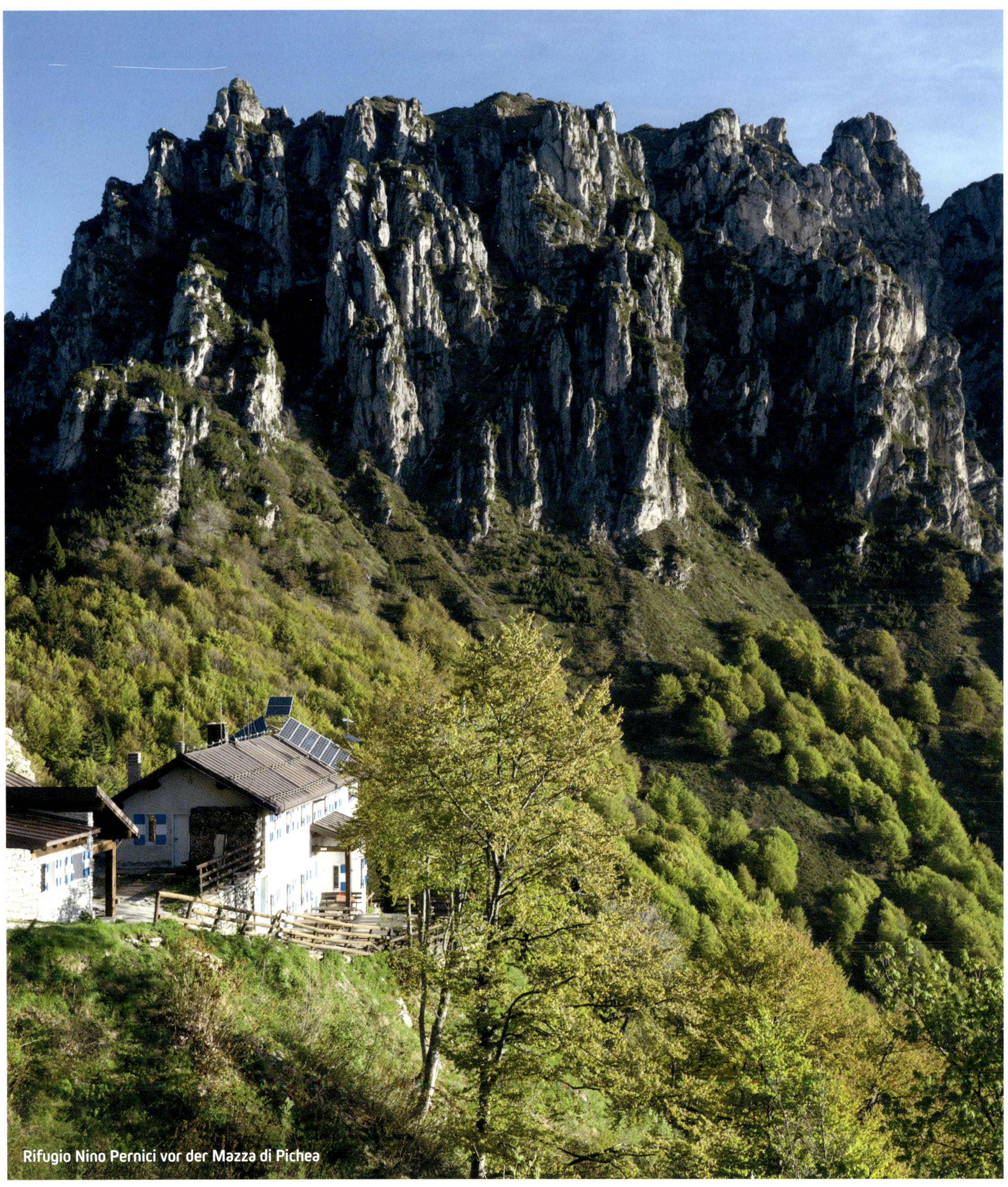

Rifugio Nino Pernici vor der Mazza di Pichea

Eine lange Tour der Kontraste. Unten das quirlige Leben am Gardasee, oben die Einsamkeit des Rifugios, danach das stille Ledrotal und zum Finale der epische Kult-Downhill vom Tremalzo-Pass zurück zum Seeufer.

Der Gardasee besitzt schon seit Beginn des Mountainbikens in Europa eine magische Anziehungskraft. Den grausamen Kämpfen zwischen Österreichern und Italienern im Ersten Weltkrieg haben wir heute die vielen Militärstraßen in den Bergen des nördlichen Gardasees zu verdanken, auf denen es sich so herrlich biken lässt. Die berühmte Schotterabfahrt vom Passo di Tremalzo gehört dabei zu den Highlights des Bikesports, die Ambitionierte im Portfolio ihrer gefahrenen Routen haben sollten.

Da die klassische „Tremalzo-Runde“ aber zumindest in der Hauptsaison hoch frequentiert wird und sich auf der Straße über Tiarno sogar viele Freerider und Downhiller mit Autos bis zum Rifugio Garda shutteln lassen, entscheiden wir uns für einen Umweg mit der Übernachtung im Rifugio Nino Pernici. Luftlinie nur einen Steinwurf vom Rummel am Lago entfernt, liegt es einsam in den waldreichen Trentiner Bergen.

Wir starten am Hafen in Riva und sind schon nach wenigen Minuten auf der alten Ponalestraße in einer langen Reihe mit anderen Bikern. Der Sentiero del Ponale di Giacomo Cis ist ein Glanzstück italienischer Straßenbaukunst und wurde von Giacomo Cis zwischen 1848 und 1851 abenteuerlich in den fast senkrechten Fels gebaut, um das damals isolierte Ledrotal mit dem Gardasee zu verbinden. Wegen eines Tunnelbaus wurde die spektakuläre Bergstraße 1993 für den Autoverkehr gesperrt und bis 2004 als Wander- und Radweg umgebaut. Hier tummeln sich fast alle Biker, die in Riva starten. Die Einsteiger fahren nur auf einen Cappuccino nach Pregàsina und die Cracks nutzen die Ponalestraße

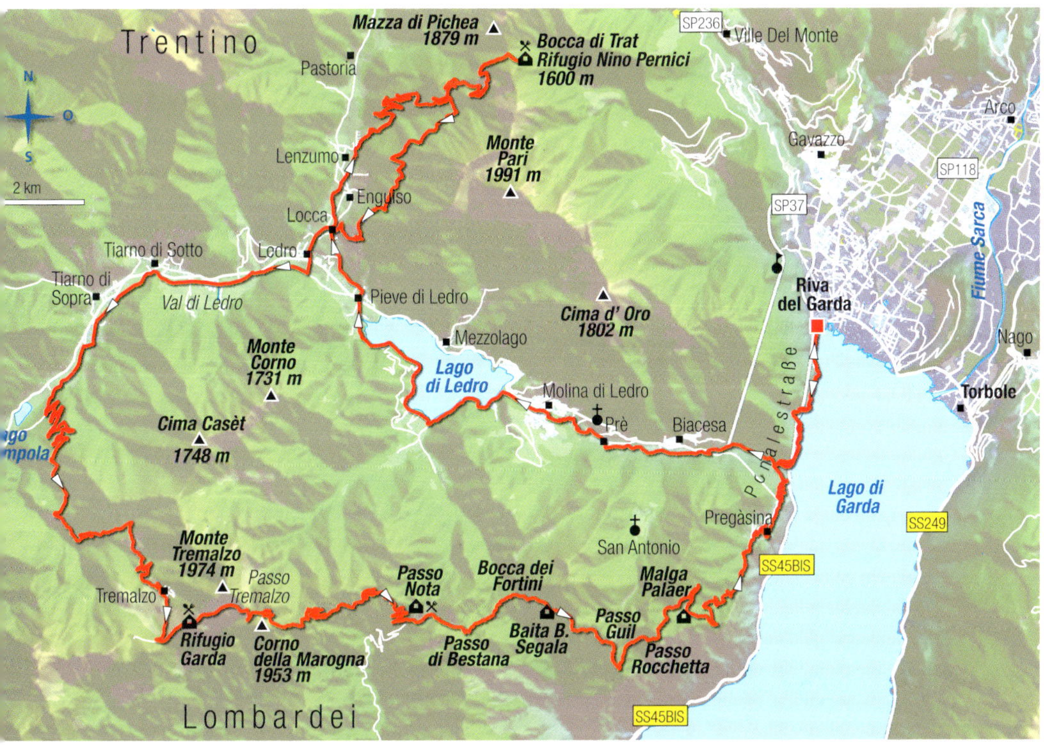

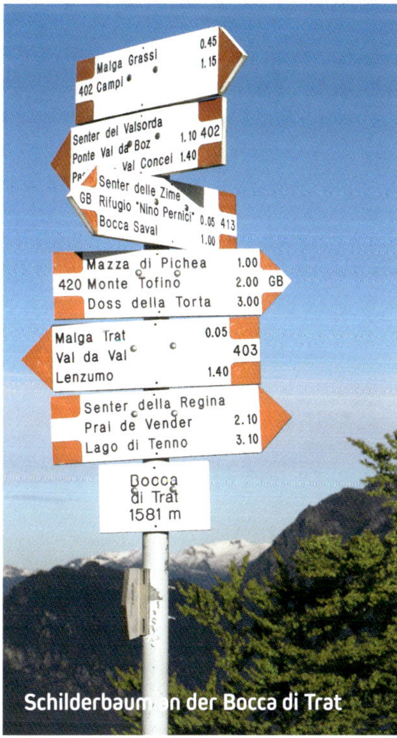

Schilderbaum an der Bocca di Trat

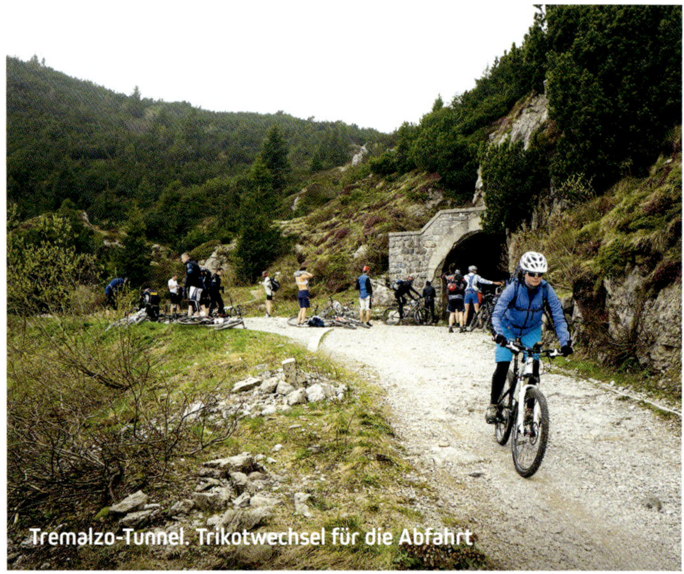
Tremalzo-Tunnel. Trikotwechsel für die Abfahrt

als Transit zu den vielen Routen am westlichen Seeufer. Die 400 Höhenmeter bis Prè verlaufen sehr moderat. Nun warten jedoch ein paar kurze aber giftige Rampen bis zum Ufer des Ledrosees. In Molina und Pieve die Ledro finden sich ein paar nette Ristoranti zum Mittagessen. Bis Lenzumo folgen wir meist einem Radweg. Hier beginnt die Steigung, die erst an unserem Übernachtungsort endet. Eine kleine Asphaltstraße windet sich den Berg hoch. Etwa das letzte Drittel haben wir gut fahrbaren Schotter unter den Reifen. Von der Bocca di Trat, einer Senke unterhalb der markanten Felsen der Mazza di Pichea, sieht man schon das Tagesziel. Nach dem Duschen geht's zum Abendessen und Aufwärmen an den Holzofen in die Stube. Hüttenwirt Marco empfiehlt Polenta mit Gulasch oder mit Salsicce. Marcos Vater ist ein begeisterter Landschafts- und Tierfotograf und erzählt uns am Abend von seiner Begegnung mit Bruno dem Bär, der hier aus dem Trentino kam, bevor er seinem Schicksal in Deutschland entgegen wanderte. Außerdem berichtet der Naturkundler, dass im Valle di Ledro die meisten endemischen Pflanzen des gesamten Alpenraums heimisch sind. Nach dem Essen sollte man – wer es verträgt – den hausgemachten Grappa mit Latschenkiefer kosten. Bei gutem Wetter lohnt frühes Aufstehen. Die Morgensonne taucht die Landschaft in ein wunderbares Licht.
Der Anfahrtsweg dient ein Stück für die Abfahrt, bald aber biegen wir ab und nehmen einen schmalen Trail unter die Stollen. In Locca sind wir wieder

Über das Rifugio Nino Pernici (1600 m)

Benannt nach einem Gefallenen des Ersten Weltkriegs wurde das Rifugio 1929 von der Sektion Riva auf den Trümmern von Kriegsbaracken errichtet. Marco de Guelmi war, als er das Rifugio 2009 übernahm, der jüngste Hüttenwirt des CAI (Italienischer Alpenverein).
Unter den zackigen Felsen der Mazza di Pichea liegt das Rifugio auf einem Plateau mit Tarumblick über die Trentiner Berge.

Adresse: Hüttenwirt Marco de Guelmi, Rifugio Nino Pernici a Bocca di Trat, Alpi di Ledro, Trentino
Tel. 0039-0464/505090, Mobil 0039-349/3301981, www.pernici.com, rifugiopernici@hotmail.it

Geöffnet: Ende April bis Mitte Oktober

Übernachtung: 30 Betten (Stockbetten) in 6 Zimmern. Warme Dusche gegen Gebühr.

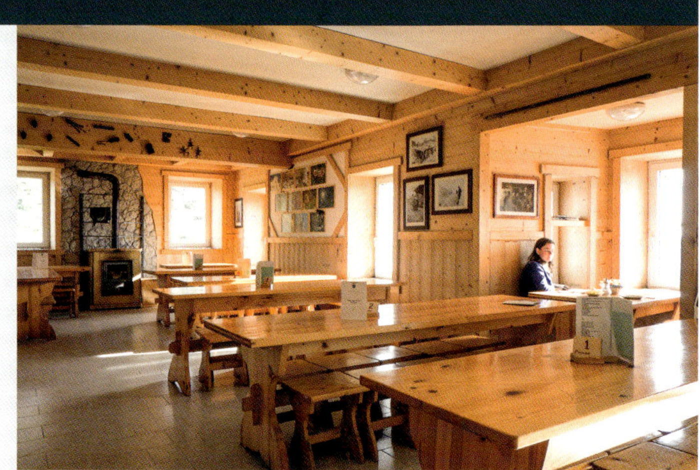

Bike & Hike: Gipfelbesteigung über die Bocca di Trat auf die Mazza di Pichea (1879 m) in einer Stunde und auf den Monte Tofino (2151 m) in zwei Stunden. Der Weg ist teilweise seilgesichert.

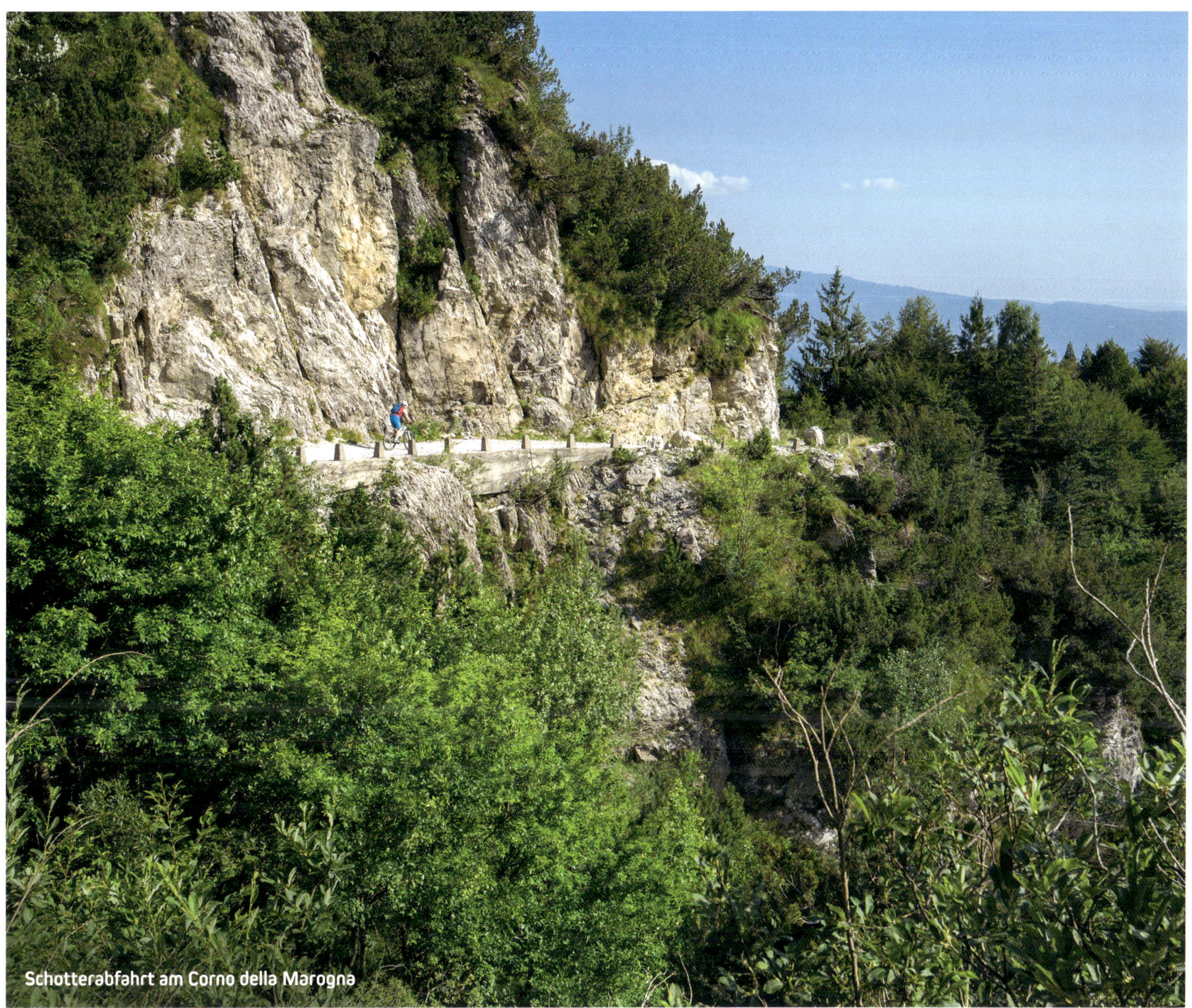
Schotterabfahrt am Corno della Marogna

auf Höhe des Ledrosees. Ein Radweg führt genussvoll durch das Valle di Ledro, bevor beim kleinen Lago d'Ampola die Auffahrt auf den Passo Tremalzo beginnt. Über 1000 Höhenmeter am Stück kurbelt man die wenig befahrene Bergstraße hinauf. Endlich am Rifugio Garda angekommen, hat man sich einen Teller Pasta redlich verdient. Wer sich hier aber bereits auf der Passhöhe wähnt, wird nach dem Essen schnell eines Besseren belehrt. Die letzten Meter bergauf muss man auf Schotter noch einmal richtig beißen. Endlich ist der berühmte „Tremalzo-Tunnel" durchquert. Jetzt wartet die ersehnte Abfahrt zum Passo Nota. Kaum zu glauben, dass dieser schmale, grobschottrige Bergweg nicht für den Autoverkehr gesperrt ist. Immer wieder kommt es vor, dass einem ahnungslose Touristen in großen Autos entgegenkommen. Umdrehen ist hier kaum möglich. So quälen sie sich, den Angstschweiß auf der Stirn, weit den Berg hoch. Die Armen können oft nichts dafür, denn die Piste ist in vielen Karten als normale Passstraße verzeichnet. Für Biker ist die serpentinenreiche Fahrt durch die felsenreichen

Hänge des Corno della Marogna ein Riesenspaß. Allzu wagemutig sollte man aber nicht durch die vielen Kehren rasen. Es sind schon Biker abgestürzt. Im Rifugio am Passo Nota hilft eine kleine Kaffeepause, die vom vielen Bremsen verkrampften Finger wieder zu lockern. Ein Forstweg zieht gemäßigt über den Passo di Bestana und die Bocca dei Fortini vorbei an der Selbstversorger-Hütte Baita Segala zum Passo Guil. Auf einem Trail geht's weiter über den Passo Rocchetta. Ein kleiner Abstecher zum Aussichtspunkt und man genießt mehr als 1000 Meter über dem Wasser atemberaubende Blicke über den Gardasee und das gegenüberliegende Baldo-Massiv. Der Trail ist teilweise etwas ausgesetzt, aber fast durchgehend fahrbar. Ein Genuss für Lago-Biker. Bei der Malga Palaer sind alle Schwierigkeiten der großen Tour absolviert. Es wartet nur noch eine lange Schotterabfahrt nach Pregàsina. Nun trifft man auch wieder auf die Genussbiker, die hier bereits den Peak ihrer Tour erreicht haben. Den Cappuccino im Ristorante Panorama sowie die letzte Abfahrt über die fantastische Ponalestraße genießen beide Fraktionen gleichermaßen. Auch wenn wir nach der landschaftlich und biketechnisch grandiosen Zwei-Tages-Traumtour vielleicht einen Hauch mehr vom Glücksgefühl verspüren.

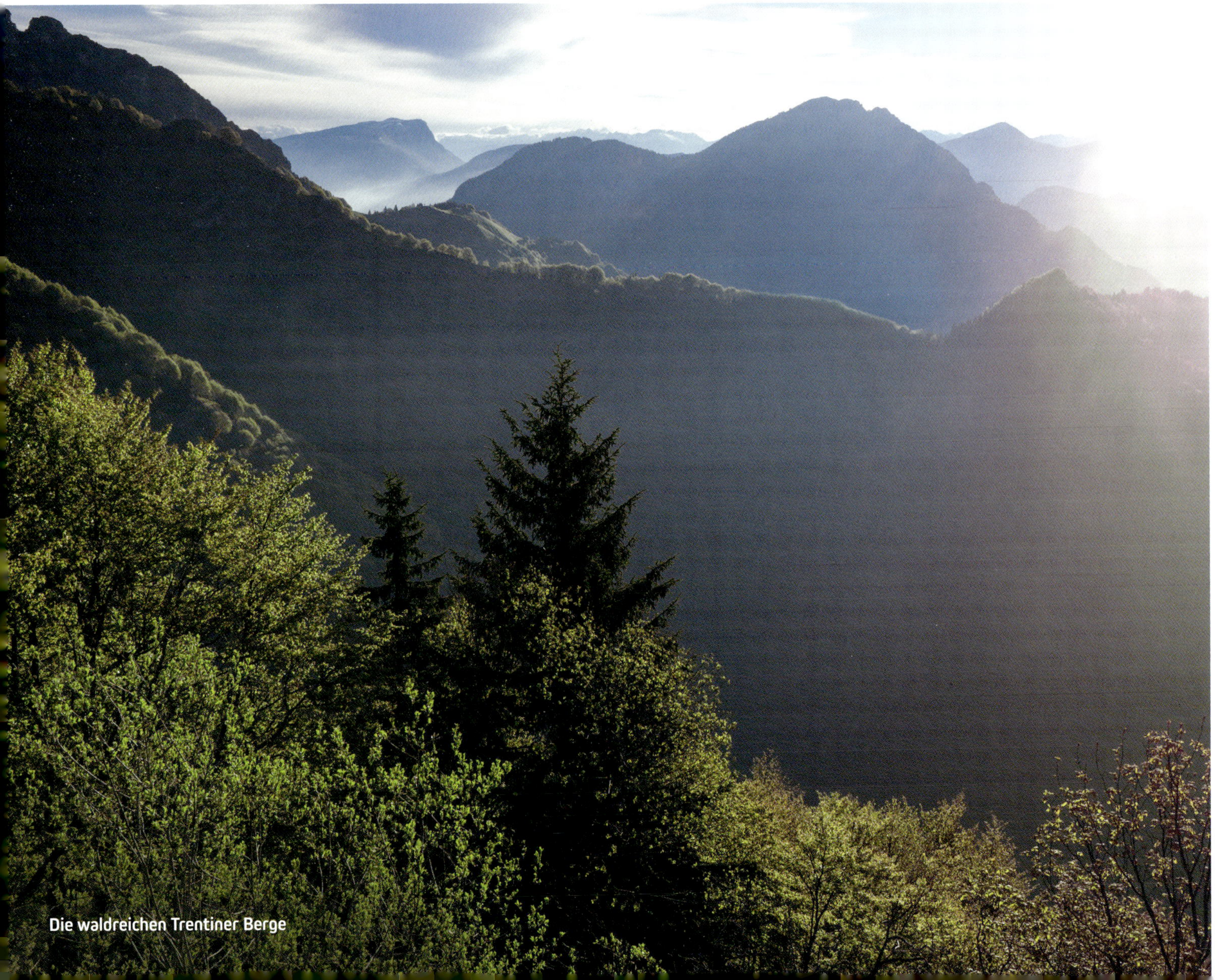

Die waldreichen Trentiner Berge

Info

Tag 1: 26,4 km – 1602 hm – MTB: 4:26 Std. E-MTB: 3:20 Std.
Tag 2: 56,0 km – 1450 hm – MTB: 6:09 Std. E-MTB: 4:37 Std.

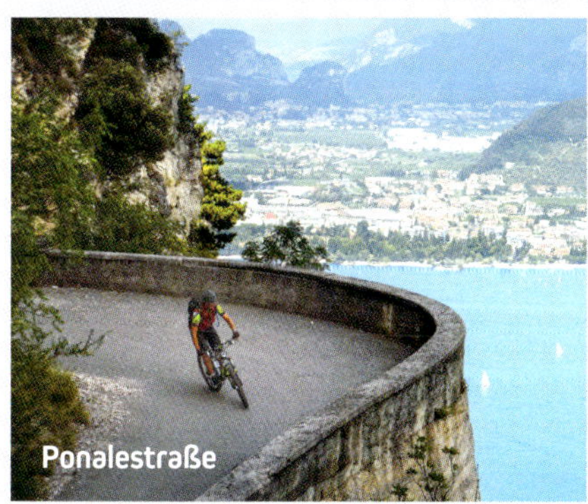
Ponalestraße

Charakter
Schwere Tour mit sehr langer Auffahrt (1600 Höhenmeter) zum Rifugio Nino Pernici. Schöne Abfahrt mit Traileinlagen, die meist gut zu fahren sind. Lange Asphaltauffahrt zum Passo di Tremalzo. Ultralange und landschaftlich fantastische Abfahrt mit ein paar Gegenanstiegen zuerst auf den vielen Serpentinen der grobschottrigen „Tremalzostraße“, dann über den Passo Rocchetta auf Trails und Waldwegen. Zuletzt über die vielen Kehren der alten Ponalestraße mit Traumblicken über den Gardasee bis zum Ziel in Riva.

Tourstart
Riva del Garda am Hafen

Etappen
1,5 bis 2 Tage

Bikeshops
Garda Bike Shop, Viale Rovereto 3A, I-38066 Riva del Garda (TN), Tel. 0039-0464/567011, www.gardabikeshop.com/de, Carpentari Bike Shop, Via Matteotti 95, I-38069 Torbole sul Garda (TN), Tel. 0039-0464/505500, http://carpentari.com

Einkehrtipps
Albergo Ristorante Garda, Passo Tremalzo, Tel. 0039-0464/598105, klassische italienische Küche, www.tremalzo.info

Bike-Hotel
Aktivhotel Santalucia, Via Santa Lucia 6, I-38069 Torbole sul Garda (TN), Tel. 0039-0464/505140, www.aktivhotel.it, schönes Hotel oberhalb von Torbole, mit Pool im Garten, Wellnessbereich, Bike-Keller und Frühstücksbuffet für Sportler.

Anreise
Mit dem Auto über die Brennerautobahn bis Rovereto Süd, weiter Richtung Lago di Garda Nord. In Torbole rechts bis Riva.

Landkarten
Kompass-Karte Nr. 071 „Alpi di Ledro – Valli Giudicarie“ 1:50 000

Bike-Info
www.gardatrentino.it/de/mountain-bike-urlaub-gardasee/

Tourist-Info
Garda Trentino S.p.A., Agenzia per il turismo, Largo Medaglie d'Oro al Valor Militare 5, I-38066 Riva del Garda (TN), Tel: 0039-0464/554444, www.gardatrentino.it/de

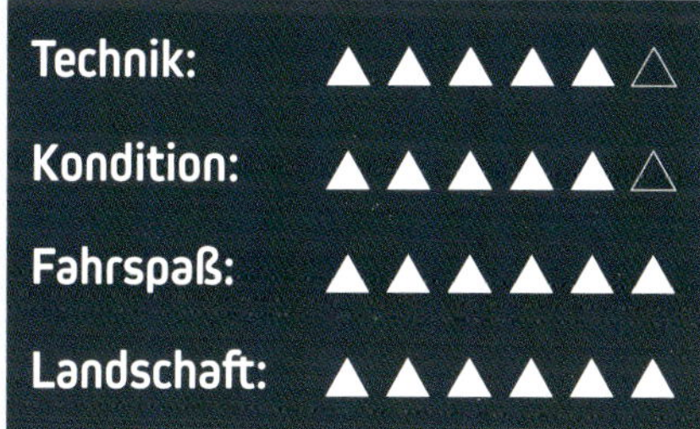

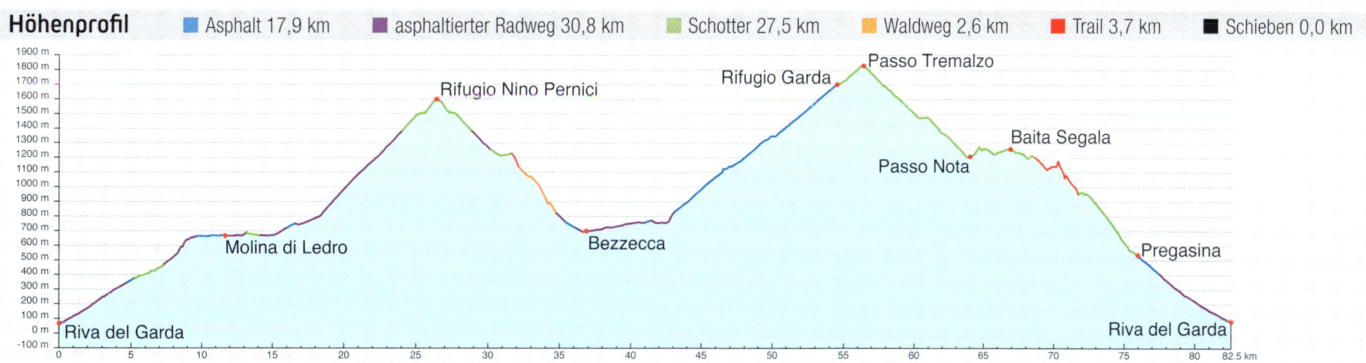

Wir danken: Valentina Fankhauser, Karin Michaelis, Karin Simon, Patrick Bätz, Jochen Donner, Walter Mussner und Thomas Niederreiter für die Tourenbegleitung.

Landkarten und Navigation: www.kompass.de, www.garmin.de

Equipment: Gore Bike Wear, Vaude, Qloom, Endura, Löffler, Craft, Gonso

Bikes: Cube

Download der GPS-Daten zu den Touren
Die GPS-Daten für die Routen dieses Buches erhalten Sie über die Website des Mountainbikemagazins BIKE. Bitte gehen Sie auf www.bike-magazin.de und geben Sie dort in das Feld für die Suche den Webcode #22859 ein. Der Download ist kostenlos.

Achtung: Mountainbiken ist wie jeder Sport mit gewissen Risiken behaftet. Bitte behalten Sie jederzeit Ihre Kondition, Ihr Fahrkönnen und den technischen Zustand Ihres Sportgerätes im Auge! Im Gebirge ist zudem maximale Vorsicht im Hinblick auf Wetterwechsel angebracht. Aber auch die Natur selbst, in der unser Sport stattfindet, ist von vielen Seiten gefährdet – bitte achten Sie stets darauf, deren Belastung in Grenzen zu halten. Hinterlassen Sie so wenig Spuren wie möglich und seien Sie um den Interessenausgleich mit Wanderern und Grundeigentümern bemüht.

Bibliografische Information der Deutschen Nationalbibliothek
Die Deutsche Nationalbibliothek verzeichnet diese Publikation in der Deutschen Nationalbibliografie; detaillierte bibliografische Daten sind im Internet über http://dnb.dnb.de abrufbar.

3., komplett überarbeitete und ergänzte Neuauflage
ISBN 978-3-667-12112-7

Text und Fotos: Armin Herb und Daniel Simon
Lektorat: Klaus Bartelt, René Stein
Karten: Infochart Diehl & Grafmüller, München; Karin Kunkel-Jarvers, München
Umschlaggestaltung: Felix Kempf, www.fx68.de
Layout: Daniel Simon
Lithografie: scanlitho.teams, Bielefeld, Mohn Media, Gütersloh
Gesamtherstellung: COULEURS Print&More, Köln
Printed in Slovenia 2021

Delius Klasing Verlag, Siekerwall 21, D - 33602 Bielefeld
Tel.: 0521/559-0, Fax: 0521/559-115
E-Mail: info@delius-klasing.de
www.delius-klasing.de

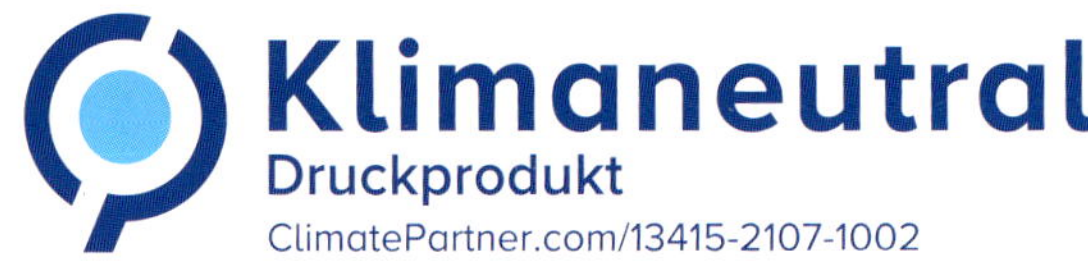

Der Ausgleich der beim Druck dieses Buches entstandenen CO_2-Emissionen erfolgt über das Klimaschutzprojekt »Saubere Kochöfen« in Nyungwe, Ruanda. Mit dessen Hilfe werden effiziente Kochöfen aus lokalem Lehm und Sand eingeführt, der Holzverbrauch und die Rauchbelastung für die Bevölkerung reduziert und somit auch das einzigartige Ökosystem Ruandas geschützt. Das Klimaschutzprojekt »Saubere Kochöfen« hat den Projektstandard: Gold Standard VER (GS VER), leistet eine messbare CO_2-Reduktion und wird regelmäßig überprüft.